赴日留学

日本大学校内考试对策

行知学园
COACH ACADEMY 编著

華東理工大學出版社
EAST CHINA UNIVERSITY OF SCIENCE AND TECHNOLOGY PRESS
·上海·

图书在版编目(CIP)数据

赴日留学：日本大学校内考试对策／行知学园编著
.—上海：华东理工大学出版社，2024.7
ISBN 978-7-5628-7518-5

Ⅰ.①赴… Ⅱ.①行… Ⅲ.①日语－自学参考资料
Ⅳ.①H36

中国国家版本馆CIP数据核字(2024)第105336号

策划编辑／朴美玲
责任编辑／周璐蓉
责任校对／刘　溱
装帧设计／徐　蓉
出版发行／华东理工大学出版社有限公司
地址：上海市梅陇路130号，200237
电话：021－64250306
网址：www.ecustpress.cn
邮箱：zongbianban@ecustpress.cn
印　　刷／常熟高专印刷有限公司
开　　本／890mm×1240mm　1/16
印　　张／13.75
字　　数／405千字
版　　次／2024年7月第1版
印　　次／2024年7月第1次
定　　价／68.00元

はじめに

日本の大学を目指すみなさんへ

みなさんは、今、大学受験に向けて大海原へと飛び出しました。この本は、そんなみなさんの航海をナビゲーションし、成功へと導くための総合ガイドです。日本への大学留学を成功させるには、複雑な受験手続きや日本独特の入試問題など、さまざまなハードルを乗り越えなくてはなりません。しかし、受験生が必要とするそれらの情報を伝える本は、これまで出版されてきませんでした。

本書は外国人留学生向けの初となる受験攻略本です。大学の二次試験の過去問題を中心として、志望大学に合格するまでにやるべきことが、この１冊でわかるようになっています。この本を使いこなせば志望校への合格が必ず近づいてくるはずです。どうか本書を傍らに置いて、ぼろぼろになるまで愛読してください。そして一緒に大学留学の夢を実現させましょう！

行知学園

本書の使い方

本書は第１部、第２部、第３部で構成されており、
志望校合格までの道のりを総合的に支援します。

第１部　受験ガイド

大学に受験を申し込むために、いつ、何をすればよいかをまとめています。外国人留学生の場合、提出書類が多く、さまざまな事務手続きをこなす必要があるので、まずは全体の流れをしっかり確認しておきましょう。また、本書第２部の過去問題集で扱っている試験形式についても紹介しています。

■ 早稲田大学の出願手続きシミュレーションの一例

やること		書類の手配など（自分で用意）				書類の手配など（外部に依頼）		試験勉強		
項目		入学志願書	写真	パスポートのコピー	志望理由書	卒業証明書	成績証明書	日本留学試験(EJU)	外国語外部試験	大学二次試験
2月	上旬 中旬 下旬			有効期限の確認				EJU申し込み		
3月	上旬 中旬 下旬		スーツ姿で写真撮影			母国の出身校に依頼			TOEFL申し込み	
4月	上旬 中旬 下旬				下書き ⬇ 添削 ⬇ 修正 ⬇ 清書	(翻訳を依頼)			TOEFL受験	
5月	上旬 中旬 下旬									
6月	上旬 中旬 下旬	出願期間	必要書類がすべてそろったかチェック ウェブ出願アカウント登録 ⬇ 出願書類一式を郵送					EJU受験		
7月	上旬 中旬 下旬							EJU成績発表		
8月	上旬 中旬 下旬									
9月	上旬 中旬 下旬	二次試験								

入学試験の申し込み手順について紹介。シミュレーション例を参考にして計画を立ててみよう！

☑ TOEFL・TOEIC・IELTSの試験結果

入手先：各試験実施機関
期限：出願締め切りまでに依頼を終える

大学の指定期日までに各試験実施機関に結果の送付を依頼

TOEFLやIELTSの結果については、試験実施機関から直接、志望大学に公式スコアを送付してもらうための手配が必要だ。出願期間中に手配を完了し、手配済みであることが確認できる画面を印刷して提出するなど、細かな指示があるので募集要項をよく読もう。

☑ パスポートのコピー

入手先：自分
入手日数の目安：■□□□□□□□ (即日～1週間以内)

出願書類は全てパスポート上の名前と一致しているかも確認

名前、国籍、パスポートナンバー、発行年月日が記載された部分のコピーが必要。ちなみに、成績証明書など、提出する書類の名前とパスポート上の名前が異なる場合、出願が認められなかったり、同一人物であることの証明書が求められたりするので注意しよう。

☑ 志望理由書

入手先：大学のウェブサイト
着手の目安：■■■■■■■■ (6～8週間前)

合否にも関係する重要書類 準備期間をたっぷりとろう

大学所定の用紙に、なぜその大学に入りたいのかを書いて提出する。ペンを使って手書きすることが求められるので、早めに取りかかろう。

面接での資料にもなるため内容が重要だ。下書きを先生に添削してもらう人は、その日数も考慮しておく必要がある。

●併願する人は特に早めの着手を！

志望理由書は書類選考の対象にもなる重要な書類である。自分の思いをうまく文章にまとめて、正しい日本語で書くには、下書きで何度も書き直すことになるはずだ。

また、複数の大学、学部に出願する人は、何種類もの志望理由書を書く必要がある。それぞれの学部、学科の特徴などを調査するだけでも大変な作業になるので、いつまでに何をするか、細かな段取りを考えて、計画的に取り組もう。

手続きに必要な書類についての説明。どんな書類をいつ頃手配すればよいかがわかります。

日本語　漢字の読み書きを始め、文法や読解など日本語の総合力が試される試験

本書の分類における「日本語」の試験とは、さまざまな種類の設問がパッケージされた、総合的な日本語力を問う試験である。例えば、ひらがなで書かれた語句を漢字に変えたり、慣用句の意味を答えたり、文中の空所に入る適切な接続詞を選んだり、傍線が引かれた箇所の意味を答えたり、といった複数の問題で構成されているのが一般的だ。日本語の語彙力や文法知識のほか、文章の内容を理解する読解力が試される試験で、文学部や日本文化に関わる学部に多い。

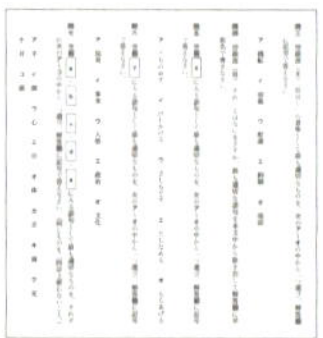

⬆早稲田大学(共通)日本語

このタイプの大学

- 早稲田大学
- 青山学院大学 文学部日本文学科
- 立教大学 異文化コミュニケーション学部
- 学習院大学 文学部
- 一橋大学

〈本書でのアイコン〉

あ ＝「日本語」の試験
あ ＝「日本語」の中に意見論述の設問が含まれる試験

「日本語」「小論文」「作文」とはどんな試験なのか。その内容を紹介しているよ。

第２部　過去問題集

過去問題は基本的に、筆記試験を課す学科のうち、受験者数の多い学科を取り上げています。2022年度は新型コロナウイルスの感染拡大により変則的な入試となりましたが、できるだけ例年の傾向がわかるような年度を採用しています。

各大学の最初のページでは試験の種類や出題傾向などを紹介。

難易度
★　★★　★★★　難

主な筆記試験の種類

種類	科目	問題形式	時間	備考	難易度	タイプ
共通試験	日本語	全16～20問程度（課題文２つ） ・読解（10問前後、正誤、記述、穴埋めなどの問題） ・日本語力（10問前後、漢字・語彙・文法などの問題）	60分		★★	あ
	小論文Ａ	全６問程度（表と会話文） ・読解（１問） ・表の理解（３問程度） ・日本語力（１問） ・意見論述問題（１問、10行程度）	60分		★★	
	小論文Ｂ	全２問（課題文１つ） ・要約・説明（200～400字程度） ・意見論述（400～500字程度）	90分		★★	
学部独自試験	日本語（政治経済学部）	全４～５問程度（課題文及び図表） ・図・課題文の理解、説明（３問程度、100～200字程度） ・グラフを作成する問題（１問） ・意見論述問題（400字程度）	120分	日本語という科目名だが実質的には小論文	★★★	
	小論文※（教育学部国語国文学科）	全１～２問（課題文） ・文章への理解を問う問題（１問） ・意見論述問題（１問）	60分		★★★	

※教育学部国語国文学科の小論文は第２次選考の筆記試験

特徴

ほぼ全学部で筆記試験があり、文系の受験生の大半は、共通の試験科目である「日本語」「小論文Ａ」「小論文Ｂ」のいずれか（または２つ）を受験する。通常、他大学で２つの学部を併願する場合、学部ごとに１回ずつ筆記試験を受ける必要があるが、早稲田は併願先によっては１回の筆記試験だけで済む。例えば、文学部と文化構想学部を併願する場合、「日本語」を受験するだけでよい。このように、試験科目が共通する学部なら併願しやすいのが早稲田の特徴だ。

出題傾向分析

【試験科目】文系の受験生の多くは、「日本語」か「小論文Ｂ」のいずれかの共通試験を受験する。学部独自の筆記試験もあるが、年々減少傾向にある。

【出題テーマ】共通試験は、一般教養に関するものや日本の一般大学受験における小論文、現代文でよく出題される分野が多い。ただし、政治経済学部だけは例外で、学部の専門分野に関わるテーマが出題される。

【求められる力】抽象度の高い文章を理解することのできる高い読解力が要求されることが多い。

【ポイント】「小論文Ａ」と「日本語（政経）」ではグラフ・表を読み取る問題や、設問の指示に基づいて課題文の内容に関するグラフを作成する問題があり、こうした早稲田独自の問題形式に慣れておく必要がある。なお、小論文型の試験（「小論文Ａ」「小論文Ｂ」「日本語（政経）」）では、原稿用紙のマス目の使い方に関して指示があるので注意が必要である。

試験対策

課題文の理解のために一般教養に関する本や、小論文・現代文で出題されるテーマについて解説している参考書に目を通しておくと役に立つ。日本人の大学受験生向けの現代文問題集（基礎レベルという表示があるもの）をやっておくのもよい。小論文形式の試験（「小論文Ａ」「小論文Ｂ」「日本語（政経）」）は、グラフ・表問題があるほか、設問も特殊であるため、同じような形式の問題を過去問や他の問題集（日本人向けでよい）で練習して慣れておく必要がある。

ワンポイントアドバイス

外国人留学生入試は秋以降の出願が多い中、早稲田の出願は6月である。全ての学部で5月末頃までにTOEFLなどの英語試験を受ける必要があるので、その試験やEJUの受験勉強と並行して、出願準備を進めなくてはならない。そのため、出願する前年の11月のEJUで高得点をとっておき、英語試験も前年内に受けておく、というくらいの気持ちで早めに取りかかろう。

解答＆解説

2021年度　早稲田大学（共通）【日本語】

解答例

一

問一	A＝ウ　B＝オ　C＝ア　D＝エ　E＝イ
問二	人格
問三	ア
問四	ことば
問五	エ
問六	ア
問七	a＝ウ　b＝イ　c＝ア　d＝エ　e＝カ
問八	① 誇(り)　③ 書(いて)　⑤ 見事(に)　⑦ 免(れて)　⑨ 歪(める)
問九	② しろうと　④ (お)くにがら　⑥ かろ(うじて)　⑧ あか(しだてず)　⑩ (お)とも
問十	ア＝×　イ＝○　ウ＝○　エ＝×

2021年度　早稲田大学（共通）【日本語】

課題文解説

▶▶ 大意

▶▶ 読み解き

解答＆解説付きなので、志望校の問題は実際に自分で解いて、後で答え合わせをしてみよう。また、他大学の問題や解答＆解説を読むだけでも勉強になるよ。

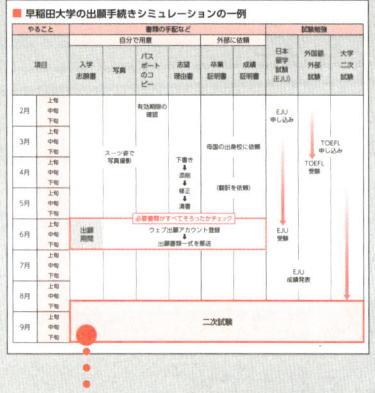

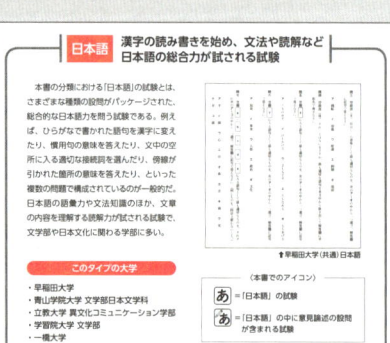

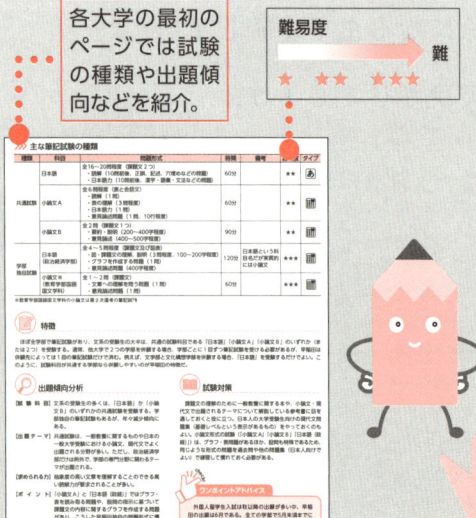

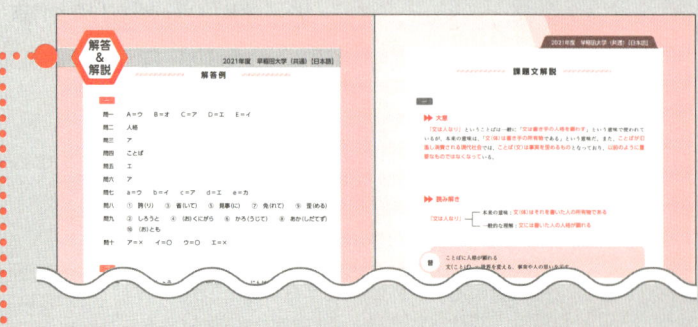

▶▶ 読み解き

「肩が触れた」「ガンをつけられた」
「満員電車」
➡なわばりに侵入される
不快

「恋人同士」
➡なわばりの境界を失って融合している
喜び

人間関係となわばりのややこしい関係

欲求1
自分のなわばりを確保したい
例）ひきこもり

⟷

欲求2
他者となわばりを共有したい
例）パシリ

他者も同様に二つの欲求を持っている
↓
自己の欲求と他者の欲求がぶつかれば争いに発展
交渉が必要、交渉に必要な対人的配慮 ＝ ポライトネス
↓
ポライトネス
言語における対人関係の確立や維持・調節にかかわる働き

課題文の内容をわかりやすく図解していますので、読解力アップに役立ちます。

という形の言葉が入る。文脈から考えて「発展途上の人であってもよい」という内容になるので「構わない」が適切。

I. 政治家の適性については、「つまり政治家は……」で始まる第五段落に述べられている「他人に対していばる……肩書きほしさからではなく」とあり、ここが政治家に適さない人に関する記述。一方、「政治家になって世の中を良くしたい……目的意識……全人格をそれにかけられる」「情熱と誠意では誰にも負けぬ」といった内容が、政治家に適した人に関する記述である。

check!
類似した問題も CHECK しよう!

一橋大学　日本語

立教大学異文化コミュニケーション学部の試験は、例年、文章で答える形式の問題が出題される。このような形式の問題は、一橋大学でも出題されているので、練習として取り組むとよい。

テーマや形式が似た問題を紹介。類似問題を実際に解いてみたり、解説を読んでみたりすることで、理解がより深まります。

出題傾向や攻略法などのコラムにも注目！　試験対策に役立つ情報が盛りだくさんだよ。

攻略法

小論文型または作文型の問題が最後に出題されることが多いので注意！　最後の記述問題で時間が足りなくならないよう、まずは問題全体をざっと見渡して、時間配分を考えてから取り組もう。

出題傾向

この年度の試験では、経済に関するテーマが出題されているが、青山学院大学の経済学部の試験は、必ずしも経済関連のテーマが出題されるわけではない。これまでには、「高齢化」「東京一極集中」「脳死」「遺伝子組み換え」など、幅広いテーマが出題されている。

設問では下記の2点について問われている。１０００文字程度という文字数の中で、この2点についてバランスよく論じられるよう、十分に構成を考えてから書き始めよう。

POINT!!

社会問題に詳しい人は、事実関係を長く書いてしまう傾向があり、意見論述に十分な文字数を割けなくなることが多い。何を書くかだけでなく何を書かないかも考えよう。

合格への道　調べてみよう!

心理学部を受験するなら、
これらの項目の基礎知識はつけておこう。

心理学者：スキナー、ピアジェ、パブロフ、バンデューラ、フロイトなど
心理学の理論：認知発達段階説、認知的不協和理論、バーナム効果、集団極性化など
心理学の実験：パブロフの犬の実験、三つ山課題の実験、ボボ人形実験、アッシュの同調実験、ミルグラム実験など

第3部　試験対策

二次試験に合格するにはどんな準備をすればよいのか。そんな疑問に答えるために、試験の出題傾向を踏まえたうえで、効果的な勉強法を紹介しています。学問分野別のよく出るテーマ一覧を始め、小論文に役立つ「整理ノート」の作り方まで、実践的な攻略法をぜひ参考にしてください。

試験勉強でぜひ準備しておきたい
分野別よく出るテーマ一覧

日本語、日本文化

日本語の特徴／日本文化の特徴／ステレオタイプ／日本と母国の文化の違い

西洋と東洋の違い／言葉の乱れ・若者言葉／日本の文学と母国の文学の違い／ポライトネス／ハイコンテクスト

教育

日本と母国の教育の違い／大学教育の意義／学力低下／日本の英語教育

教育格差・学力格差／いじめ問題／STEAM教育／教師不足／アクティブラーニング／生涯学習／ゆとり教育と詰め込み教育

志望学部の分野でどんなテーマが出題されやすいかを一覧でまとめました。

分野別テーマ

大学での学びに直結する分野別のテーマについては、必ず事前準備をしておこう。前ページの「分野別よく出るテーマ一覧」を始め、過去問題や解答＆解説で気になったテーマがあったら、背景知識を整理しておこう。

テーマ	内容	具体例・実例	意見
学力格差	両親の年収などの家庭環境の差によって子どもの学力に大きな差が出る	東京大学の学生の親の半数以上が年収950万円以上	家庭環境によって子どもの能力に差が出るのは不公平である。公教育の充実などによってこの不公平を是正すべきだ

自分だけの「整理ノート」を作ろう!　これで勉強すれば小論文も怖くないよ。

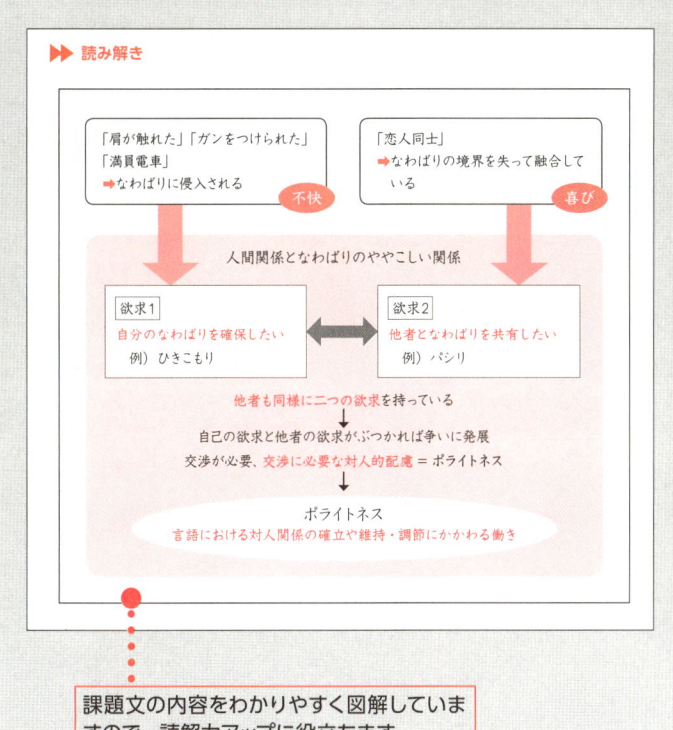

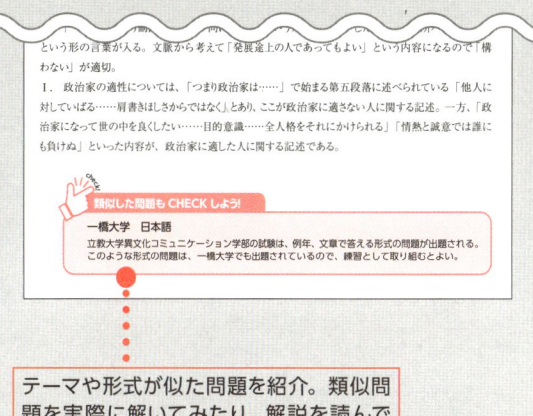

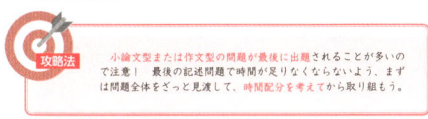

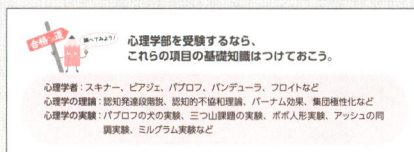

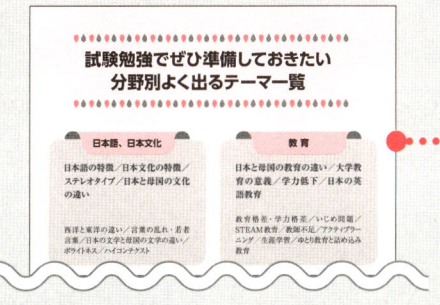

CONTENTS

第１部　受験ガイド

入学試験の申し込み手順について知っておこう…… 2
受験を申し込むための必要書類を準備しよう…… 4
二次試験に多い「日本語」「小論文」「作文」とはどんな試験？…… 6

第２部　過去問題集

早稲田大学 …… 10
2021年度 共通 日本語 …… 11
2021年度 政治経済学部 日本語 …… 20
2021年度 小論文Ａ…… 29
2023年度 共通 日本語 …… 32
2023年度 小論文Ｂ…… 37
解答＆解説 …… 39
慶應義塾大学 …… 58
2020年度 文学部 作文 …… 59
2020年度 総合政策学部、環境情報学部 作文 …… 59
2021年度 法学部 小論文 …… 59
2023年度 医学部 エッセイ …… 59
解答＆解説 …… 60
上智大学 …… 69
2021年度 文学部 新聞学科 ジャーナリズムに関する基礎的学力試験 …… 70
2021年度 総合人間科学部 教育学科 教育学の学修に必要な基礎学力の試験 …… 72
2019年度 法学部 法律学科 小論文 …… 73
2021年度 経済学部 経済学科 小論文 …… 74
2021年度 経済学部 経営学科 産業社会に関する基礎的学力試験 …… 76
解答＆解説 …… 81
明治大学 …… 97
2020年度 入試問題概要…… 98
青山学院大学 …… 99
2021年度 文学部 日本文学科 日本語・日本文学 …… 100
2021年度 法学部 小論文 …… 108
2021年度 経営学部 小論文 …… 109
2021年度 総合文化政策学部 小論文 …… 110
2021年度 経済学部 日本語 …… 110
解答＆解説 …… 111

立教大学 …… 129
2020年度 異文化コミュニケーション学部 日本語 …… 130
解答＆解説 …… 134
中央大学 …… 139
2020年度 商学部（A方式）小論文 …… 140
2021年度 総合政策学部 小論文 …… 142
解答＆解説 …… 143
法政大学 …… 150
2021年度 文学部 哲学科 小論文 …… 151
2021年度 文学部 日本文学科 小論文 …… 151
2021年度 文学部 史学科 小論文 …… 152
2021年度 文学部 心理学科 小論文 …… 152
解答＆解説 …… 153
学習院大学 …… 164
2021年度 文学部 共通 日本語 …… 165
2021年度 文学部 日本語日本文学科 日本語による作文 …… 170
解答＆解説 …… 171
東京大学 …… 176
2021年度 文科一類 小論文 …… 177
2021年度 文科二類 小論文 …… 178
2021年度 文科三類 小論文 …… 179
解答＆解説 …… 180
一橋大学 …… 184
2022年度　日本語 …… 185
解答＆解説 …… 191
横浜国立大学 …… 196
2021年度 経営学部 小論文 …… 197
解答＆解説 …… 200

第3部　試験対策

試験勉強でぜひ準備しておきたい分野別よく出るテーマ一覧 …… 208
「整理ノート」を使って試験で書く内容を準備しよう …… 210

第1部
受験ガイド

大学受験を成功させるのにまず攻略しなければならないのが、出願手続きである。そこで第1部では、応募書類の説明から、書類集めの行動計画まで、募集要項を読んでも理解しづらい受験の流れを、わかりやすく紹介。

まずは第1部を読んで、これから何をすればよいかのイメージをつかんでほしい。

入学試験の申し込み手順について知っておこう

STEP 01 志望大学の募集要項をダウンロードする

受験の申し込み方法が書かれた資料は、「募集要項」あるいは「入試要項」などと呼ばれる。まずは、これを手に入れることから始めよう。たいていどの大学でも、ウェブサイトからPDFファイルでダウンロードできる。

時期によっては、前年度の募集要項しか公開されていないかもしれないが、とりあえず、現時点で手に入るものをダウンロードしておくこと。募集要項は何十ページにも及び、難しい日本語も並んでいるので、読むのに時間がかかるからだ。最終的には、最新の募集要項を手に入れる必要があるが、まずは、前年度のものでもよいので入手して、受験手続きについて、おおまかな流れを確認しておこう。

STEP 02 必要な書類を確認し、手配の準備に着手

受験の申し込みに必要となる書類はたくさんある。これらを大学の指示通りに正しく記入して、締め切りまでに送付するのは、なかなか大変な作業だ。ギリギリになってあわてて用意すると、記入ミスや書類の送付漏れなどの可能性が高くなり、最悪の場合、出願を受け付けてもらえないこともある。そんな事態にならないように、応募書類の準備は余裕をもって始めたい。どんな書類が必要になるかは志望大学、学部によって異なるが、代表的なものをP.4～P.5で紹介しておく。母国の出身校から送ってもらう証明書類など、手に入れるのに時間がかかる書類も多いので、遅くとも出願期間の2～3か月前からコツコツ準備に取りかかろう。

STEP 03 出願期間が始まったらオンライン登録を済ませる

昨今はたいていどの大学も、まずはオンラインでの登録手続きが必要となる。募集要項に書いてある指示に従って、大学のサイトにアクセスして、必要事項を入力しよう。大学によっては、オンライン登録を完了しないと、応募書類をダウンロードできないケースもある。

オンライン登録は、一般的に出願期間中か、出願期間が始まる直前から可能になる。ただし、この手続きが終わっても、大学への申し込みがすべて完了したわけではないので注意。この後に、入試検定料の納入や出願書類を郵送する必要がある。

STEP 04 オンライン登録が済んだら、入学検定料を納入

オンライン登録が終わったら、入学検定料を納めることになる。入学検定料とは、入学試験を受けるために大学側に支払う料金のこと。納入方法は大学によって異なるが、コンビニエンスストアやオンラインでの支払いが一般的だ。

だいたいどの大学でも、出願書類を郵送する前に入学検定料の支払いを済ませておく必要がある。また、入学検定料を納入すると、オンライン登録の情報が確定され、その後は情報の変更ができない大学もあるので注意しよう。

STEP 05 準備した書類を最終確認し、大学宛てに郵送

募集要項に書かれた必要な書類をすべてそろえ、決められた期日までに大学に届くように郵送すれば、出願手続きは完了となる。締め切りに間に合わないと受験できないので、必要書類は早めに準備しておこう。また、事前に募集要項で、郵送方法についても必ずチェックしておくこと。封筒のサイズが指定されていたり、「速達」や「簡易書留」といった送り方の指定があったり、細かな条件があるからだ。また、多くの大学では「必着」といって、締切日までに必ず届くことを条件としているので、期日に余裕を持って発送しよう。

次のページでは、早稲田大学を例にとって、
出願手続きのシミュレーションをしてみたので参考にしてね！

大学入学への第一歩となるのが出願手続きだ。出願とは、受験を申し込むために、指定された書類を志望大学へ送付することを指す。留学生の場合、提出書類が多いので、いつ、何をするのかをあらかじめ知っておくことが大切だ。
大学によって細かな手順は異なるものの、どの大学でも共通して必要となる基本的な手続きをまとめたので、大まかな流れを理解しておこう。

早稲田大学の出願手続きシミュレーションの一例

やること		書類の手配など						試験勉強		
		自分で用意				外部に依頼				
項目		入学志願書	写真	パスポートのコピー	志望理由書	卒業証明書	成績証明書	日本留学試験(EJU)	外国語外部試験	大学二次試験
2月	上旬			有効期限の確認						
	中旬							EJU申し込み		
	下旬									
3月	上旬									
	中旬					母国の出身校に依頼			TOEFL申し込み	
	下旬		スーツ姿で写真撮影							
4月	上旬				下書き				TOEFL受験	
	中旬				↓ 添削					
	下旬					(翻訳を依頼)				
5月	上旬				↓ 修正					
	中旬				↓ 清書					
	下旬									
6月	上旬	出願期間	必要書類がすべてそろったかチェック ウェブ出願アカウント登録							
	中旬		↓					EJU受験		
	下旬		出願書類一式を郵送							
7月	上旬									
	中旬									
	下旬							EJU成績発表		
8月	上旬									
	中旬									
	下旬									
9月	上旬									
	中旬	二次試験								
	下旬									

このように試験日を迎えるまでには、書類の手配をしながら、日本留学試験（EJU）やTOEFLなどの外国語外部試験に備えた受験勉強もせねばならず、やることが盛りだくさんだ。志望大学の出願期間と試験日を確認したら、上の図を参考にして、いつ頃までに何をやるか、おおまかな計画を立ててみよう。

受験を申し込むための必要書類を準備しよう

⬇手配が済んだら☑しよう

☑ 入学志願票

入手先：大学のウェブサイト
入手日数の目安：■□□□□□□□（即日〜１週間以内）

受験申し込みの基本書類 ダウンロードで入手

入学志願票とは、名前や生年月日、志望学部といった受験者の基本情報を記載して、大学に入学を申し込むための書類である。大学が指定するウェブサイトからダウンロードして入手するケースが一般的だ。ウェブ登録を済ませたら、早めに入手しておこう。

☑ 成績証明書

入手先：母国の出身高校
入手日数の目安：■■■■□□□□（３〜４週間）

高校３年間の成績証明 日本語・英語以外は翻訳が必要

高校時代の成績を証明する書類。成績証明書には３年間の成績が記載されている必要がある。日本語や英語以外の場合は翻訳が必要で、さらに原本が正しく訳されているという証明書を大使館などの公的機関に発行してもらう必要がある。該当する人はその期間も考えておくこと。

●厳封《げんぷう》とは？

卒業証明書や成績証明書、推薦状など、出身学校からの書類は「厳封」されている必要がある。厳封とは、封筒の閉じ口に判を押したり署名したりすることで、第三者が開封していないことを示すもの。重要な書類が誰かの手によって書き換えられていないかどうかを証明する印となる。大学へは厳封したままの状態で提出するので、間違って開けてしまわないように注意しよう。

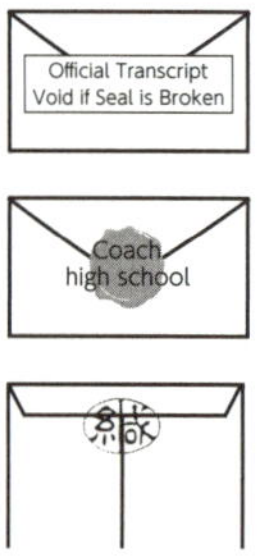

☑ 卒業証明書または卒業見込み証明書

入手先：母国の出身高校
入手日数の目安：■■■■□□□□（３〜４週間）

大学入学資格を示す書類 母国の出身校からもらう

大学入学資格があることを示す書類として、母国の高校の卒業証明書が必要になる。大学によっては、卒業証書のCertified True Copyで代替できる場合もある。母国の学校に依頼をして日本に送ってもらうので、郵送の日数なども計算に入れて準備する必要がある。

☑ 推薦状

入手先：母国の出身高校
入手日数の目安：■■■■■■□□（４〜６週間）

母校の恩師に失礼のないよう 期間に余裕を持って依頼を

慶應、上智などの一部の学部では、出身高校の校長または教員の推薦状が必要になる。大学によっては所定の用紙が決められていたり、日本語・英語以外は翻訳の公的証明が必要だったりする。自分以外の人が関係するので、早めの依頼が肝心だ。

☑ 日本留学試験（EJU）の受験票・成績通知書・成績確認書

入手先：自分
入手日数の目安：■■□□□□□□（１〜２週間以内）

受験票はなくさないように 保管しておこう

日本留学試験の受験票のコピー、成績通知書のコピー、成績確認書のいずれかを提出する必要がある。2021年以降、国内受験での成績通知書は廃止されたがEJUオンラインで成績確認書を印刷することは可能。受験票をなくした場合、再発行に最低７日はかかるので注意。

大学受験を申し込むには、さまざまな書類が必要となる。取り寄せるのに時間や手間がかかるものも多いので、どんな書類が必要になるのか、早めに調べて準備に取りかかろう。ここでは基本的な書類について、その内容とともに入手先や、入手日数の目安を記載した。大学によって必要書類は異なるので、志望大学の募集要項・入試要項を確認すること。

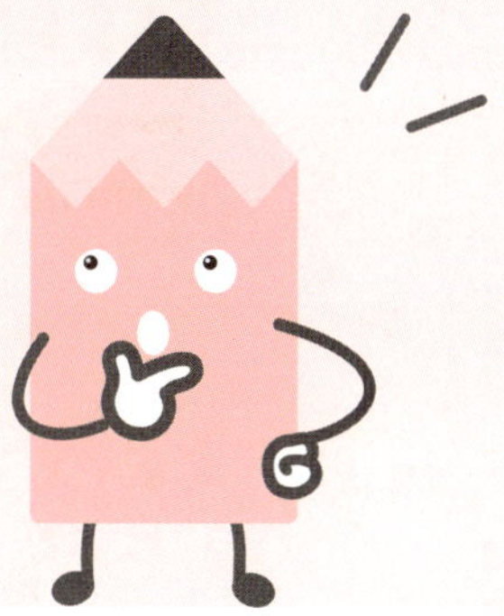

☑ TOEFL・TOEIC・IELTSの試験結果

入手先：各試験実施機関
期限：出願締め切りまでに依頼を終える

大学の指定期日までに 各試験実施機関に結果の送付を依頼

TOEFLやIELTSの結果については、試験実施機関から直接、志望大学に公式スコアを送付してもらうための手配が必要だ。出願期間中に手配を完了し、手配済みであることが確認できる画面を印刷して提出するなど、細かな指示があるので募集要項をよく読もう。

☑ パスポートのコピー

入手先：自分
入手日数の目安：■□□□□□□□（即日～1週間以内）

出願書類は全てパスポート上の名前と一致しているかも確認

名前、国籍、パスポートナンバー、発行年月日が記載された部分のコピーが必要。ちなみに、成績証明書など、提出する書類の名前とパスポート上の名前が異なる場合、出願が認められなかったり、同一人物であることの証明書が求められたりするので注意しよう。

☑ 志望理由書

入手先：大学のウェブサイト
着手の目安：■■■■■■■■（6～8週間前）

合否にも関係する重要書類 準備期間をたっぷりとろう

大学所定の用紙に、なぜその大学に入りたいのかを書いて提出する。ペンを使って手書きすることが求められるので、早めに取りかかろう。

面接での資料にもなるため内容が重要だ。下書きを先生に添削してもらう人は、その日数も考慮しておく必要がある。

●併願する人は
特に早めの着手を！

志望理由書は書類選考の対象にもなる重要な書類である。自分の思いをうまく文章にまとめて、正しい日本語で書くには、下書きで何度も書き直すことになるはずだ。

また、複数の大学、学部に出願する人は、何種類もの志望理由書を書く必要がある。それぞれの学部、学科の特徴などを調査するだけでも大変な作業になるので、いつまでに何をするか、細かな段取りを考えて、計画的に取り組もう。

☑ 顔写真

入手先：自分
入手日数の目安：■□□□□□□□（即日～1週間以内）

大学の指定通りの写真を準備 デジタルデータでの登録も

入学試験当日の本人確認のため、顔写真を提出する必要がある。プリント写真を入学志願票に貼って提出したり、写真データをオンライン上に登録したりと大学によって方法は異なる。写真のサイズや撮り方など、事細かな指示があるので、募集要項をよく読むこと。

☑ 在留カードのコピー・住民票

入手先：自分または役所
入手日数の目安：■□□□□□□□（即日～1週間以内）

住民票を提出する場合は 在留に関する記載が必要

日本国内在住者に限り、在留カードのコピーまたは住民票の提出を求める大学もある。住民票の場合、在留資格・在留期間・在留期間満了日が記載されている必要がある点に注意する。住民票は住んでいる自治体の役所で即日発行してもらえる。

二次試験に多い「日本語」「小論文」「作文」とはどんな試験？

日本語　漢字の読み書きを始め、文法や読解など日本語の総合力が試される試験

本書の分類における「日本語」の試験とは、さまざまな種類の設問がパッケージされた、総合的な日本語力を問う試験である。例えば、ひらがなで書かれた語句を漢字に変えたり、慣用句の意味を答えたり、文中の空所に入る適切な接続詞を選んだり、傍線が引かれた箇所の意味を答えたり、といった複数の問題で構成されているのが一般的だ。日本語の語彙力や文法知識のほか、文章の内容を理解する読解力が試される試験で、文学部や日本文化に関わる学部に多い。

問三　傍線部（Ⅱ）「目はし」の意味として最も適切なものを、次の**ア**～**オ**の中から一つ選び、解答欄に記労で答えなさい。

ア　機転　**イ**　容貌　**ウ**　配慮　**エ**　抑制　**オ**　落涙

問四　傍線部（Ⅲ）「それ」とはなにをさすか、最も適切な語句を本文中から抜き出して解答欄に平仮名で書きなさい。

問五　空欄［X］に入る語句として最も適切なものを、次の**ア**～**オ**の中から一つ選び、解答欄に記号で答えなさい。

ア　うちのめす　**イ**　けしかける　**ウ**　さしもどす　**エ**　たしなめる　**オ**　もちあげる

問六　空欄［Y］に入る語句として最も適切なものを、次の**ア**～**オ**の中から一つ選び、解答欄に記号で答えなさい。

ア　現実　**イ**　事実　**ウ**　人格　**エ**　政治　**オ**　文化

問七　空欄［a］・［b］・［c］・［d］・［e］に入る語句として最も適切なものを、それぞれ次の**ア**～**コ**の中から一つ選び、解答欄に記号で答えなさい。（同じものを二回以上使わないこと。）

ア　手　**イ**　顔　**ウ**　心　**エ**　目　**オ**　体　**カ**　舌　**キ**　歯　**ク**　足
ケ　耳　**コ**　頭

⬆早稲田大学（共通）日本語

このタイプの大学

- 早稲田大学
- 青山学院大学 文学部日本文学科
- 立教大学 異文化コミュニケーション学部
- 学習院大学 文学部
- 一橋大学

〈本書でのアイコン〉

あ ＝「日本語」の試験

あ ＝「日本語」の中に意見論述の設問が含まれる試験

作 文　自分に関することを作文する試験 志望理由書のような設問も

本書の分類における「作文」タイプの試験とは、「あなたの好きな文学作品とその理由を述べなさい」といった、自分について書くものである。志望学部の学びに関するテーマを始め、入学したら何を学びたいか、あるいは大学卒業後に何をしたいかといった、志望理由書に近い設問がなされることもある。基本的には自分のことを書けばよいので、「日本語」や「小論文」タイプの試験よりは取り組みやすいといえる。

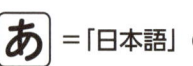

二次試験では、主に文系の学部において「日本語」「小論文」「作文」といった試験を課す大学が多い。まずはこれらの試験がどういうものかを知っておこう。

本書では試験のタイプを下記のようにグループで分け、アイコンで示している。まずは自分の志望大学がどのタイプの試験を課しているのかを確認してみよう。

＊ここでの「日本語」「小論文」「作文」という名称はあくまで本書における分類で、各大学の試験の名称とは異なるので注意。

小論文 与えられたテーマに対して意見を論述する試験〈課題文あり〉と〈課題文なし〉がある

本書の分類における「小論文」タイプの試験とは、与えられた設問に対して自分の考えを、指定された文字数にまとめて解答するものである。二次試験において最も多い形式の試験だ。小論文はさらに、文章を読んで答えるものと、単に設問だけで構成されているものの二種類に分けられる。ちなみに本書では、試験の中に掲載されている読み物を「課題文」と呼んでいる。課題文ありの小論文試験の場合は、内容を要約したり、その内容を踏まえて意見を述べたりする問題が多い。

A（日本語で解答する問題）

「悪法も法」という法格言がある。あなたが暮らしたことがある日本以外の国での体験や観察も踏まえ、具体例を挙げ、あなたの考えを反対論も考慮しつつ述べなさい。

⬆東京大学

〈課題文なし〉タイプの大学

- 上智大学 文学部新聞学科
- 青山学院大学 経済学部
- 中央大学 総合政策学部
- 東京大学

〈課題文あり〉タイプの大学

- 早稲田大学
- 上智大学 総合人間科学部教育学科、法学部法律学科、経済学部経済学科
- 青山学院大学 法学部
- 中央大学 経済学部(A方式)、商学部(A方式)
- 横浜国立大学 経営学部

〈本書でのアイコン〉

 ＝「小論文」〈課題文なし〉の試験

 ＝「小論文」〈課題文あり〉の試験

いままであなたが鑑賞したなかで、最も印象に残った作品（音楽、絵画、小説、マンガ、アニメ、演劇、映画、TV ドラマなど）をひとつ選び、その魅力を紹介する文章を書いてください。

人生で何が一番大事だと思うかを書いてください。

⬆慶應義塾大学

このタイプの大学

- 慶應義塾大学
- 法政大学 文学部日本文学科

〈本書でのアイコン〉

 ＝「作文」の試験

第2部

過去問題集

志望大学に合格するには、試験の傾向を知っておく必要がある。そこで第2部では、各大学の入試情報と過去問題を一挙掲載！　実際に過去問題を解いてみることで、合格への実践力を身につけよう。

さらに、解答例と解説を読めば、今の自分に足りない力も確認できる。自分の志望大学だけでなく、テーマや形式が似ている大学の過去問題にも取り組めば、効果的な試験勉強ができるはずだ。

解答＆解説もついているから、
よく読んで勉強してね！

本書の解答＆解説は二次試験対策の導入的な内容です。より深く二次試験対策について学びたいときは、行知学園の二次試験対策講座や小論文対策の授業を受講してください。

早稲田大学

出願　6月上旬～下旬
試験　8月下旬～9月上旬

秋出願が多い中、6月出願の早稲田。早めの行動が鍵！

主な筆記試験の種類

種類	科目	問題形式	時間	備考	難易度	タイプ
共通試験	日本語	全16～20問程度（課題文２つ） ・読解（10問前後、正誤、記述、穴埋めなどの問題） ・日本語力（10問前後、漢字・語彙・文法などの問題）	60分		★★	あ
	小論文Ａ	全６問程度（表と会話文） ・読解（１問） ・表の理解（３問程度） ・日本語力（１問） ・意見論述問題（１問、10行程度）	60分		★★	
	小論文Ｂ	全２問（課題文１つ） ・要約・説明（200～400字程度） ・意見論述（400～500字程度）	90分		★★	
学部独自試験	日本語（政治経済学部）	全４～５問程度（課題文及び図表） ・図・課題文の理解、説明（３問程度、100～200字程度） ・グラフを作成する問題（１問） ・意見論述問題（400字程度）	120分	日本語という科目名だが実質的には小論文	★★★	
	小論文※（教育学部国語国文学科）	全１～２問（課題文） ・文章への理解を問う問題（１問） ・意見論述問題（１問）	60分		★★★	

※教育学部国語国文学科の小論文は第２次選考の筆記試験

特徴

ほぼ全学部で筆記試験があり、文系の受験生の大半は、共通の試験科目である「日本語」「小論文Ａ」「小論文Ｂ」のいずれか（または２つ）を受験する。通常、他大学で２つの学部を併願する場合、学部ごとに１回ずつ筆記試験を受ける必要があるが、早稲田は併願先によっては１回の筆記試験だけで済む。例えば、文学部と文化構想学部を併願する場合、「日本語」を受験するだけでよい。このように、試験科目が共通する学部なら併願しやすいのが早稲田の特徴だ。

出題傾向分析

【試験科目】 文系の受験生の多くは、「日本語」か「小論文Ｂ」のいずれかの共通試験を受験する。学部独自の筆記試験もあるが、年々減少傾向にある。

【出題テーマ】 共通試験は、一般教養に関するものや日本の一般大学受験における小論文、現代文でよく出題される分野が多い。ただし、政治経済学部だけは例外で、学部の専門分野に関わるテーマが出題される。

【求められる力】 抽象度の高い文章を理解することのできる高い読解力が要求されることが多い。

【ポイント】 「小論文Ａ」と「日本語（政経）」ではグラフ・表を読み取る問題や、設問の指示に基づいて課題文の内容に関するグラフを作成する問題があり、こうした早稲田独自の問題形式に慣れておく必要がある。なお、小論文型の試験（「小論文Ａ」「小論文Ｂ」「日本語（政経）」）では、原稿用紙のマス目の使い方に関して指示があるので注意が必要である。

試験対策

課題文の理解のために一般教養に関する本や、小論文・現代文で出題されるテーマについて解説している参考書に目を通しておくと役に立つ。日本人の大学受験生向けの現代文問題集（基礎レベルという表示があるもの）をやっておくのもよい。小論文形式の試験（「小論文Ａ」「小論文Ｂ」「日本語（政経）」）は、グラフ・表問題があるほか、設問も特殊であるため、同じような形式の問題を過去問や他の問題集（日本人向けでよい）で練習して慣れておく必要がある。

check!

ワンポイントアドバイス

外国人留学生入試は秋以降の出願が多い中、早稲田の出願は6月である。全ての学部で5月末頃までにTOEFLなどの英語試験を受ける必要があるので、その試験やEJUの受験勉強と並行して、出願準備を進めなくてはならない。そのため、出願する前年の11月のEJUで高得点をとっておき、英語試験も前年内に受けておく、というくらいの気持ちで早めに取りかかろう。

本書の情報は編集時点（2022年９月末）のものですが、新型コロナウイルス感染症の拡大防止対策による変更等は反映していません。また、入試情報は毎年見直されますので、必ず各大学のウェブサイトや募集要項等で最新情報を確認してください。

2021年度 早稲田大学（共通）【日本語】60分

一　次の文章を読んで後の問いに答えなさい。

「文は人なり」　有名なことばである。何よりも男らしく断定しているところがいい。『手紙の書き方』とか『文章読本』には、きまって引用される。文章は、その書き手の（Ⅰ）人となりを示す。だからハガキ一枚にも［ a ］してあたらなくてはならない——

おおよそ、そのような意味でつかわれる。「文は人格の顕現」というわけである。そういえば中学のときの校長先生も同じ意見だった。ことばは心の鏡であるから、みんなでことば遣いに気をつけよう。月曜日の朝礼のとき、校長先生は実例をあげながら私たちのことば遣いを［ X ］一方、「文は人なり」を力説した。

誰が言いだしたことばだろう？　中学生のときは知らなかったが、いまの私は知っている。ジョルジュ＝ルイ・ルクレール・ドゥ・ビュフォンという長い名前のフランス人である。一七〇七年に生まれてフランス革命の少し前に死んだ。生涯の大半を王室植物園の監督官としてすごした。つまり十八世紀フランスの自然科学者である。『自然学汎論』という三十巻をこえる大著があるらしい。学術的価値はともかくも、少なくともその量からして、相当辛抱強い人だったことがみてとれる。

ビュフォンはアカデミー・フランセーズ（フランス翰林院）の会員に選ばれた際、慣例にしたがって講演をした。そのときの演説のなかに問題の名言が初めてこの世に登場したという。

しかし、そうだとすると疑問がわく。フランス翰林院に選ばれた際の記念講演は、当人の専門に関わって話すのが通例である。でなくては①ホコり高いメンバーが承知しない。では、ビュフォンは自然学者でありながら、どうして文章について話しなどしたのだろう。［ A ］「文は人なり」は一般にいわれているように、書き手の人となりを表わすといった意味なのだろうか？

私は残念ながら、十八世紀フランスの学者の手になる講演の文章を理解する力がない。だから専門家にたずねるのだが、落合太郎さんの『ビュフォンの〝文言〟について』によると、［ B ］私たちの②素人の疑問も、まんざら見当外れでもないらしい。「文は人なり」の言いだしっぺの先生は、実は「心の鏡」のことなど言った覚えは少しもなさそうである。では、どのような意味で言ったのか。

途中は③ハブいて結論だけお伝えしておくと、文章こそ人のもの、といった意味でつかった。知識や発見は誰にでも手に入るし、（Ⅱ）目はしのきいた人間や器用な人がまっ先に利用する。ところが文はそうではない。「ル・スチール・エ・ロム・メーム」文こそ、その人のもの。唯一自分に所属したものだというのである。つまり、ちょうど自然学者が自然界を分類、整理することによって自然を「わがもの」とするように、ことばについても同じようなことを述べたまでのようである。いかにも科学者らしい。また、いかにもフランスの④お国柄である。個人意識がひときわ強い。

ほぼ二百年後、同じフランスに『文体練習』という本が現われた。作者はレーモン・クノーといって詩人、作家、百科事典編集長などの肩書のつく人物だった。彼はあざやかに本来の「文は人なり」をやってのけた。ほんのちょっとした報告をタネに、それを百とおり余りものちがった文体で書きわけたのである。クノーの『文体練習』にはお役人もいれば、美文家もいる。ソネット詩人もいるし、荘重なアレクサンドリア詩体を駆使する詩人も悠々と［ b ］を出す。あきらかにこちらの先生は、

「人なり」ではなく「唯一その人のもの」である所有物を、とっかえひっかえ、いろいろと取り出してみた。文章が世にいう「人となりを示すもの」だとしたら、このフランス人は［c］もなく百とおり余りもの人となりを表わしてみせたことになる。

私たちはそろそろ「文は人なり」＝書き手の人となり説を捨てるべきときに立ちいたっているのではなかろうか。文は「人格を顕現」したりしないのである。［C］、かりそめの人格が、ことばの恩恵のもとに、いかに⑤ミゴトに変貌することだろう。たしかに世界は現実の総計かもしれないが、しかしその現実とは何ものか？　今日それは、［D］ことばによって生み出され、ことばによって定められる。政治といわず文化といわずマス・メディアといわず、あるのはただことばの賑わい、ことばのざわめき、ことばの大騒ぎ。［d］をむくキャッチフレーズが居並び、シャレた決まり文句が打ちこまれ、野放図なことばの洪水のなかで、みるまに［Y］が沈んでいく。まさしく現代の肖像にちがいない。私たちは浪費される膨大なことばの海の中に首までひたされ、精一杯つま先立ちして、⑥辛うじて溺死は⑦マヌガれているのである。

日々毎日、次から次へと送りとどけられることばの見本帖《ちょう》から、人はそれぞれ「文は人なり」を実践して、百円玉でおつりのくる人格を買いとるわけだ。かつてことばは何度となく世界を変えた。ことばは事実の証人だった。愛の立会人であり、苦悩の代弁者であり、喜びの親友だった。だが、［E］(Ⅲ)それは何一つ変えないだろう。事実を⑧証しだてず、むしろ巧みにスリかえて⑨ユガめる。愛に立ち会わず、その前でモジモジと立ちすくむだけ。苦悩の代理をせず、喜びに寄りそおうともしない。それは今日、がらんどうの樽にそそがれる水のようなものだ。ただ大さわぎして流れていくだけ。あふれかえる情報のなかで、世界はもっぱら、口さわやかに語られることばの流出としてあるだけである。世界の素材でもなく、断片でもなく、ただ［e］なめらかに発音されるだけ。

いかにも私たちは、ことばの⑩お伴に守られている。「文は人なり」に応じて買いとった浪費的で、無頓着なことば、ただことばからひねり出されただけの現実。それは無から生まれて無に帰る。あわただしく小銭と引きかえに手から手へと渡されて、つかのまのお伴をしたあと、通りすがりのクズ箱に捨てられる。このことばの大消費時代には、すべてが意のままになる。ここでは何一つ現実ではないのだから。何一つ、重要ではないのだから。

池内 紀『新編　綴方教室』による

問一　空欄［A］・［B］・［C］・［D］・［E］に入る語句として最も適切なものを、それぞれ次の**ア**～**オ**の中から一つ選び、解答欄に記号で答えなさい。（同じものを二回以上使わないこと。）

ア　むしろ　　**イ**　もはや　　**ウ**　そもそも　　**エ**　ひたすら　　**オ**　どうやら

問二　傍線部（Ⅰ）「人となり」とほとんど同じ意味でもちいられている漢字二字の熟語を、本文中から抜き出して解答欄に書きなさい。

問三 傍線部（Ⅱ）「目はし」の意味として最も適切なものを、次の**ア**～**オ**の中から一つ選び、解答欄に記号で答えなさい。

ア 機転　**イ** 容貌　**ウ** 配慮　**エ** 抑制　**オ** 落涙

問四 傍線部（Ⅲ）「それ」とはなにをさすか、最も適切な語句を本文中から抜き出して解答欄に平仮名で書きなさい。

問五 空欄 X に入る語句として最も適切なものを、次の**ア**～**オ**の中から一つ選び、解答欄に記号で答えなさい。

ア うちのめす　**イ** けしかける　**ウ** さしもどす　**エ** たしなめる　**オ** もちあげる

問六 空欄 Y に入る語句として最も適切なものを、次の**ア**～**オ**の中から一つ選び、解答欄に記号で答えなさい。

ア 現実　**イ** 事実　**ウ** 人格　**エ** 政治　**オ** 文化

問七 空欄 a ・ b ・ c ・ d ・ e に入る語句として最も適切なものを、それぞれ次の**ア**～**コ**の中から一つ選び、解答欄に記号で答えなさい。（同じものを二回以上使わないこと。）

ア 手　**イ** 顔　**ウ** 心　**エ** 目　**オ** 体　**カ** 舌　**キ** 歯　**ク** 足
ケ 耳　**コ** 頭

問八 傍線部①③⑤⑦⑨の片仮名を漢字に直して解答欄に書きなさい。

問九 傍線部②④⑥⑧⑩の漢字の読みを平仮名で解答欄に書きなさい。

問十 次の**ア**～**エ**の記述について、本文の趣旨に合うものには○を、合わないものには×を、それぞれ解答欄に書きなさい。

ア ブュフォンが講演で述べた「文は人なり」ということばは、その当時いろいろに曲解されて世界に伝わったが、日本では本来の意味で引用されてきた。

イ 文は人格を顕現したりはせず、かえって人格がことばによって生成され変貌するのであって、人はことばに翻弄され、あふれる情報のなかに埋没した。

ウ　かつてことばは何度となく世界を変え、事実の証人でもあったが、いまとなってはただ口から流れ出るだけの、重要でないものとなりはててしまった。

エ　「文は人なり」とは、「文は人格の顕現」という意味であったが、「文こそ、その人のもの」という、後の解釈によって正しい意味が理解されなくなった。

二　次の文章は、「インターネットでの人権侵害」に対する広報の文章です。これを読んで後の問いに答えなさい。

1　A

インターネットで他人の個人情報を流したり、誹謗①中傷や無責任なうわさを広めたりすることも人権侵害。

インターネットでは、自分の名前や顔を簡単には知られることなく発言することができます。そのため、②匿名性を悪用した人権侵害が発生しています。最近では、いじめなどの事件をきっかけに、インターネット上に、不確かな情報に基づき、その事件の関係者とされる人たちの個人情報を流す書き込みがされたり、誤った情報に基づいて全く関係のない人たちを誹謗中傷（根拠のない悪口や嫌がらせ）する書き込みがされたりしています。

インターネットでは、いったん掲示板などに書き込みを行うと、その内容がすぐに広まってしまいます。また、その書き込みをネット上から完全に消すことは容易ではありません。誹謗中傷や他人に知られたくない事実、個人情報などが不特定多数の人々の目にさらされ、そのような情報を書き込まれた人の尊厳を傷つけ、社会的評価を低下させてしまうなど、被害の回復が困難な重大な損害を与える危険があります。また、このような人権侵害は、名誉毀損等の罪に問われることもあります。

平成三十一年及び令和元年（二〇一九年）中に法務省の③人権擁護機関である全国の法務局・地方法務局が処理したインターネットを利用した人権侵犯事件の数は１８７７件となりました。このうち、特定の個人について、根拠のないうわさや悪口を書き込むなどして、その人の社会的評価を［　X　］といった名誉毀損に関する事柄と、個人情報や私生活の事実にかかわる内容などを本人に無断で掲載するといったプライバシー侵害に関する事柄の二つの事柄で全体の約八割を占めています。

2　B

インターネットを利用するときも、ルールやモラルを守り、相手の人権を尊重しましょう。

インターネットを利用するときも、直接人と接するときと同じようにルールやモラルを守り、相手の人権を尊重することが大事です。④おタガいの顔は見えなくても、インターネットでつながった先にいるのは、心をもつ⑤生身の人間であるということを忘れずにコミュニケーションをとりましょう。

インターネットは発信者が特定できないわけではありません。捜査機関等による発信者の特定は可能です。匿名の書き込みであっても、責任を持ってする必要があるということを覚えておきましょう。

3　**インターネット上で人権侵害があったときは？**

プロバイダなどに情報の削除依頼を。

インターネット上に自分の名誉を毀損したり、プライバシーを侵害したりする情報が掲載されても、発信者がだれか被害者には分からないため、被害を回復するのは困難です。掲示板やＳＮＳであれば、被害者は、その運営者（管理人）に削除を求めることができます。

さらに「プロバイダ責任制限法」という法律などにより、被害者は、プロバイダやサーバの管理・運営者など（以下、「プロバイダ」と言います）に対し、人権侵害情報の発信者（掲示板やＳＮＳなどに書き込んだ人）の情報の開示を請求したり、人権侵害情報の削除を依頼したりすることができるようになっています。

開示請求や削除依頼を行う際には、証拠として保存するために、メールや文書で行うとともに、誹謗中傷等にあたる書き込みや動画などが掲載されている掲示板のＵＲＬやアドレスを控え、該当する画面や動画は、保存しておきましょう。

［　Y　］、削除依頼をしたことが公表されるタイプの掲示板では、削除依頼をしたことにより、書き込みなどの内容に再び注目が集まり、⑥ヒやかしやなりすましの書き込みが増え、結果的に被害が拡大してしまう可能性も考えられます。

また、掲示板によっては、削除依頼をした人の氏名やメールアドレスなどの個人情報が掲載されてしまう場合もあります。

削除を依頼するかどうかや、その際に個人情報を入力するかどうかは、これらのリスクについても考え、慎重に判断しましょう。もし自分で対応することが不安なときは、法務省の人権擁護機関である全国の法務局・地方法務局およびその支局（以下「法務局」といいます）の相談窓口に相談しましょう。

4　［　C　］

法務省の人権擁護機関が削除を要請。

被害者⑦ミズカラが削除を求めることが困難な場合は、法務局に［　Z　］。

法務局では、まず、プロバイダへの発信者情報の開示請求や人権侵害情報の削除依頼の方法について助言を行うなど、被害者みずからが被害を回復・予防を⑧ハカるための手助けをします。

また、このような手助けをしても被害者みずからが被害の回復・予防をハカることが困難な場合や被害者からの削除依頼にプロバイダが応じないなどの場合は、法務局が、プロバイダへの削除の要請を行います。法務局からの削除要請は、被害者からの被害申告を受けて、被害者が受けたインターネット上での人権侵害について法務局が調査を行い、名誉毀損やプライバシー侵害に該当する場合などに行います。

平成三十一年及び令和元年（二〇一九年）に法務局で処理したインターネット上の人権侵害情報に関する人権侵犯事件は１８７７件で、法務局がプロバイダなどに対し人権侵害情報の削除を求めるなどの要請を行った件数は、３９５件ありました。

C

インターネット人権相談受付窓口などの人権相談窓口に［　Z　］。

法務省の人権擁護機関では、インターネット人権相談受付窓口やみんなの人権110番など様々な人権相談窓口を設けています。インターネットによる人権侵害に限らず、様々な人権問題についても相談を受け付けています。お気軽に［　Z　］。

（政府広報オンライン「インターネットを悪用した人権侵害に注意！」による）

問十一　傍線部①②③⑤の漢字の読みを平仮名で解答欄に書きなさい。

問十二　傍線部④⑥⑦⑧の片仮名を漢字に直して解答欄に書きなさい。

問十三　［　X　］には「低下する」という言葉を変化させた表現が入ります。適切な形に変化させて、ここに入る最も適切な表現を解答欄に書きなさい。

問十四　［　Y　］に入る語句として最も適切なものを、次の**ア**～**オ**から一つ選び、解答欄に記号で答えなさい。

ア　ただし　**イ**　したがって　**ウ**　また　**エ**　そして　**オ**　さて

問十五　［　Z　］の部分には、三か所とも同じ表現で、「相談してください」ということを、尊敬語を使って書いてあります。尊敬語を使った最も適切な表現を、解答欄に書きなさい。

問十六　空欄 A ～ D には段落の内容をわかりやすく示すため、疑問文の形でのタイトルが入っています。最も適切な内容を、次の**ア**～**カ**の中から一つ選び、解答欄に記号で答えなさい。

ア　なぜ人権侵害をしてはいけないの？
イ　どんなことが人権侵害になるの？
ウ　人権侵害で困ったときは？
エ　被害者みずからが削除を求めるのが困難なときは？
オ　インターネットを使って困ったときは？
カ　インターネットでの人権侵害を防ぐには？

問十七　次の**ア**～**オ**の記述について、本文の趣旨に合うものには○を、合わないものには×を、それぞれ解答欄に書きなさい。

ア　平成三十一年及び令和元年（二〇一九年）中に法務省の人権擁護機関である全国の法務局・地方法務局が処理したインターネットを利用した人権侵犯事件の八割が個人情報や私生活の事実にかかわる内容などを本人に無断で掲載するといったプライバシー侵害に関する事柄であった。

イ　法務局は、インターネットでの表現の権利を保障することが必要であり、人権侵害情報とみなされる場合でも、プロバイダへの情報削除の要請を行うことはない。

ウ　正しいことであるかどうか、よくチェックしない限り、インターネットで他人の個人情報を流すことがあってはならない。

エ　インターネットによる人権侵害ではない人権問題についても、インターネット人権相談受付窓口で相談することはできる。

オ　地方法務局は、法務省の人権擁護機関の一つであり、人権相談窓口が設けられており、人権についての相談ができる。

問十八　削除依頼をしたことが公表されるタイプの掲示板に、自分のことを中傷する書き込みがあることを見つけたとします。削除依頼をする場合にはどんなことに注意した方がいいかを書きなさい。「だから」という言葉を一度使って、次の書き出しに続けて、一〇〇字以内で書きなさい。句読点も字数に含めます。

削除依頼をしたことで、書き込み内容が再び注目されてしまい、結果的に被害が拡大してしまうこともある。また、掲示板によっては、削除依頼者の氏名やメールアドレスなどの個人情報を

[　　　　　　　　]

〔以下余白〕

➡解答&解説 P.39〜

2021年度
早稲田大学 日本語
解答用紙

No. 1 ／ 2

採点欄

（この線で二つ折りにして書きなさい）

一

問一　A　B　C　D　E

問二

問三

問四

問五

問六

問七　a　b　c　d　e

問八　①　り　③　いて　⑤　に　⑦　れて　⑨　める

問九　②　④ お　⑥　うじて　⑧　しだてず　⑩ お

問十　ア　イ　ウ　エ

二

問十一　①　②　③　⑤

2021年度
早稲田大学 日本語
解答用紙

No. 2 ／ 2

採点欄

問十二　④ お　い　⑥ やかし　⑦ ら　⑧ る

問十三

問十四

問十五

問十六　A　B　C　D

問十七　ア　イ　ウ　エ　オ

問十八

削除依頼をしたことで、書き込み内容が再び注目されてしまい、結果的に被害が拡大してしまうこともある。また、掲示板によっては、削除依頼者の氏名やメールアドレスなどの個人情報を［　　　］

13

100

入試過去問題

2021年度 早稲田大学 政治経済学部【日本語】120分

以下の文章を読んで、問題１から問題５に答えなさい。

移民や民族の多様性が「社会的連帯」や「社会関係資本」を減らすという見解がある。社会的連帯とは個人間の相互依存的な結びつきのことで、社会関係資本とはソーシャル・ネットワーク（付き合いの輪）やそれに伴う相互利益の規範や信頼性のことだ。移民が増えて民族が多様になった社会では、他人を信じられず、地域や友人とのつながりが少なくなり、人のために一肌脱ごうとしなくなるというのだ。

民族の多様性が人のつながりに与える効果には、二つの相反する見方がある。一つは、民族の多様性が、異なる民族への寛容と社会的連帯を促進するという「接触仮説」だ。この仮説では、自分とは違う民族や人種の人と接触すればするほど、お互いに理解しあい、信頼するようになると考える。もう一つは、「紛争理論」と呼ばれるもので、多様性は、「内集団」（自分と同じ民族や人種）の結束と「外集団」（自分と違う民族や人種）への不信を促す、とする。自分たち（内集団）の地位や価値観を脅かす存在として、部外者（外集団）をとらえているためだ。

接触仮説と紛争理論の両者は見方こそ違うが、同じ仮定の上に立つ。それは、内集団（自分と同じ性質のグループ）での信頼と外集団（自分と違う性質のグループ）への不信がセットになっていることだ。たとえば、自分と同じ日本人とのつながり（「内部結束型の社会関係資本」）がしっかりしている一方で、自分と違う外国人とのつながり（「橋渡し型の社会関係資本」）が弱いと仮定しているのだ。

接触仮説と紛争理論が、同じ仮定を共有していることは不思議ではない。紛争理論は、接触仮説を拡張したものと見なされているからだ。実は、接触が先入観をなくすのは、お互いが対等な立場で、親密な関係が繰り返されるような状況だけだとされている。しかし、そうした状況が民族間の関係に当てはまることは少なく、より現実的な状況を想定しているのが紛争理論なのである。

図１　民族多様性と信頼の関係

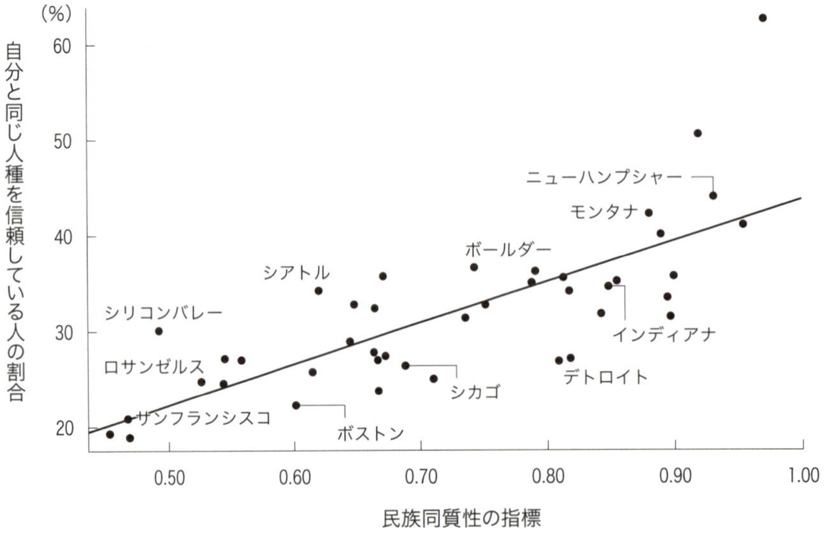

※同質性が低い（多様性が増す）と指標の値が小さくなる。

こうした仮定に疑問を持ったハーバード大学のパットナムは、アメリカにおける民族多様性を研究した。その結果（図1）は、ショッキングな内容とも相まって、センセーションを巻き起こす。ヒスパニック、ヒスパニックではない白人、ヒスパニックではない黒人、アジア人という分類によって多様性を測った分析において、[1]傾向があったのだ。

残念な報告は、それだけではない。民族的に多様な地域の人ほど、地方政府やニュースメディアへの信頼も揺らぎ、世の中を変えられるという「政治的有効性感覚」が弱まっており、選挙にも行かない。その一方で、政治への関心や知識自体は高まり、抗議デモや社会変革団体には参加する。また、緊急事態のため水や電気を節約しようという地方公務員の呼びかけにも、どうせ地域の人は協力的でないだろうと思い込み、地域のプロジェクトや寄付・ボランティアへの参加も少ない傾向にある。さらに、個人的なことを気軽に話せる親友や込み入ったことを相談するような信頼できる人が少なく、テレビを見て過ごす時間が多くなる。生活の質も低いと感じ、あまり幸福だと思っていない。

パットナムは、民族の多様性が、「社会的孤立」（社会に居場所を失うような状態）を引き起こす可能性を指摘する。民族的に多様な地域の住民ほど、近所の人を信頼せず、寄付やボランティアで助け合わないばかりか、地域に貢献しないで集団生活から距離を置く一方で、頼るべき友人も少ないからだ。また、こうした生活に満足できず、声高に社会変革を叫びつつも、実際には世の中は変わらないと思っているのだ。

パットナム以外の研究でも、民族の多様性は社会関係資本（信頼感やボランティアなど）を損なうという結果が、いくつも示されている。こうした研究成果は、ともすると差別を肯定する主張に利用されたりする。しかし、それは必ずしも研究者の意図するところではない。

パットナム自身も、民族の多様性が社会関係資本を減らす傾向にあるのは、短期的な議論だとする。ベトナム戦争で違う人種の兵士が殺害しあう経験を経て、現在の米軍が比較的人種偏見のない組織へ変わったことを例に挙げながら、長期的には、アイデンティティーが再構築され、社会の結束が増すという希望的観測をしている。彼の言葉を借りれば、「彼ら」（外集団）を「私たち」（内集団）のように変えるのではなく、より包容力のある新しい意味での「私たち」という意識が生まれるのではないかというのだ。

パットナムの分析による結論には反駁《はんばく》もある。たとえば、ヨーロッパの国を対象とした分析では、いくつもの研究が、多様性は信頼と無関係だとする。

また、技術的にも問題がある。彼の分析は、2000年時点でアメリカの異なる地域に住む人たちが対象だ（クロスセクション分析）。通常、クロスセクション分析（たった1年のデータ）では、因果関係まではいえない。つまり、多様性と信頼には関連が認められても、多様性が信頼を損ねているとまではいえないのだ。

さらに、メディアを騒がせた批判もある。プリンストン大学のアバスカルとニューヨーク大学のバルダサーリは、パットナムと同じアメリカのデータを使って再分析を行い、違う結論を導いている。民族・人種的グループごとに分けて分析すると、低い信頼と関係があるのは、人種的なマイノリティー（外集団）にまじって暮らす白人だけだった。すべての人種に見られる関係ではなかったのだ。

アバスカルとバルダサーリは、多様性が信頼と関連あるように見えるのは、居住の住み分けによる産物にすぎないとする。いろいろな民族がいる（民族的に非同質的な）地域では、非白人の占める割合が大きくなり、非白人は低い信頼を報告する傾向があるからだ。黒人やヒスパニックは、白人よりも、他人への信頼が薄いことが分かっている。

多様性と低い信頼の関係は、むしろ、不平等の指標（①人種・民族、②経済状態、③定住性という三つの違い）によってうまく説明できると主張する。同質的な地域と比べると、非同質的な地域は、一般的に、非白人が多いだけでなく、貧しくて、人の出入りが激しいことが知られている。人種・民族、金銭的な余裕に加え、地域に根差しているかなどによって、信頼度が違ってくることの方が、重要な要因だという。

興味がある読者のために、彼らの分析を少し詳しく見てみよう。アバスカルとバルダサーリは、これまでの研究における技術的な問題点[(1)]を指摘している。それは、研究でよく使用される民族多様性（非同質性）の指標についての批判だ。

まず、既存の民族多様性指標は、どのように民族が構成されているかを区別できない。白人にとって、非同質的とは、近所に非白人が多くいることだ。一方、非白人にとって、非同質的とは、近所に白人が多くいることだ。しかし、白人が80％と黒人が20％住んでいる地域と白人が20％と黒人が80％住んでいる地域では、性質がかなり異なるにもかかわらず、どちらも民族多様性の程度が同じとして取り扱われる。

また、民族多様性の指標では、内集団と外集団への接触をうまく把握できない。簡単な数値例を使って考えるために、民族多様性の指標が、その中央値より上の場合を非同質的地域、下の場合を同質的地域としよう。アメリカにおける平均的な同質地域では、白人が84％を占め、黒人は7％の割合だが、平均的な非同質地域では、白人の占める割合は54％で、黒人は17％だ。すると、非同質地域に住む白人は、白人（内集団）と接触する確率が低くなるが、非同質地域に住む黒人は、黒人（内集団）と接触する確率が高くなる。同じ内集団への接触といっても、白人か黒人かによって、内集団との接触確率が変わるのだ。

このため、①多様性のある地域に住むことの効果を、内集団や外集団への効果と区別することから始めて、②民族・人種的グループごとに分けて、信頼に関する分析をしている。これらの分析では、経済状況（所得や雇用など）や定住性（持ち家の有無など）の要因がコントロール[注1]されている。

その結果、①民族・人種的な構成を考慮して、それぞれの地域における白人の割合の影響などを調整して分析したところ、民族多様性の指標は信頼との関係がなかった。

また、②異なる民族・人種によって、信頼に違いが見られた。白人の場合には、その地域にいる白人の割合が高いと、近所の人や白人（内集団）を信頼するだけでなく、非白人（外集団）への信頼も高くなっていた。一方、ヒスパニックやアジア人の場合には、自分と同じ民族・人種の割合は、近所の人や内・外集団いずれへの信頼とも関係がない。黒人の場合には、黒人の割合は、内集団への信頼とは関係があったが、近所の人や外集団への信頼とは関係が見られなかった。純粋に人種による違いがある。偏見も含めて、違った文化・考えを持っている可能性がある。

さらに、黒人やヒスパニックが多い地域に住む白人ほど、白人への信頼が低くなっていた。特に、黒人が地域に住む割合は、ヒスパニックの割合よりも、白人への信頼の低下に大きな影響を与えていた。ただし、アジア人の割合は無関係だった。

したがって、多様性がすべての人の信頼感を低下させるという主張は、誤解を与えるとする。国家を多様化させている非白人や移民が、社会関係資本を損なうという非難は、適切ではない。

民族・人種以外で興味深い点は、すべての民族・人種に共通して、教育や自己申告による経済的満足度（あなたは現在の懐具合に満足しているか）が高い人ほど、信頼が高まることだ。これは、社会関係資本を表すために研究で一般的に使われているすべての信頼の区分（一般的な人への信頼、近所の人への信頼、内集団への信頼、外集団への信頼）に当てはまる（ただし、アジア人の場合には、教育は三つの信頼の区分〔一般的な人への信頼、近所の人への信頼、内集団への信頼〕、経済的満足度は内集団への信頼にだけ当てはまる）。

アバスカルとバルダサーリは、十分な根拠もなく信頼性の低下は民族的多様性のせいだと主張する背景には、社会関係資本の概念が関係しているのではないかと指摘する。そして、「相互関係が信頼や利他性の規範を生み、集団にとって好ましい結果をもたらす」という見方に疑問を呈している。規範とは、行動や判断を行うときに従うべき基準であり、共通認識だ。利他性とは、自分を犠牲にしても他人を助けることである。

このように社会関係資本をとらえると、みんなが同じであることによって、団結や連帯が生まれると考えるように仕向けられる。このため、多様性は悪い結果（信頼の低下や利己主義）をもたらすとされてしまうのだ。彼らは、社会関係資本が集団に好ましい結果をもたらすと、安直に想定すべきでないとする。

こうした分析結果は、政策的にはどのような意味を持つだろうか。もし、パットナムの分析のように多様性が問題であれば、すべての人が同じ文化や規範を共有するような政策（同化）が求められるだろう。一方、もし、アバスカルらの分析が示唆するように（多様性を認めつつも）白人の非白人に対する偏見や黒人やヒスパニックの信頼の低さが問題なのであれば、その原因を追究して、民族・人種ごとに違う政策介入を考える必要が出てくる。いずれにしても、微妙な問題だ。

ここまでは、移民による民族多様性が社会的孤立を加速するかという、内面（心）の変化を考えた。次は、犯罪という外面（行動）の変化を見ていく。

移民に反対する理由の一つとして、犯罪増加の可能性が危惧されている。実際、外国人による残虐な事件の報道を目にすると、移民は社会秩序を不安定化させるのではないかと不安になる人もいるだろう。しかし、メディアや映画などによるイメージが先行しているだけで、こうした不安は懸念にすぎないようだ。

最近の研究によると、移民によって、凶悪犯罪が増加するとは示されていない。ただ、犯罪や移民の種類によって、いくらかの違いはあるようだ。

たとえば、オックスフォード大学のベルらは、移民によって凶悪犯罪は増えず、窃盗犯罪の増減については特定の傾向はないとする。また、移民が犯罪を増やすというよりは、移民の恵まれない就業機会が犯罪を生むのではないかとする。

これは、イギリスにおける最近の二つの大きな移民流入の波（1990年代後半から2000年代前半の難民申請者〔第一波〕とEUに加盟した国からの2004年以降の移民〔第二波〕）を分析した研究結果だ。厳密にいうと、難民と移民は違うのだが、この研究では、難民も移民として扱われている。ここでの記述は、彼らの論文での呼称に従おう。

イギリスにおける移民の数は、1997年以降急速に増えた。1981年に320万人だった外国生まれの移民の数は、1997年には410万人となったが、2009年には690万人にまで増えている。過去30年の移民数増加のうち、４分の３が1997年以降に起きたことが分かる。

その第一波は、イラクやアフガニスタン、ソマリアでの戦争などによる1990年代後半から2000年代前半にかけての難民申請者の増加だ。この期間におけるイギリスへの難民申請者数は、世界で２番目に多くなっている。

第二波が起こったのは、2004年に八つの国がEUに加盟し、その市民にイギリスの労働市場が開放されてからだ。ポーランド共和国、ハンガリー、チェコ共和国、スロバキア共和国、スロベニア共和国、ラトビア共和国、エストニア共和国からの移民が増えた。

これら移民の特徴を見てみると、市民よりも、若くて、教育水準が低く、男性が多い傾向にある。また、2004年以降、八つの国から来た移民は、市民や他の国からの移民、難民に比べると、独身で子供がいない。市民よりも高い雇用率となっている。一方、第一波の人たちは、市民よりも失業率が高くなっている。

ベルらは、2002年から2009年までのデータを使い、大人の人口に占める移民の割合の変化と、人口当たりの犯罪数の変化との関係を分析している（図２）。

図２　イングランドとウェールズにおける移民数と犯罪傾向の関係

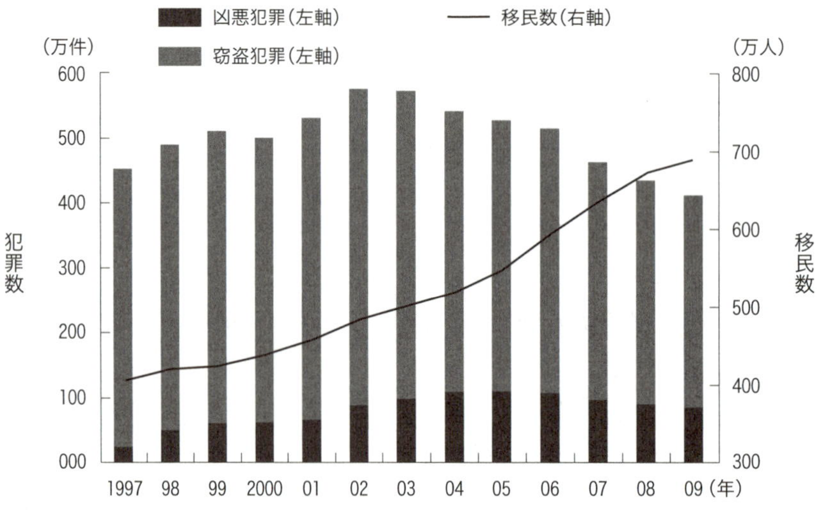

彼らの分析によると、第一波の移民の増加により、窃盗犯罪（住居侵入による窃盗や自動車盗難など）は少し増えたが、2004年以降の移民流入（第二波）は、逆に窃盗犯罪を減らしていた（ただし、犯罪減少の効果はわずかだ）。いずれの移民流入も凶悪犯罪（殺人、強盗、暴行、レイプなど）とは関係なかった。

影響の程度を見てみると、第一波の移民は、窃盗犯罪を0.11％増加させたと推計される。一方、第二波の移民は、窃盗犯罪を0.23％低下させたと推計されている。

では、どうして二つの移民グループで、⑵犯罪率への影響に差が出たのだろう。それぞれのグループの特徴を見てみると、就業機会の差が原因ではないかと考えられる。

ノーベル経済学賞を受賞したベッカーや、その後エーリッヒによって発展した「犯罪の経済学」では、就労機会が重要な役割を果たす。普通に働いた場合と罪を犯す場合を比べ、どちらが得かを考えるからだ。犯罪の場合、うまくいけば収入があるが、捕まる危険もある。一方、普通に働けば確実な収入が得られる（正確には、［働いたときの賃金から得られる効用］と［犯罪のときの期待効用、つまり、成功する確率と捕まる確率を勘案した報酬や罰則から得られる効用］を比べる）。このため、高い賃金の仕事があるほど、犯罪に手を染めにくくなる。

第一波の難民申請者は、イギリス生まれの市民や2004年以降の移民に比べると、就労機会が限られていた。彼らの特徴は、低い労働力比率（生産年齢人口に対する労働力人口の比率）、高い失業率ならびに低い賃金だ。このため、犯罪からの期待収益の方が高くなり、高い犯罪率につながったと解釈されている。まじめに働くより、犯罪の方が割に合うわけだ。一方、2004年以降の移民は、市民よりも高い雇用率を示すなど、経済的基盤がしっかりしていたため、犯罪の増加に寄与しなかったと考えられる。いずれにしても、移民と窃盗犯罪の関係は、ベッカー＝エーリッヒ型の犯罪モデルによってうまく説明できる。

注１：その要因の影響を調整すること。

（出典：友原章典『移民の経済学』中央公論新社、2020年。問題作成の都合で、一部省略し、また一部表現を変えたところがある。）

問題１　図１について、以下の問いに答えなさい。

A　筆者は図１の表す傾向を空欄１で述べている。空欄１にあてはまる説明を「傾向」という言葉で終わるよう、40字以内で書きなさい。解答欄の末尾には「傾向」という言葉をすでに入れてある。

B　図１の表す傾向が「ショッキング」だとされる理由を60字以内で書きなさい。

問題２　２つの民族しかいない場合、図１に用いられる民族同質性の指標は次の式のyで与えられるものとする。

$$y = x_1^2 + x_2^2 \quad （式１）$$

ただし、x_1とx_2はそれぞれ１つ目、２つ目の民族の全人口に占める比率を示す０以上１以下の数値で、$x_1 + x_2 = 1$である。このとき、以下の問いに答えなさい。

Ａ　x_1が0.0、0.2、0.5、0.8、1.0のときにyがいくつになるかを計算し、解答欄の図上に値とともに示しなさい。さらに、それらの点を滑らかに結ぶことによってx_1とyのグラフを作成しなさい。

Ｂ　（式１）で求められるyが民族同質性の指標として利用できる理由を、Ａで作成したグラフに基づいて80字以内で説明しなさい。

問題３　下線部⑴に指摘される技術的な問題点を150字以内で説明しなさい。

問題４　下線部⑵について、第一波の方が第二波に比べて地域における信頼を低下させたから犯罪率への影響に差が生じた、という仮説も考えられる。その場合、２つの移民グループの間で信頼性の低下の度合いに差が生じた理由は、アバスカルとバルダサーリの立場に立つとどのように説明できるか。本文中の２つの移民グループの特徴に基づいて250字以内で書きなさい。

問題５　日本がこれまで受け入れた移民の数は先進国の中では極端に少ない。イギリスにおける第一波のような移民をもし日本が受け入れるとしたとき、移民側と受け入れ側のそれぞれにとって、あなたの考える望ましい移民政策のあり方を400字以内で書きなさい。解答にあたってはパットナムの主張、アバスカルとバルダサーリの主張、「犯罪の経済学」の考え方、の３つ全てに触れること。

〔以　下　余　白〕

➡解答＆解説P. 44～

2021年度　早稲田大学 政治経済学部独自試験
解答用紙①

注意事項
1．受験番号および氏名を、解答用紙の所定の欄に必ず記入すること。所定の欄以外には、受験番号および氏名を書いてはならない。
2．解答は特に指示がない限り横書きで記入すること。解答欄以外には何も書いてはならない。
3．解答はすべて、HBの黒鉛筆またはHBのシャープペンシルで記入すること。
4．解答は特に指示がない限り日本語で記入すること。
5．字数制限がある設問については、算用数字やアルファベットその他の記号を用いる場合も、解答欄1マスに1つ記入すること。

（この欄に書き入れてはならない。）

問題1　A

10　20　25

40 傾　向

問題1　B

10　20　25

60

問題2　A

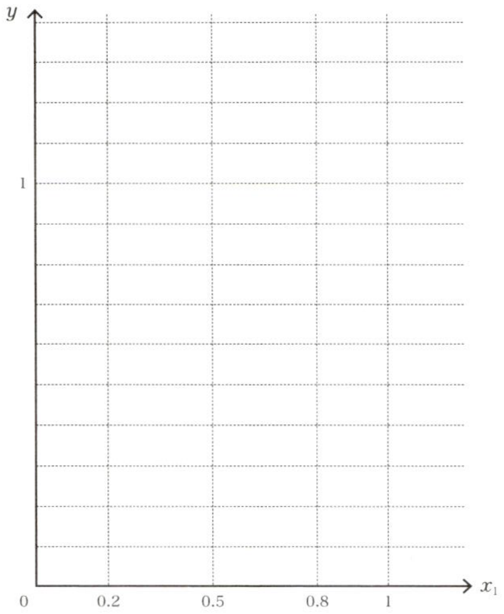

問題2　B

10　20　25

80

問題3

10　20　25

100

150

早稲田大学　慶應義塾大学　上智大学　明治大学　青山学院大学　立教大学　中央大学　法政大学　学習院大学　東京大学　一橋大学　横浜国立大学

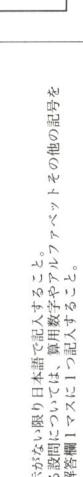

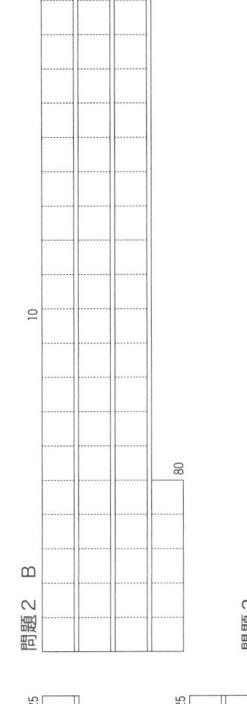

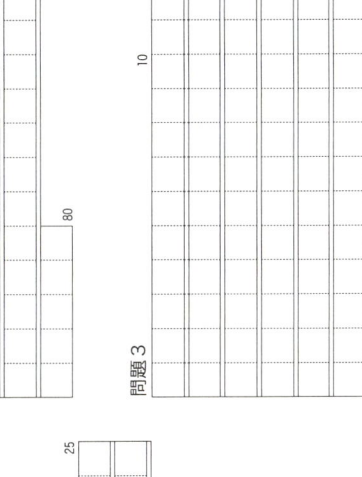

2021年度　早稲田大学 政治経済学部独自試験
解答用紙②

注意事項
1．受験番号および氏名を、解答用紙の所定の欄に必ず記入すること。所定の欄以外には、受験番号および氏名を書いてはならない。
2．解答は特に指示がない限り横書きで記入すること。解答欄以外には何も書いてはならない。
3．解答はすべて、HBの黒鉛筆またはHBのシャープペンシルで記入すること。
4．解答は特に指示がない限り日本語で記入すること。
5．字数制限がある設問については、算用数字やアルファベットその他の記号を用いる場合も、解答欄1マスに1つ記入すること。

（この欄に書き入れてはならない。）

問題4

10　20　25

100

200

250

問題5

10　20　25

100

200

300

400

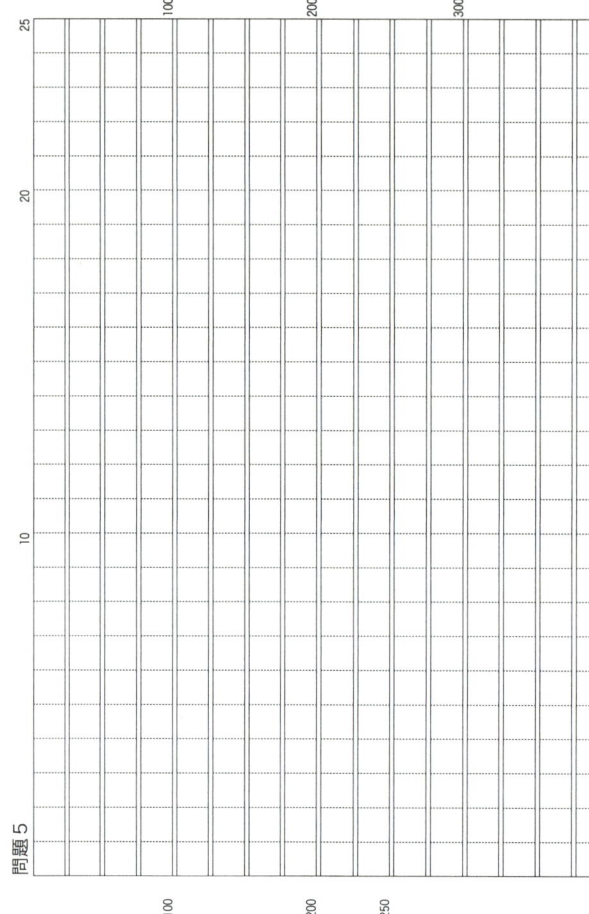

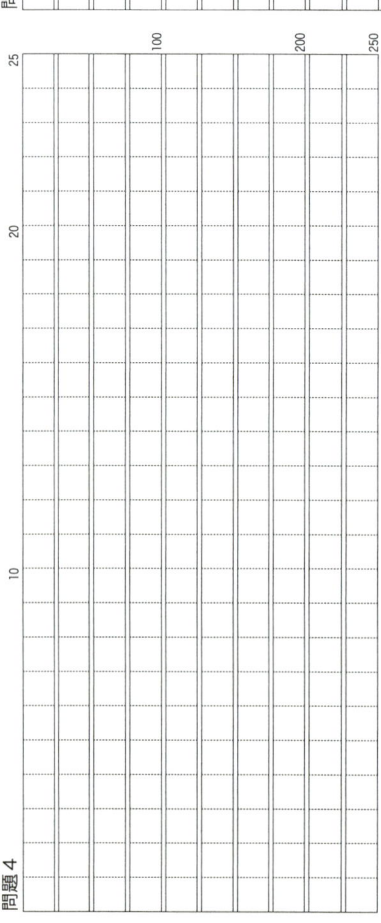

2021年度 早稲田大学【小論文A】 60分

問題 次の文章は、スポーツ選手数と誕生月との関連についての教員と2人の学生のあいだの会話である。表を参照しながらこの文章を読み、以下の問に答えなさい。

学生A：最近、9月入学が検討されていますよね。日本の学校は4月入学が一般的ですが、そもそも他の国でもそうなのでしょうか。

教　授：日本では、入学式と言えば桜の咲く4月が当たり前だね。でも、これは日本独自の文化で、他の国々では事情が違うんだ。ところで、君たちは何月生まれかな。

学生A：私は4月生まれです。

学生B：私は3月生まれです。

教　授：君たちみたいな大学生になるとそうでもないけれど、同じ学年の子でも誕生日に約1年の差がある4月生まれの子と3月生まれの子では、14歳ぐらいまでは体格や運動能力に大きな違いが見られるんだ(1)。

学生A：そういえば、日本の野球選手やサッカー選手は、4－6月生まれが多く、1－3月生まれは少ないと聞いたことがあります。

教　授：そうなんだよ。日本人の誕生月別の人口(a)にはほとんど偏りがないにもかかわらず、いくつかの競技では誕生月別の選手数に大きな偏りが見られて、この傾向は女子選手に比べて男子選手で顕著なんだ(2)。

学生B：そのような傾向があるのには、何か理由があるのでしょうか。

教　授：いろいろ考えられるけれど、一つの仮説として、小学生、中学生時のチーム内競争が挙げられるね(3)。個人やペアで競うテニスやバドミントンと比べると、野球やサッカーのようなチーム競技では、チーム内でレギュラー争いがあることが多いよね。4－6月生まれの子は同学年の中でも体格や運動能力に勝る子が多いから、レギュラーの座を勝ち取る確率が高いと考えられるんだ。レギュラーになると試合に出場する機会が多くなって、たくさんの貴重(b)な経験が積めるようになるんだ。［　(c)　］、子供のころに自分は人より優れていると思えることによって生じる心理的優位性も大きな要因と考えられるんだ。

学生A：なるほど、誕生月による心理的効果ですね。［　(d)　］、競争が激しくなりそうな部員数が多い競技ほど、1－3月生まれの子が不利になりますね(4)。

問1　A 下線（a）、（b）の読み仮名を、平仮名で書きなさい。

　B （c）、（d）に最も ふさわしい言葉を以下の選択肢から選び、記号で答えなさい。

イ：ところで	ロ：さらに	ハ：ただし	ニ：しかし
ホ：それどころか	ヘ：そのためには	ト：そうだとすると	チ：それにもかかわらず

問2 以下の文のうち、上記の会話の内容に照らし合わせて最も適切な内容のものを2つ選び、記号で答えなさい。

イ：日本の個人種目のスポーツ選手には、誕生月の偏りはない。
ロ：小中学生の部活のチーム内競争は、スポーツ選手の誕生月の偏りの要因ではない。
ハ：日本では誕生月別の人口に偏りがあるにもかかわらず、誕生月別の選手数に偏りがない競技がある。
ニ：スポーツ選手の誕生月の偏りの一因には、心理的優位性があげられる。
ホ：日本の4月から6月生まれの子には、サッカー選手が多い。
ヘ：大人と比べると、子供のころは体格や体力が1年で大きく発達する。
ト：スポーツ選手の誕生月の偏りをなくすために、9月入学が検討されている。
チ：女子のチーム競技の選手には、誕生月の偏りはない。

問3 下線(1)の内容について、関連する表に基づいてグラフで表しなさい。

問4 下線(2)を、関連する表を適切に引用しながら5行程度で説明しなさい。

問5 下線(3)のように教授が考える理由を、関連する表を適切に引用しながら5行程度で説明しなさい。

問6 下線(4)の問題と、その問題を改善するための方策について、関連する表を適切に引用しながら自分の考えを10行程度で述べるとともに、自分の考えに20文字以内のタイトルをつけなさい。

表1　年齢(6－19歳)別の身長および50メートル走タイムの平均値

年齢	身長(cm)	50m走タイム(秒)
6	116.6	11.40
7	122.4	10.55
8	128.3	10.00
9	133.5	9.61
10	138.8	9.17
11	145.5	8.78
12	152.8	8.42
13	160.8	7.77
14	166.0	7.42
15	168.4	7.43
16	169.6	7.26
17	170.5	7.16
18	171.1	7.33
19	171.6	7.32

政府統計e-Stat　平成30年度全国体力・運動能力、運動習慣等調査結果をもとに作成

表2　日本における月別の出生率（人口千対）

西暦(年)	誕生月			
	1－3月	4－6月	7－9月	10－12月
1990	9.8	10.0	10.2	9.8
1991	9.7	9.9	10.3	9.9
1992	9.5	9.9	10.3	9.6
1993	9.4	9.7	9.9	9.3
1994	9.6	9.9	10.4	10.0
1995	9.5	9.6	10.0	9.1
1996	9.3	9.8	10.1	9.6
1997	9.3	9.7	9.9	9.4
1998	9.3	9.7	10.1	9.3
1999	9.3	9.5	9.7	9.1
2000	9.4	9.3	9.8	9.4

出生率＝[その期間の出生数]/[その年の10月1日時点の総人口]×1000×12
厚生労働省ホームページ「出生に関する統計」の概況　人口動態統計特殊報告をもとに作成

表3　競技別の日本人男子アスリートの誕生月の分布（上段、人数；下段、割合）

競技名	誕生月				
	4－6月	7－9月	10－12月	1－3月	合計
サッカー	331人 34.7%	273人 28.6%	212人 22.2%	139人 14.6%	955人 100%
ハンドボール	41人 31.3%	32人 24.4%	32人 24.4%	26人 19.8%	131人 100%
バドミントン	40人 27.4%	36人 24.7%	39人 26.7%	31人 21.2%	146人 100%
相撲	181人 28.3%	164人 25.7%	163人 25.5%	131人 20.5%	639人 100%

中田大貴、陸上競技研究紀要、第13巻、9-18(2017)をもとに作成

表4　競技別の日本人女子アスリートの誕生月の分布（上段、人数；下段、割合）

競技名	誕生月				
	4－6月	7－9月	10－12月	1－3月	合計
ソフトボール	136人 25.7%	152人 28.7%	131人 24.7%	111人 20.9%	530人 100%
サッカー	65人 27.3%	61人 25.6%	62人 26.1%	50人 21.0%	238人 100%
バドミントン	24人 18.0%	41人 30.8%	34人 25.6%	34人 25.6%	133人 100%

中田大貴、陸上競技研究紀要、第13巻、9-18(2017)をもとに作成

表5　日本中学校体育連盟競技別の加盟生徒数（男子）

競技名	2008年	2013年	2018年
サッカー	224,200人	253,517人	196,343人
軟式野球	305,958人	242,290人	166,800人
バスケットボール	172,485人	174,321人	163,100人
バドミントン	36,127人	38,344人	49,150人
ハンドボール	18,725人	19,774人	16,898人
相撲	1,054人	1,289人	1,124人

日本中学校体育連盟「加盟校調査集計」競技別の加盟生徒数（男子）をもとに作成

〔以下余白〕

➡解答＆解説P. 48～

2021年度　早稲田大学 小論文A　解答用紙

カナ

名前

(所定欄以外に番号・名前を書いてはならない)

No. 1 ／ 1

採　点　欄

問1

A (a) (b)

B (c) (d)

問2

問3

問4

問5

問6・本文

問6・タイトル

(裏面使用不可)

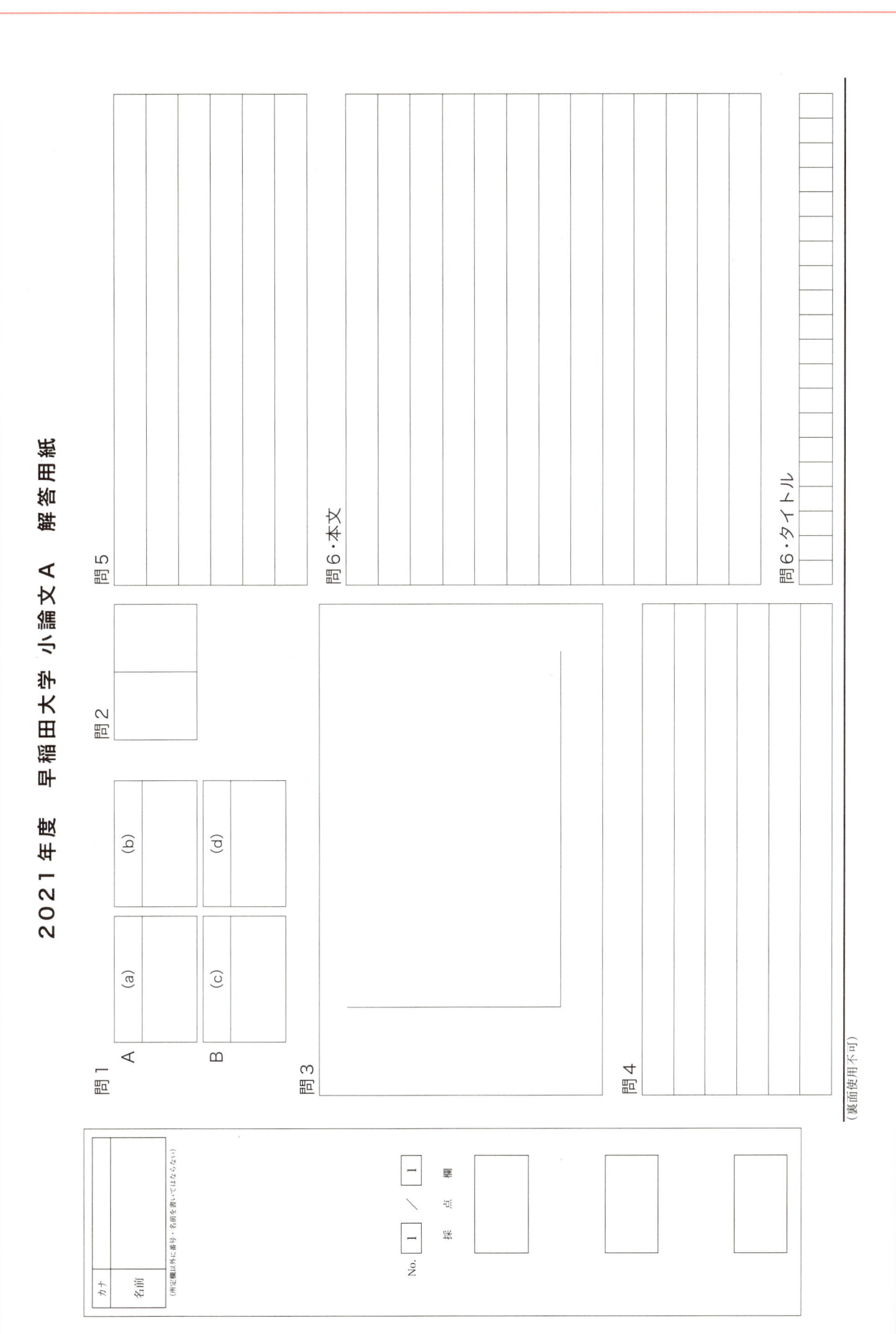

2023年度 早稲田大学（共通）【日本語】60分

一　次の文章は、いまから三十年ほど前に一人のジャーナリストが記した「差別表現」に関する提言である。これを読んで後の問いに答えなさい。

※この問題は、著作権の関係により掲載ができません。

二　次の文章を読んで後の問いに答えなさい。

店で商品を購入するとき、金銭との交換が行われる。でも、バレンタインデーにチョコレートを贈るときには、その対価が支払われることはない。好きな人に思い切って、「これ受けとってください」とチョコレートを渡したとき、「えっ、いくらだったの？」と財布からお金を［Ⅰ］たりしたら、たいへんな屈辱になる。

贈り物をもらう側も、その場では対価を払わずに受けとることが求められる。このチョコレートを「渡す／受けとる」という行為は贈与であって、売買のような商品交換ではない。だから「経済」とは考えられない。【A】

では、ホワイトデーにクッキーのお返しがあるとき、それは「交換」になるのだろうか。この行為も、ふつうは贈与への「返礼」として、商品交換から区別される。たとえほとんど等価のものがやりとりされていても、それは売買とは違う。そう考えられている。【B】

商品交換と贈与を区別しているものはなにか？【C】

たとえば、チョコレートをもらって、すぐに相手にクッキーを返したとしたら、これは等価なものを取引する経済的な「交換」となる。ところが、そのチョコレートの代金に相当するクッキーを一カ月後に渡したとしても、それは商品交換ではない。返礼という「贈与」の一部とみなされる。このとき、やりとりされるモノの「等価性」は①伏せられ、「交換」らしさが消える。【D】

商品交換と贈与を分けているものは時間だけではない。お店でチョコレートを購入したあと、そのチョコレートに②値札がついていたら、かならずその値札をはずすだろう。さらに、チョコレートの箱にリボンをつけたり、［Ⅱ］らしい包装をしたりして、「贈り物らしさ」を演出するにちがいない。【E】

店の棚にある値札のついたチョコレートは、それが客への「贈り物」でも、店内の「装飾品」でもなく、お金を払って購入すべき「商品」だと、誰も疑わない。でもだからこそ、その商品を購入して、贈り物として人に渡すときには、その「ⓧ商品らしさ」をきれいにそぎ落として、「贈り物」に仕立てあげなければならない。

なぜ、そんなことが必要になるのか？

ひとつには、ぼくらが「商品／経済」と「贈り物／非経済」をきちんと区別すべきだという「きまり」にとても忠実だからだ。この区別をとおして、世界のリアリティの一端がかたちづくられていると［Ⅲ］いえる。

そして、それはチョコレートを購入することと、プレゼントとして贈ることが、なんらかの外的な表示（時間差、値札、リボン、包装）でしか区別できないことを示してもいる。

たとえば、バレンタインの日にコンビニの袋に入った板チョコをレシートとともに渡されたとしたら、それがなにを意図しているのか、③戸惑ってしまうだろう。でも同じチョコレートがきれいに包装されてリボンがつけられ、メッセージカードなんかが添えられていたら、たとえ中身が同じ商品でも、まったく意味が変わってしまう。［Ⅳ］表面的な「印」の違いが、歴然とした差異を生む。

ぼくらは同じチョコレートが人と人とのあいだでやりとりされることが、どこかで区別しがたい行為だと感じている。だから、わざわざ「商品らしさ」や「贈り物らしさ」を演出しているのだ。

ぼくらは人とのモノのやりとりを、［Ⅴ］つど経済的な行為にしたり、経済とは関係のない行為にしたりしている。「経済化＝商品らしくすること」は、「脱経済化＝贈り物にすること」との対比のなかで実現する。こうやって日々、みんなが一緒になって「経済／非経済」を区別するという「きまり」を維持しているのだ。
　でも、いったいなぜそんな「きまり」が必要なのだろうか?
　ぼくらはいろんなモノを人とやりとりしている。言葉や表情なども含めると、つねになにかを与え、受けとりながら生きている。そうしたモノのやりとりには、「商品交換」と「贈与」とを区別する「きまり」があると書いた。
　ひとつ注意すべきなのは、そのモノのやりとりにお金が介在すれば、つねに「商品交換」になるわけではない、ということだ。
　結婚式のご祝儀や葬儀の香典、お年玉などを想像すれば、わかるだろう。お金でも、特別な演出（祝儀袋／新札／袱紗《ふくさ》／署名）を施すこと［Ⅵ］贈り物に仕立てあげられる。ふつうは結婚式の受付で、財布からお金を出して渡す人なんていない。
　なぜ、わざわざそんな「きまり」を守っているのか?じつは、この「きまり」をとおして、ぼくらは二種類のモノのやりとりの一方には「なにか」を付け加え、他方からは「なにか」を差し引いている。
　それは、「思い」あるいは「感情」と言ってもいいかもしれない。
　贈り物である結婚のお祝いは、お金をご祝儀袋に入れてはじめて、「祝福」という思いを込めることができる。と、みんな信じている。
　経済的な「交換」の場では、そうした思いや感情はないものとして差し引かれる。マクドナルドの店員の「スマイル」は、けっしてあなたへの好意ではない。そう、みんなわかっている。
　経済と非経済との区別は、こうした思いや感情をモノのやりとりに付加したり、④ジョキョしたりするための装置なのだ。
　レジでお金を払って商品を受けとる行為には、なんの思いも込められていない。みんなでそう考えることで、それとは異なる演出がなされた結婚式でのお金のやりとりが、特定の思いや感情を表現する行為となる。
　それは、光を感じるために闇が必要なように、どちらが欠けてもいけない。経済の「交換」という脱感情化された領域があってはじめて、「贈与」に込められた感情を⑤キワダたせることができる。だからバレンタインのチョコで思いを伝えるためには、「商品」とは異なる「贈り物」にすることが不可欠なのだ。
　この区別は、人と人との関係を意味づける役割を［Ⅶ］いる。
　たとえば、「家族」という領域は、まさに「非経済／贈与」の関係として維持されている。家族のあいだのモノのやりとりは、店員と客との経済的な「交換」とはまったく異なる。［Ⅷ］もがそう信じている。
　レジでお金を払ったあと、店員から商品を受けとって、泣いて喜ぶ人などいない。でも日ごろの感謝の気持ちを込めて、夫や子どもから［Ⅸ］プレゼントを渡された女性が感激の涙を流すことは、なにもおかしくない。
　このとき女性の家事や育児を経済的な「労働」とみなすことも、贈られたプレゼントをその労働への「対価」とみなすことも避けられる。そうみなすと、レジでのモノのやりとりと変わらなくなってしまう。
　母親が子どもに料理をつくったり、子どもが母の日に花を贈ったりする行為は、子どもへの愛情や親への感謝といった思いにあふれた⑥イトナみとされる。母親の料理に子どもがお金を払うことなど、ふつうはありえない。そんな家庭は、それだけで「愛がない」と非難されてしまう。

子育てとは無償の愛情であり、家族からのプレゼントも日ごろの労働への報酬ではなく、心からの愛情や感謝の印である。それは店でモノを買うような行為とはまったく違う。ぼくらはそのようにしか考えることができない。 X そのモノが数時間前まで商品棚に並んでいたとしても。

家族のあいだのモノのやりとりが徹底的に「脱経済化」されることで、愛情によって結ばれた関係が強調され、それが「家族」という現実をつくりだしている（なぜ「母親」が脱経済化された領域におかれるのかも、ひとつの問いだ）。

家族という間柄であれば、誰もが最初から愛にあふれているわけではない。それは脱感情化された「経済＝交換」との対比において（なんとか）実現している。

「家族」にせよ、「恋人」にせよ、「友人」にせよ、人と人との関係の距離や質は、モノのやりとりをめぐる経済と非経済という区別をひとつの手がかりとして、みんなでつくりだしているのだ。

松村圭一郎『うしろめたさの人類学』による

注 ご祝儀・香典　ここでは、祝い事や葬儀の際に祝意や弔意を表すために渡す金銭のこと。
袱紗　ものを包んだりするために使う、儀礼用の布。

問十一　傍線部①②③の漢字の読み方を平仮名で解答欄に書きなさい。

問十二　傍線部④⑤⑥の片仮名を漢字で解答欄に書きなさい。

問十三　空欄 I ～ X に入る表現として、最も適切なものを、それぞれ次の**ア**～**エ**の中から一つ選び、解答欄に記号で答えなさい。

	ア	イ	ウ	エ
I	とり出し	とり出され	とり出させ	とり出させられ
II	あれ	これ	それ	どれ
III	さえ	くらい	のみ	しか
IV	ちょっと	たったの	ものの	ほんの
V	あの	この	その	どの
VI	で	が	から	を
VII	過ごして	満たして	終えて	果たして
VIII	彼	何	人々	誰
IX	偶然に	意外に	不意に	唐突に
X	もしも	たとえ	万が一	現に

問十四　次の文は、本文中【A】～【E】のいずれかの箇所に入る。最も適切な箇所を一つ選び、解答欄に記号で答えなさい。

フランスの社会学者ピエール・ブルデュは、その区別をつくりだしているのは、モノのやりとりのあいだに差しはさまれた「時間」だと指摘した。

問十五　傍線ⓧ「商品らしさ」の具体例として適切ではないものを次の**ア**〜**エ**の中から一つ選び、解答欄に記号で答えなさい。

ア　値札がついている　　**イ**　リボンがついている

ウ　コンビニの袋に入っている　　**エ**　レシートが添えられている

問十六　次の**ア**〜**エ**の記述について、本文の内容に合うものには○を、合わないものには×をそれぞれ解答欄に書きなさい。

ア　バレンタインデーにチョコレートを贈る場合、ホワイトデーにお返しがあれば、等価なものを取引する「交換」となる。

イ　モノを商品として購入することと、プレゼントとして贈ることとは、そのモノに施された外的な表示でしか区別できない。

ウ　「贈与」には人の思いや感情がこめられているが、それは経済の「交換」という領域があるからこそ表現できるものである。

エ　家事や育児をする家族に対しては、特別な演出をしたプレゼントを贈っても、それが労働への対価とみなされるためふさわしくない。

問十七　誰かに贈り物をする時、それにこめた気持ちを示すには、そのモノをきれいに包装して贈ることが重要だろうか、それとも、何を贈るかというモノ自体が重要だろうか。どちらがより重要だと思うか、その理由を含めて、二文以上で自分の考えを述べなさい。最初の文は「贈り物をする時は」から始め、最後の文は「からである。」で終わること。字数は句読点を含めて五十字以上百字以下とする。

［以下余白］

⬇**解答&解説P.52〜**

2023年度 早稲田大学【小論文B】90分

次の文章を読んで、設問に答えなさい。なお、文章の一部を省略している。

自由とは束縛がないことをいう。

しかし、束縛にはいわば外的な束縛と内的な束縛とがある。この両者をはっきりと区別することは困難であり、区別してしまっても常に本質的な関連は残るだろうと思われるが、しかしとにかく、たとえば社会的、政治的、法律的、経済的あるいは物理的束縛を外的束縛と呼び、これに対して、たとえば本能、衝動、欲望あるいは感情といったような語で呼ばれているものを内的な束縛と呼ぶことは許されてもよいであろう。本能、衝動、欲望、感情と呼ばれているようなものは、動物もこれを備えているだろうと考えられ、しかもこれらは、人間を動物から区別して人間を人間たらしめているゆえんのもの、すなわち精神と呼ばれるものを、応々にして閉じこめ、圧しつぶし、束縛してしまうことがあるからである。

だからここではっきり言っておこう。自由とは束縛がないことをいうのではあるが、しかし、だからといって、それは、したい放題なんでもできるということではない。したい放題なんでもするというのは、自由どころか、欲望の奴隷、衝動のとりこになり、内的にすっかり束縛されてしまっていることなのだ。欲望や衝動を抑制し、あるいはこれを断って、精神の自律を保ちえてこそ真に自由な人間といえるのである。近代人は自らを外的束縛から解放しようと努めてきた。「自由・平等・博愛」とか「自由民権」とか言われる場合の「自由」という語は、多分にそういう意味を、つまり外的束縛からの解放という意味をもっている。しかしじつは、外的束縛を脱しただけではいまだ真に自由とはいえないのである。

外的束縛と内的束縛との間には妙な関係がある。内的束縛が多ければ（たとえば子供の場合――子供はほとんど欲望や衝動のままに動く）多いほど、外的に束縛することによって内的束縛を抑制する必要がある。中学校や高等学校に、めんどうな規則がたくさんあるのはそのためである。逆に、内的束縛が少なければ（つまり欲望、衝動を断ち切って精神の自律を保ちうる人の場合には）、外的束縛も少なくてよい。大学の自由《アカデミッシェ・フライハイト》ということがいわれるのはこのためである。大学生は、子供ではないから動物的欲望や衝動を自ら断ち切って精神の自律を保ちうると見なされ、したがって、外的束縛は少なくてよいとされるのである。大学の自由とは、大学生はなんでもし放題だということではない。そうではなくて、それは、大学生は欲望の奴隷でなく衝動のとりこではない、ということを意味する。だからもし、大学生になって、外的束縛が少なくなったのをよいことにして、つまらぬ遊戯にふけり、服装も礼儀も勝手気まま、学業を怠り、じだらくな生活を送っている者がいるとしたら、それは「大学の自由」などにはおよそ遠い、欲望の奴隷の状態であって、ほんとうはもう一度きびしい高等学校の規則で鍛えなおされる必要があるのである。もう一度言おう。内的束縛が多い者には外的束縛も多くせざるをえない。内的束縛が少ない者には外的束縛も少なくてよい。決め手になるのはいつでも内的束縛の方なのである。だのに、内的束縛を考慮せずにむやみに外的束縛を取りはずすと、内的束縛は増長し、人間はうわずってくる。近代人が何百年もかかって外的束縛を取りはずそうと努めたことはよいとしても、じつはそれに見合うだけの内的束縛からの解放ということがなされなければ、ほんとうの意味での「自由」は実現されたことにならない。決め手は内的束縛からの離脱、精神の自由にある。空飛ぶ鳥のように自由だ――などという言い方があるが、これは外的束縛がないことを比喩的に言ったまでのことであって、鳥は決して「自由」ではない。

鳥は本能とか欲望とか衝動とかの必然のままに動くのであって、それ以外の動き方はもともとできないことになっているのである。だから鳥がたまたま人間に対してどんな狼藉をはたらこうとも、人間は鳥に対して道徳的責任を問いはしない。ところが人間の場合には、本能のままに動くこともできるし、あえて本能を断ち切って精神の自律にもとづいて行為することもできる。そして、そのような「自由」が前提せられているからこそ、人間に対してだけは、道徳的責任が問われるのである。

自由意志あるいは意志の自由という言葉が哲学的にも通俗的にも言われる。自由が理性との関係においてでなく、意志との関係において言われることは当然であるが、しかし、この場合の「意志」という語を、安易に、本能的、衝動的なものと思いこんでしまっているとしたら、それはまちがいである。もしそうなら、意志は自由などころか、必然になってしまうであろう。自由な意志とか意志の自由とかと言われる場合の「意志」とは決断ということそのことをいうのである。仏典に煩悩無尽誓願断という句がある。この「断」、これが意志である。煩悩を「断」ずるに厳格なる者を意志強固と呼び、だらしのない者を意志薄弱と呼ぶ。だから、自由なる意志とは煩悩の鎖を断ち切り、欲念を抑制する力のことであって、決して、したい放題なんでもできるということではない。

煩悩は意志を縛りつけて不自由にしてしまうという意味において「鎖」であるが、しかしそれだけではない。煩悩（本能、欲望、衝動、感情など）は因果必然的に連続するという意味においても「鎖」なのだ。卑近な例でいえば、運動したから腹がへった――腹がへったから食べたい――だから食べた――食べたからねむい――ねむいから寝る――ぐっすり眠ったから起きられない――起きられないから授業を欠席する、こんなぐあいである。この「――だから」という連続をだらだらとたどって行く人間は煩悩のとりこ、これをどこかで断ち切って早朝の授業に駆けつける人間が意志強固なる自由人である。これでわかるように、自由とは必然の鎖を断つということ、「――だから」「――だから」の連続をどこかではずしてしまうということである。

（三原栄峰『哲学入門以前』南窓社、一九六七年）

［設問］

（一）傍線部「妙な関係」について、筆者はどのように説明しているか。百五十字以上、二百字以内でまとめなさい。

（二）筆者は少し先で「学校のことを英語でスクールという。これはギリシア語のスコレーという語から来ているのだが、このスコレーというのは『閑暇』を意味した。学校とはひまなところなのだ。ただし、暇とは単に時間的余裕ということではない。暇とは具体的な利害損得を離れているということである。（…）利害損得を離れて、あるものをあるとおりに見て教えたり習ったりするところ、それが学校なのである」と述べている。本文の論旨をふまえたうえで、自由との関係で現代の学校にはどのような問題があるのか、あなたの考えを四百字以上、五百字以内でまとめなさい。

［以下余白］

➡解答＆解説 P.55～

解答例

一

問一　A＝ウ　B＝オ　C＝ア　D＝エ　E＝イ

問二　人格

問三　ア

問四　ことば

問五　エ

問六　ア

問七　a＝ウ　b＝イ　c＝ア　d＝エ　e＝カ

問八　① 誇(り)　③ 省(いて)　⑤ 見事(に)　⑦ 免(れて)　⑨ 歪(める)

問九　② しろうと　④ (お)くにがら　⑥ かろ(うじて)　⑧ あか(しだてず)　⑩ (お)とも

問十　ア＝×　イ＝○　ウ＝○　エ＝×

二

問十一　① ちゅうしょう　② とくめいせい　③ じんけんようご　⑤ なまみ

問十二　④ (お)互(い)　⑥ 冷(やかし)　⑦ 自(ら)　⑧ 図(る)

問十三　低下させる

問十四　ア

問十五　ご相談ください

問十六　A＝イ　B＝カ　C＝エ　D＝ウ

問十七　ア＝×　イ＝×　ウ＝×　エ＝○　オ＝○

問十八　掲載する場合もあるので、プライバシーが侵害されるリスクもある。だから、削除を依頼する先が、依頼者の氏名やメールアドレスなどの個人情報を公表する掲示板なのかどうかに注意して、よく調べたほうが良い。

（97字）

課題文解説

一

大意

「文は人なり」ということばは一般に「文は書き手の人格を顕わす」という意味で使われているが、本来の意味は、「文（体）は書き手の所有物である」という意味だ。また、ことばが氾濫し消費される現代社会では、ことば（文）は事実を歪めるものとなっており、以前のように重要なものではなくなっている。

読み解き

「文は人なり」
- 本来の意味：文（体）はそれを書いた人の所有物である
- 一般的な理解：文には書いた人の人格が顕れる

昔

ことばに人格が顕れる
文（ことば）＝世界を変える、事実や人の思いを示す

↓　「文⇒人格が顕れる」
という考えを捨てるべき

現代

ことば（文）が氾濫している
現実はことばの洪水の中に沈んでいく
文（ことば）＝世界を変えない、事実を歪める、人の思いとは疎遠なもの

解答解説

一

問一　A…そもそも＝元来　　B…どうやら＝おそらく
C…むしろ＝二つのものを比較して、これよりもあれの方がよいという気持ちを表す
D…ひたすら＝一つの事に集中している様子　　E…もはや＝今となっては

問二　第２段落で「**『文は人格の顕現』というわけである**」と言い換えられている。

問三　目《め》端《はし》が利く＝機転が利く

> **出題傾向**　日本語の語彙や文法に関する問題が多いことに注目。早稲田対策は語彙・文法の知識強化を忘れずに。

問四　傍線部「それ」の２文前に「ことばは何度となく世界を変えた」とあるのに着目。傍線部を含む文で「だが、それは……変えないだろう」と対比されていることから判断する。

問五　直前の文に「ことば遣いに気をつけよう」とあり、校長先生は生徒にことば遣いを注意しているとわかる。「**たしなめる**」とは、「よくないことに注意を与える」という意味。
うちのめす＝大きな打撃を与える　　けしかける＝そそのかす
さしもどす＝元へ返す　　もちあげる＝おだてる

問六　［Y］の2文前に「その現実とは何ものか？」という疑問を投げかけた後で、「今日それ（＝現実）は……」と受けているところに着目する。さらに、最後の段落で「ことばの大消費時代には……何一つ現実ではない」とあり、ここで「ことばの大消費」≒「ことばの洪水」、「何一つ現実ではない」≒「現実が沈んでいく」という対応関係を読み解くことができれば「現実」という答えを確実に導き出すことができる。

問七　a…心して＝注意して　　b…顔を出す＝登場する　　c…手もなく＝簡単に
d…目をむく＝驚いたり怒ったりしている様子　　e…舌なめらか＝流暢な様子

問八、問九　⑨「歪」には、複数の訓読みがあるので注意。「歪」だけの場合、「いびつ」と読み、「歪む」の場合、「ゆがむ」「ひずむ」「いがむ」の3通りの読み方がある。

> **POINT!!**　今回のようにすべての問題が訓読みになることもあるので、漢字は訓読みの勉強もがんばろう。

問十　ア＝「日本では本来の意味で引用されてきた」が誤り。
イ＝点線直後の段落の内容に合致。　　ウ＝最後から２つ目の段落の内容に合致。
エ＝「後の解釈」が「文は人格の顕現」で、「文こそ、その人のもの」というのが本来の意味。

課題文解説

二

読み解き

1．他人の個人情報やうわさの拡散、誹謗中傷も人権侵害

→インターネット上の人権侵害の約８割は名誉棄損またはプライバシー侵害に関するもの

2．インターネット上でもルール、モラル、人権を尊重することが大事

→インターネットは発信者が特定できる

3．人権侵害にあったときは、プロバイダなどに情報の削除を依頼

→法律により、情報発信者の情報開示を請求できる。また、人権侵害情報の削除を依頼できる

※ただし、削除依頼者の個人情報が掲載される掲示板によりプライバシーが侵害される場合もある

→心配な場合は法務局の相談窓口に相談

4．被害者自らが削除を求めることが困難な場合は法務局に相談

→プロバイダへの発信者情報の開示請求、人権侵害情報の削除依頼の方法について助言、プロバイダへの削除要請

5．人権侵害

→法務省の人権相談窓口（インターネット人権相談受付窓口など）に相談

解答解説

二

問十一、問十二　⑧何かを実現するために努力するという意味の「はかる」は「図る」と書く。「はかる」には、この他に「（長さなどを）測る」「（重さなどを）量る」「（時間などを）計る」などがある。

問十三　「社会的評価を［　X　］」とあるのでXには他動詞が入る。「低下する」「発展する」などの動詞は使役形にすることで他動詞の意味となるので、「低下する」を使役形に変えた「低下させる」が適切。

問十四　空所以前の段落では、人権侵害にあったときは情報の削除依頼をするよう勧めている。それに対し、空所を含む段落では、削除依頼をするときのリスクを説明しているので、前に述べた内容に補足的な説明・条件をつける際に用いる「ただし」が適切。

問十五　「相談してください」を敬語にする場合、「お／ご～ください」の表現を使うとよい。「お／ご～ください」は基本的に「お／ご＋動詞のマス形＋ください」（例：お座りください）という形で作るが、「相談する」「電話する」のような「～する」の形の動詞は、「する」の部分を消して「ご相談ください」「お電話ください」という形にするのが正しい。

問十六　意味段落３に着目すると、線で囲まれた２行のタイトルは、最初の１行が質問、２行目がその答えという関係になっているので、直後の見出しに合う質問を選べばよい。

Ａ＝直後の見出しに「……うわさを広めたりすることも人権侵害」とあるので、何が人権侵害になるかを尋ねているとわかる。

Ｂ＝「ルールやモラルを守り」と、人権侵害を防ぐ方法を伝えている。

Ｃ＝「法務省の人権擁護機関」が削除を求めるとある。

Ｄ＝「人権相談窓口」が紹介されていることから判断する。

問十七　ア＝「人権侵犯事件の八割が個人情報や私生活の事実にかかわる」が誤り。名誉棄損とプライバシー侵害で合わせて約八割である。

イ＝「情報削除の要請を行うことはない」が誤り。

ウ＝「よくチェックしない限り」が誤り。よくチェックしても他人の個人情報を流してはならない。

エ＝意味段落５の内容に合致。　　オ＝意味段落３と５の内容に合致。

問十八　意味段落３の内容を参考にして書く。「だから」という言葉を用いて、前件が理由、後件がその理由から導かれる結論になるようにしよう。

解答例

問題1

A　多様性の指標が高い地域ほど、自分と同じ人種を信頼している人の割合が低い　（35字）

B　多様性が高まっても内集団を信頼する人は多いと思われていたが、多様性の高まりが内集団への信頼を損なうことが分かったから　（58字）

問題2

A

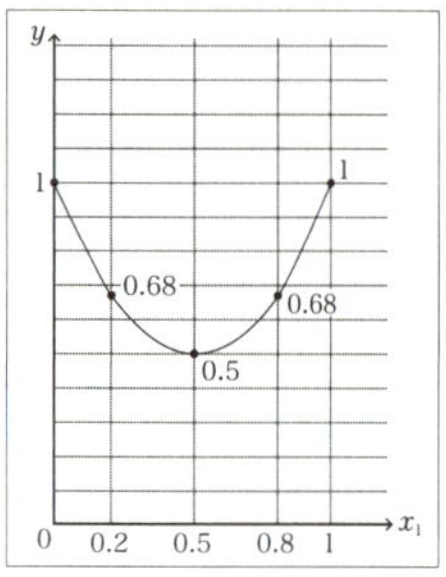

B　x_1が1または0の時と0.5の時のyの値の差が示しているように、全人口に占める各民族の比率を示すx_1かx_2のいずれかの値が高いほどyの値が大きくなるから

（76字）

問題3

技術的問題点とは民族多様性の指標についてだ。民族の構成比によってその地域の性質に違いがあるにも関わらず、この指標ではその区別ができず、同等の民族多様性としてみなされる。また、民族多様性の指標が同じでも、民族構成比が違えば民族によって内集団への接触確率が異なるが、この指標からはそれが判別できない。　（148字）

問題4

第一波は非白人の割合が高く、経済的な満足度は低いと見られる移民で、第二波は白人の割合が高く、経済的な満足度が高いと見られる移民である。アバスカルとバルダサーリによれば、白人の割合が高い地域に住む白人は、内集団にも外集団にも信頼が高い。また、経済的な満足度が高い方が、他者への信頼は高くなる。この立場に立つと、第一波では、白人の国であるイギリスに非白人が流入したことにより白人割合が下がり、経済的な満足度が低い人口が増加したことで、第二波に比べて地域内での信頼性を低下させる結果になったと考えられる。　（249字）

問題5

日本が移民を受け入れる際に求められることの一つは、移民が日本人と交流する機会を増やすことだ。パットナムは、民族の多様性が社会的孤立を引き起こすと述べた。だが、それとともに、民族の多様性が社会的結束を促す可能性も指摘している。私はこの可能性を現実のものとするために、自治体が主導して異文化交流のイベントを開くなど、相互理解を深める機会を増やすべきだと考える。

また、移民に対する雇用状況の改善にも努める必要がある。アバスカルとバルダサーリは、信頼性に影響を与える不平等の指標の一つとして、経済状態を挙げている。「犯罪の経済学」では、働くより罪を犯した方が高い効用が得られる状態が、犯罪率の増加に結びつくことが明らかにされている。外国人の採用に消極的な企業や途上国の外国人を不当な条件で働かせている企業が日本にはある。不当な労働環境は、犯罪の増加にも影響を与えるため、政府の規制により改善を促すべきだ。

（398字）

課題文解説

▶▶ 大意

パットナムは、**民族の多様性**によって異なる民族のみならず同じ民族に対する不信感も高まり、**社会的孤立**が加速すると述べた。これに対し、アバスカルとバルダサーリは、**多様性の指標と信頼は関係がない**ことをパットナムと同じデータを用いて証明した。また、移民によって犯罪が増加するという主張があるが、ベルらの分析によれば、**移民の流入によって犯罪が増加するとは限らない**。「犯罪の経済学」の考えに基づくと、移民増によって犯罪が増えるのは、**就業機会が乏しいため**だと見なすことができる。

▶▶ 読み解き

接触仮説	紛争理論
民族の多様性➡異なる民族への寛容と連帯を促進	多様性➡内集団（同じ民族）の信頼、外集団（異なる民族）への不信

共通点（同じ仮説）　内集団への信頼と外集団への不信はセット

パットナムの研究
民族の多様性➡内集団に対する不信、社会的孤立、社会関係資本（信頼感など）の損害

⇕

アバスカルとバルダサーリの研究
民族の多様性の指標と信頼は無関係
➡民族や人種の組み合わせによって他者への信頼度の違いがある
教育や経済的満足度が高い人は信頼が高まる

アバスカルとバルダサーリ以前の研究の技術的問題点
研究で使用されている民族多様性の指標では…①民族の構成割合を区別できない、②内集団と外集団の接触をうまく把握できない

ベルの研究
×移民⇒犯罪の増加　　○移民＋移民の恵まれない就業機会➡犯罪の増加
第一波（イラク、アフガニスタン、ソマリア）- 高い失業率、低い賃金➡犯罪率を（わずかに）増加させる効果
第二波（ポーランド、ハンガリー、チェコなど）- 低い失業率➡犯罪率を減少させる効果

「犯罪の経済学」（ベッカー、エーリッヒ）
働いた賃金で得られる効用<犯罪の時の期待効用➡犯罪の増加
働いた賃金で得られる効用>犯罪の時の期待効用⇒犯罪の増加に影響なし

解答解説

出題傾向

例年、内容説明や意見論述の問題に加え、グラフ・表を読み取る問題や、データからグラフを作成する問題が出題される。また、近年は、計算問題が出題されることが多くなっている。

問題１

A　2頁目の始めに、「こうした仮定に疑問を持ったハーバード大学のパットナムは……。その結果……」とあり、「こうした仮定」に反することが研究の結果として判明したことがわかる。「こうした仮定」とは、１頁目３段落目の「内集団での信頼と外集団への不信がセットになっていること」であるから、これに反する傾向を図１から読み取ればよい。図１を見ると、多様性が高いほど（横軸の数値が低いほど）同じ人種（内集団）を信頼している人の割合が低くなるのがわかる。

B　人々がショックを受けたのは、人々が想定していた仮定（「内集団での信頼と外集団への不信がセットになっていること」）と異なる研究結果をパットナムが公表したからである。Aで示したように、「内集団への信頼」を前提とする仮定と、多様性によって内集団への信頼が低下するというパットナムの研究は相反する。この点がショッキングだったのである。

問題２

A　x_2とyの求め方は下記の通りである。

x_1	x_2（$=1-x_1$）	y（$=x_1^2+x_2^2$）
0	$1-0=1$	$0\times0+1\times1=1$
0.2	$1-0.2=0.8$	$0.2\times0.2+0.8\times0.8=0.68$
0.5	$1-0.5=0.5$	$0.5\times0.5+0.5\times0.5=0.5$
0.8	$1-0.8=0.2$	$0.8\times0.8+0.2\times0.2=0.68$
1	$1-1=0$	$1\times1+0\times0=1$

B　下記の３点をまとめるとよい。

①x_1、x_2＝全人口に占める各民族の比率
➡x_1、x_2のどちらか一方の値が大きい
＝一つの民族が人口に占める割合が大きい＝民族の同質性が高い

②x_1、x_2のどちらか一方の値が大きい
➡yの値が大きくなる

③グラフ中でyの値が大きい点＝x_1、x_2のどちらか一方の値が大きい
グラフ中でyの値が小さい点＝x_1、x_2の差が小さい

問題３

ここで言う「技術的な問題点」とは、民族多様性の指標についてで、大きく分けて二つある。一つは、直後の段落で説明されている「どのように民族が構成されているかを区別できない」という点であり、もう一つは、その次の段落で説明されている「内集団と外集団への接触をうまく把握できない」という点である。

問題4

第一波と第二波の移民の特徴をまとめると次のようになる。

第一波と第二波の移民の特徴

- 第一波の移民＝イラク、アフガニスタン、ソマリアからの移民＝非白人（アラブ系やアフリカ系）→失業率が高い、賃金が低い＝経済的な満足度が低い
- 第二波の移民＝ポーランド、ハンガリー、チェコ、スロバキア、スロベニア、ラトビア、エストニアからの移民＝白人→失業率が低い＝経済的な満足度が高い

上記の特徴から、第一波の移民流入は人口に占める白人の割合を下げ、経済的な満足度の低い人口を増やしたと考えられ、一方で、第二波ではそうした影響はあまり見られなかったと考えられる。その点について下記のようなアバスカルとバルダサーリの立場から説明するとよい。

アバスカルとバルダサーリの立場

- 白人の割合が高い地域に住む白人→内集団と外集団に対する信頼が高い
- 経済的な満足度が高い→他者を信頼しやすい

問題5

三つの考え全てに言及する必要があるので、議論展開の方向性はかなり制限される。解答例のように三つの考えを肯定的な形で引用するのがいいだろう。あるいは、パットナムの主張は否定的な形で取り上げて、アバスカルとバルダサーリの主張や犯罪の経済学は肯定的に取り上げるという方法もある。

パットナムの主張

- 民族の多様性が内集団に対する不信、社会的孤立、社会関係資本の損害を引き起こす
- 民族の多様化は短期的には社会的孤立を生み出すが、長期的には社会的結束が増す

アバスカルとバルダサーリの主張

- 民族の多様性と信頼度は無関係である
- 民族や人種の組み合わせによって他者への信頼度の違いがある
- 経済的な満足度が高い人は信頼が高まる

犯罪の経済学

- 働いて賃金を得る場合の期待値＜犯罪を行った場合の期待値→犯罪が増加
  賃金が低いと犯罪が起こりやすい

解答例

問1　A　(a)　じんこう　　(b)　きちょう
　　　B　(c)　ロ　　　　　(d)　ト

問2　ニ、ヘ

問3

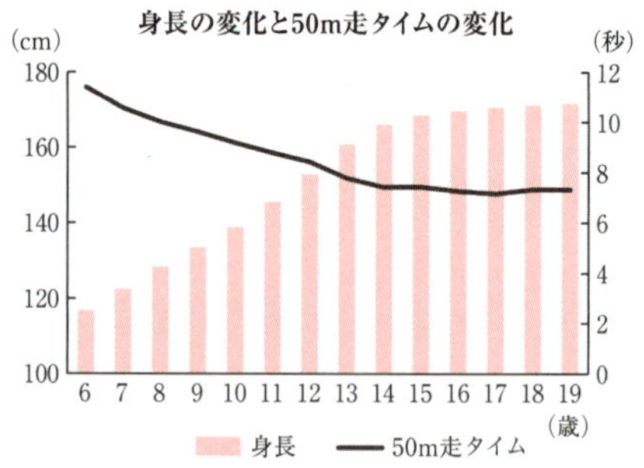

問4

表3の男子サッカーの数値を見ると、4-6月生まれの選手が全体の34.7%を占めており、1-3月生まれに比べ、20%以上高いことがわかる。また、男子ハンドボールは、4-6月生まれの選手が31.3%で、1-3月生まれに比べ、10%以上高い。一方、表4より、女子サッカーは、4-6月生まれが27.3%で、1-3月生まれに比べ、6%程度高い。男女ともに、4-6月生まれの選手が多く、この傾向は特に男子選手で顕著である。　(5行，205字)

問5

表1で示されているように、1年で小中学生の体格や運動能力は大きく変化する。そのため、他の誕生月よりも早く生まれている4-6月生まれは、チーム内のレギュラー獲得競争を勝ち抜く可能性が高い。レギュラーになれば貴重な経験が得られ、自信もつけられるため、その影響はその後も続く。表3、表4において、バドミントンや相撲などの個人またはペア競技では誕生月別の割合に大きな違いが見られないのに、サッカーやハンドボールなどの集団競技で4-6月生まれの割合が顕著に高いのは、こうしたチーム内競争の影響があると考えられる。　(6行，252字)

問6（本文）

表2より、日本において月別の出生率に際立った違いはないことがわかる。にもかかわらず、部員数の多い競技では、1-3月生まれの選手数は明らかに少ない。例えば、表5で、2018年において加盟生徒数が多いのはサッカーである。このサッカーに関して、男子サッカー（表3）でも、女子サッカー（表4）でも、明らかに4-6月生まれの選手が多い。

このような状況を改善するために、スポーツ科学を専門とする指導者の起用が必要であると私は考える。1-3月生まれの選手が少ない要因の一つとして、1-3月生まれの選手に試合で活躍する機会を十分に与えていないことが考えられる。これは生まれ月による体格差を考慮せずに、技術的な成果や数値から児童を評価し、レギュラーの選出をしているためである。スポーツ科学に対して深い知識があり、発達に応じた身体能力の変化について熟知している指導者であれば、1-3月生まれと4-6月生まれの成長の度合いを勘案して評価を下せるはずだ。日本では、スポーツの経験や知識がない教師が、部活の指導に当たることも少なくない。児童の特性を考慮して指導できる指導者を採用すれば、1-3月生まれに不利な状況は今よりは改善されると思う。　(12行，507字)

問6（タイトル）　スポーツ科学を専門とする指導者が必要　(18字)

課題文解説

▶▶ 大意

３月生まれと4月生まれの同じ学年の子では1年ほどの差があり、**14歳までは体格や運動能力に大きな違い**が出る。一部のスポーツで4−6月生まれの選手が多いのは、発達度の違いからレギュラー獲得のためのチーム内競争で勝ち抜く可能性が高く、そのため試合で経験を積んだり心理的優位性を獲得したりしやすいからである。

▶▶ 読み解き

4月入学（日本）　4月生まれと3月生まれで約1年の違い
➡14歳まで体格や運動能力が大きく異なる（表1）

4−6月生まれ	1−3月生まれ
・体格や運動能力が発達（表１） ▼ ・レギュラーに採用される可能性が高い（表３、４） ▼ ・試合で経験を積める、心理的優位性が得られる	・体格や運動能力が未発達（表１） ▼ ・レギュラーに採用される可能性が低い（表３、４） ▼ ・試合で経験を積めない、心理的優位性が得られない

▼

一部のスポーツで4-6月生まれのアスリートが多い
　➡こうした傾向は男子アスリートで顕著（表3、４）
サッカーや野球などのチーム競技
　➡レギュラーをめぐるチーム内競争が激しいため

➡チーム内競争が激しい競技ほど、1-3月生まれに不利（4-6月生まれに有利）

出題傾向　例年、日本語の語彙力、内容理解、グラフの作成、表・グラフの読み解き、意見論述に関する問題が出題される。

解答解説

問1

A　(b)「重」は、音読みでは「じゅう」と読むことが多いが、「貴重」「慎重」のように「ちょう」と読むこともある。

B　(c)　直後の文の「心理的優位性も……」の「も」から、前の文の追加的な内容を示していることがわかる。選択肢の中で、**付け加える意味を表すのは、「さらに」**である。

(d)　空所の前の段落で教授は、4-6月生まれの子は、自分が人より優れていると思えていると述べており、それを受けて学生Aが、1-3月生まれの子が不利だと結論づけている。空所の前後を見ると、教授が述べたことが正しいと仮定するならば、学生Aが述べる結論を導き出せるという関係が読みとれる。こうした**仮定と結論の関係**を表せるのは、選択肢の中では**「そうだとすると」**だけである。

問2

イ＝「偏りはない」が誤り。　ロ＝「要因ではない」が誤り。　ハ＝「誕生月別の人口に偏りがある」が誤り。　ニ＝教授の最後の発言に、「心理的優位性も大きな要因と考えられる」とある。　ホ＝「日本のサッカー選手は4-6月生まれが多い」が正しい。　ヘ＝教授の２番目の発言に、「約１年の差がある４月生まれの子と３月生まれの子では、14歳ぐらいまでは体格や運動能力に大きな違いが見られる」とある。　ト＝「スポーツ選手の誕生日の偏りをなくすために」が誤り。　チ＝「偏りはない」が誤り。

問3

「14歳までは１年の差で体格や運動能力に大きな違いがあること」を示す必要があるので、表１をグラフ化する。表１を見ると、小中学生までは、**１年の差で体格や運動能力に大きな違いがある**ことがわかる。例えば、12歳から13歳までの変化を見ると、体格（身長）は８cm変化し、50m走タイム（運動能力）は８秒台から７秒台になっている。身長とタイムという二つの性質の異なるものをグラフ化するので、**複合グラフ**で示す。身長は累積的に増えていく性質のものなので棒グラフを用い、タイムは変化がわかりやすい折れ線グラフを用いるとよい。

問4

下線(2)で述べられているのは、「一部の競技では誕生月別の選手数に偏りがあること」「女子に比べ男子の方が、偏りが顕著であること」の２点である。一部の競技で**誕生月別の選手数に偏りがあることがわかるのは、表３（男子アスリート）と表４（女子アスリート）**。表３ではサッカーとハンドボールの割合、表4ではサッカーの割合に注目すると、4-6月の選手数が多い傾向があるのがわかる。しかも、その特徴は、男子アスリート（表３）の方が顕著である。

問5

下線(3)では誕生月別の選手数に偏りがある理由として「小中学生時代のチーム内競争」が挙げられている。サッカーなどのチーム競技は、バドミントンなどのペア競技や相撲などの個人競技に比べて**レギュラーを獲得するための競争が激しい**。これが教授の言う**「チーム内競争」**である。表1で示されているように、小中学生にとっての1年の差は大きく、4-6月生まれの児童は1-3月生まれに比べ、体格や運動能力の面で有利であるため、レギュラーを獲得しやすい。レギュラーになると、試合に出場してよい経験を積むことができ、自身が優れているという**心理的優位性**も得られる。それが将来にも影響を与えるため、4-6月生まれの選手が多くなる。

こうしたチーム内競争の影響について、表3と表4を見ると、チーム競技（サッカーやハンドボール）では4-6月生まれの選手が多いのに対して、個人競技（相撲）およびペア競技（バドミントン）ではそのような傾向は顕著ではないことがわかる。

問6

〈本文〉

下線(4)の問題とは、「部員数が多い競技ほど、1-3月生まれが不利になる」という問題である。部員数の多さを示すのは表5、**1-3月生まれが不利であることを示すのは表3と表4**なので、これらの表を引用しながら自身の意見を述べる。

この問題の一因として1-3月生まれは試合での経験が積めないことがあるから、例えば、すべての児童に平等に試合出場の機会を与えるという方策について書くのも一案である。

または、**成長の度合いを考慮せずにレギュラー選出しているという問題点**に焦点を当てて、身長や体重別にチームを作るという方策でもよい。解答例のように、生まれ月からくる能力差を配慮せずに児童を評価している指導者の問題点に着目して、スポーツ科学に詳しい指導者の起用を対策として挙げてもよい。

〈タイトル〉

方策に関する内容を簡潔にまとめる。例えば、「スポーツ科学を専門とする指導者が必要」「経験を積むための平等な機会が重要」「体重別に複数のチームを作るのも一つの方策」のように、タイトルを見ればその**内容の全体像が把握できるようなもの**がよい。

「1-3月生まれの問題とその解決策」のように設問を要約したものや、「問題解決のためには様々な対策が必要」などのように曖昧で、内容の全体像がつかめないものは避ける。

解答例

二

問十一　①　ふ(せ)　②　ねふだ　③　とまど(って)

問十二　④　除去　⑤　際立(たせる)　⑥　営(み)

問十三　Ⅰ＝イ　Ⅱ＝ウ　Ⅲ＝ア　Ⅳ＝エ　Ⅴ＝ウ　Ⅵ＝ア　Ⅶ＝エ
Ⅷ＝エ　Ⅸ＝ウ　Ⅹ＝イ

問十四　C

問十五　イ

問十六　ア＝×　イ＝○　ウ＝○　エ＝×

問十七　（贈り物をする時は）、包装の有無ではなく、贈るモノ自体が重要である。それは、花を贈った時と金銭を贈った時を比べたらわかるように、何を贈ったかによって贈られた側が感じ取るものが大きく異なる（からである）。

（97字）

課題文解説

二

大意

時間差、値札、リボン、包装といった**外的な表示によって私たちは「贈与/非経済」と「交換/経済」を区別**しており、区別すべきだというきまりに忠実である。それは、その**きまりによって、贈与の際に思いや感情を付け加え**たり、逆に交換の際にそれらを差し引いたりすることができるからだ。脱感情化された「交換/経済」という領域があるから、「贈与/非経済」に込められた感情を際立たせられる。こうした区別には、人と人との関係を意味づける役割もある。

読み解き

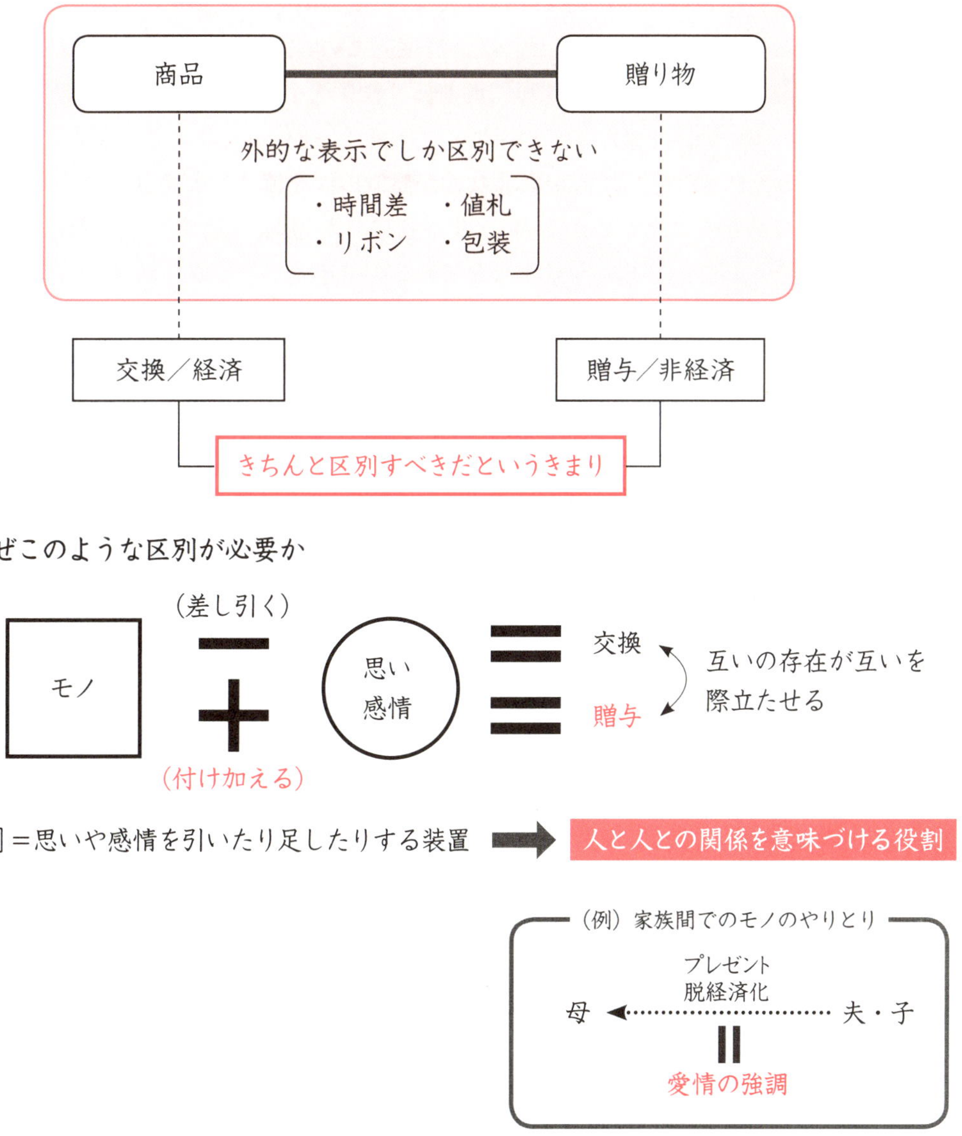

解答解説

二

問十一、問十二　②　**「値札」**の場合、「札」は「ふだ」と読む。一方、「偽札（にせさつ）」など紙幣を表す場合は「さつ」と読む。

問十三　Ⅰ　この文の主語は「チョコレートを渡した人」なので、「とり出し」だと主語が合わず、「とり出させ」「とり出させられ」という使役の意味が入るのも文意と合わない。間接受け身の「とり出され」が適切。　Ⅱ　**「それらしい」とは、その状況に相応しい様。**　Ⅲ　「世界のリアリティの一端がかたちづくられている」というやや大げさなことを言っているので、**事柄のはなはだしさを示す「さえ」**が適切。　Ⅳ　前文に「包装されてリボンがつけられ、メッセージカードなんかが添えられていたら……まったく意味が変わってしまう」とあり、包装などの「表面的な『印』の違い」に過ぎないものが、贈り物の意味に「歴然とした差異を生む」という対比関係が読み取れる。**この対比を際立たせるうえで、「表面的」を強調する言葉「ほんの」**が適切である。　Ⅴ　「そのつど」は「毎度」という意味。　Ⅵ　手段の意味を表す格助詞の「で」が適切。　Ⅶ　直前に「役割を」とあるので、「役割」とともに使うことの多い動詞「果たす」が適切。　Ⅷ　「誰もが」は「どんな人も」「みんなが」という意味。　Ⅸ　直後に「女性が感激の涙を流す」とあり、思いがけないプレゼントであったことがわかるので、「不意に」が適切。「唐突」も似た意味だが、「その場にそぐわない」という意味も含まれるので不適。　Ⅹ　文末の「としても」に着目し、「たとえ～ても」という呼応の関係を見抜く。

問十四　【C】の直前に「商品交換と贈与を区別しているものはなにか？」とあり、【C】の直後の段落では、時間による交換と贈与の区別の具体例を述べている。

問十五　「リボン」は、「贈り物らしさ」を演出する例である。

問十六　ア　バレンタインデーとホワイトデーには一カ月の時間差があるため、「交換」ではなく「贈与」。　イ　第10段落に「購入することと……贈ることが、なんらかの外的な表示……でしか区別できない」とあり、本文の内容と合致している。　ウ　最後から10段落目に「『交換』という脱感情化された領域があってはじめて、『贈与』に込められた感情をキワダたせることができる」とあり、本文の内容と合致している。　エ　最後から６段落目に、夫や子供からもらったプレゼントに関して「このとき女性の家事や育児を経済的な『労働』とみなすことも、贈られたプレゼントをその労働への『対価』とみなすことも避けられる」とあるため、誤り。

問十七　「きれいに包装すること」と「贈るモノ自体」のどちらが重要かと尋ねているので、どちらが重要かがわかるように書く。最後の文は「からである」で終わるように指定されているので、重要であると考えた理由を書く。

解答例

設問(一)

内的束縛が多いほど、外的束縛により内的束縛を抑制する必要があり、内的束縛が少なければ外的束縛は少なくてよい。規準となるのは内的束縛であり、中学校・高校に外的束縛である規則が多いのは、子供は欲望のままに動く内的束縛が多い存在だからだ。一方、大学生は内的束縛が少なく、精神の自律を保つことができるので大学の自由がある。内的束縛を考慮せずに外的束縛を取りはずしても、本当の意味での自由は得られない。

(196字)

設問(二)

現代の学校の最も大きな問題は、外的束縛によって子ども達の自由を抑え込んでいる点であると私は考える。

現代の学校は、決して「暇」などといえる場ではない。学校は、社会的な評価を高めるために、子ども達を有名な大学に進学させることだけを考える。子ども達は、そうした学校が追求する利益に巻き込まれ、受験で勝ち抜くための勉強をする。その際、学校は管理という強い外的束縛によって、子ども達の欲望や衝動を抑え込み、受験勉強のみに関心を向けさせようとする。だが、そのような方法では、受験に関わりのない知識への関心までも抑え込んでしまう。また、外的束縛により内的束縛を抑え込んでいると、いつになっても自身の意志で内的束縛を断ち切る経験を積むことができない。すなわち、現代の学校は、外的束縛によって、子ども達が備えている健全な知的探求心を抑制し、精神の自由を得るための成長を阻害している状態だといえる。

このように学校は、スクールの語源であるスコレーからかけ離れた場になっている。子ども達が自由に知性を発揮する機会や、内的束縛から解放されるための契機が、学校側の利害によって奪われてしまっているのである。

(489字)

課題文解説

大意

自由とは束縛のないことを指すが、束縛には、校則などの外的な束縛と**欲望などの内的な束縛**がある。本当の意味での**自由とは、内的束縛から解放された状態**、精神の自律を保ちうる状態を指す。自由なる意志とは煩悩の鎖を断ち、欲念を抑制する力を指すのだ。

読み解き

自由＝束縛がないこと

内的束縛
本能、衝動、欲望、感情
➡人間の精神を束縛

妙な関係

外的束縛
社会的、政治的、法律的、経済的、物理的束縛

●内的束縛が多ければ、外的束縛を多くする必要がある。
●内的束縛が少なければ、外的束縛は少なくてよい。

＜大学の自由＞
欲望や衝動のままに動く子どもとは異なり、大学生は内的束縛が少ない
➡大学生は外的束縛が少なくてよい

＜近代人＞
自由の名のもとに外的束縛からの解放に努めてきた
➡しかし、それに見合うだけの内的束縛の解放がないと自由は得られない

決め手になるのは内的束縛
ほんとうの意味での自由＝内的束縛からの離脱、内的束縛が少ない状態
精神の自由、精神の自律を保ちうる状態

自由なる意志＝煩悩の鎖を断ち切り、欲念を抑制する力

解答解説

設問(一)　要約

内的束縛と外的束縛の関係については第4段落で説明されている。

内的束縛と外的束縛との関係

・内的束縛が多ければ多いほど、外的に束縛することで抑制する必要がある
・決め手は内的束縛からの離脱
・内的束縛を考慮せずにむやみに外的束縛を取り外すと内的束縛は増長する
➡外的束縛を取りはずす場合、内的束縛からの解放がなければほんとうの意味での自由は実現されない

内的束縛と外的束縛の関係の例

・子ども＝内的束縛が多い➡規則＝外的束縛が必要
・大学生＝内的束縛が少ない➡大学の自由＝外的束縛は少なくてもよい

check!
類似した問題も CHECK しよう!
中央大学経済学部、商学部
他の大学の要約問題も解いてみよう。

設問(二)　意見

設問では、スクールの語源であるスコレーの例を挙げ、学校とは本来、**利害損得から離れた状態で、あるものをあるとおりに見て学ぶところ**だと述べている。「本文の論旨をふまえたうえで、自由との関係で」現代の学校が抱える問題について述べよとあるので、課題文で読んだ外的束縛と内的束縛を、利害損得や自由と関連づけて論じる必要がある。

例えば、強すぎる外的束縛を現在の学校の問題点として論じることができる。あるいは、内的束縛から解放されるための、精神的な成長を促す教育がなされていないということを問題点として挙げてもよい。いずれの場合でも、「学校が社会的な評価を得るために進学や就職などを重視することで、そうした問題が起こっている」などと述べて、利害損得と関連づけるとよいだろう。

もちろん、ほかの観点から論じてもかまわないが、利害損得、自由、現代の学校の３つの接点を見つけてから書き始めよう。

慶應義塾大学

出願 7月上旬～中旬（医学部）、10月中旬～11月上旬
試験 9月中旬（医学部）、1月中旬～2月上旬

筆記試験の作文は面接の参考資料となる。事前課題を課す学部もある

主な筆記試験、事前課題の種類

種類	科目	問題形式	時間	備考	難易度	タイプ
筆記試験	日本語作文（文学部）	1問・意見論述	60分	面接の参考資料とされる	★	
	日本語作文（総合政策学部、環境情報学部）	1問・意見論述	15分		★	
	日本語作文（看護医療学部）	（未実施※1）	90分（調書記入時間含む）		—	—
	日本語作文（薬学部）	非公表	—		—	—
	課題論文（医学部）※数学と理科の領域を含む	非公表	—	事前課題に加え、試験日には課題論文、模擬講義、面接がある	—	—
事前課題	小論文（法学部）	1問・意見論述（2000字）	—	ペン書き（鉛筆や消すことのできるペンの使用不可）	★★	
	エッセイ（医学部）	2問・意見論述（1問、800字）・意見論述（1問、1200字）	—		★★	

※1 2021年度から新設された試験制度だが、2021・2022年度外国人留学生対象入学試験は、新型コロナウイルス感染症拡大防止の観点より、薬学部以外では日本語作文は実施されなかった。

特徴

「日本語作文」が課されるのは、文学部、総合政策学部、環境情報学部、看護医療学部、薬学部のみである。この「日本語作文」は、試験日当日に受ける面接でも参考資料として使われる。そのため、面接で自己アピールにつながるような内容を意識して書く必要がある。一方で、事前課題として出願書類とともに提出する法学部の「小論文」は、2000字という長文なので、時間をかけて練り上げたものとそうでないものの差がつきやすい。なお、商学部、経済学部、理工学部では筆記試験や事前課題が課されない。

出題傾向分析

【試験科目】「日本語作文」で書く内容は、学部によって異なり、制限時間も15分から90分までさまざまである。一方、事前課題は、意見論述型の小論文である。

【出題テーマ】「日本語作文」に関しては専門的なテーマはほぼ出題されず、志望動機に関する内容がほとんどである。法学部の「小論文」のテーマはさまざまで、法学に関する問題もあれば、情報化といった法学に直接関わらない問題もある。

【求められる力】「日本語作文」では、作文のための日本語力に加え、志望学部に関連した自分の強みを文章で表現するアピール力も必要となる。一方、事前課題の場合は、長い文章を論理的な破綻をきたさず書ける構成力が重要だ。

【ポイント】筆記試験のあとの面接で、内容について質問を受けることがあるということを念頭に置いておこう。事前課題に関しては、提出までに時間があるので、入念にテーマに関する調査を行ってから書き始めよう。

試験対策

「日本語作文」に関しては、志望する学部の学びについて調査しながら自身の志望動機を整理。その志望動機と関わるエピソードをリスト化しておくとよい。日本語を書く能力も当然評価対象であり、書く能力は短期間では向上しないので、普段から作文の練習を欠かさないようにしよう。事前課題に関しては、提出までの期間を利用して、十分な調査を行い、構成をよく練って、論理的で説得力のある文章を書きあげよう。

check!

ワンポイントアドバイス

慶應の出願期間が11月のEJU対策で忙しいときと重なるので注意すること。特に事前課題がある法学部と医学部は、小論文やエッセイを書き上げる必要があり、書類を揃えるまでに時間がかかる。ペン書きは途中で書き間違えると最初から書き直さなくてはいけないので、余裕をもって計画的に準備を進めよう。

本書の情報は編集時点（2022年9月末）のものですが、新型コロナウイルス感染症の拡大防止対策による変更等は反映していません。また、入試情報は毎年見直されますので、必ず各大学のウェブサイトや募集要項等で最新情報を確認してください。

2020年度 慶應義塾大学 文学部【作文】 60分

いままであなたが鑑賞したなかで、最も印象に残った作品（音楽、絵画、小説、マンガ、アニメ、演劇、映画、TV ドラマなど）をひとつ選び、その魅力を紹介する文章を書いてください。

➡解答＆解説P.60～

2020年度 慶應義塾大学 総合政策学部、環境情報学部【作文】 15分

人生で何が一番大事だと思うかを書いてください。

➡解答＆解説P.62～

2021年度 慶應義塾大学 法学部【小論文】（事前課題）

題：AIの高度化は人の仕事を奪うという懸念があります。これについてあなたの考えを2,000字以内で述べてください。

※ 日本語・自筆・ペン書き（黒か青のインク。鉛筆は不可）で作成すること。フリクションなど消すことのできるペンは使用しないでください。

➡解答＆解説P.65～

2023年度 慶應義塾大学 医学部【エッセイ】（事前課題）

エッセイ　1

題：これまであなたが力を入れて取り組んできたことを、そこから何を学んだかを含めて日本語800字以内で述べてください。

エッセイ　2

題：共感力の高い医師が対応した糖尿病患者さんの死亡率は低いという研究結果があるように、医師には共感力が必要とされます。共感力には他者の視点を理解できる「認知的共感力」と感情をくみ取る「情動的共感力」があります。あなたは、この両方の共感力をどのように育むとよいと考えますか？　あなたの具体例経験も含めて、日本語1,200字以内で述べなさい。

※ 自筆・ペン書き（黒か青のインク。鉛筆は不可）で作成してください。消すことのできるペンは使用しないでください。

解答例

私にとって最も印象深い作品は宮崎駿監督の『もののけ姫』だ。この作品が魅力的なのは、多くの作品が描かない日本の歴史を描いているからだ。

『もののけ姫』は、海外でも高い評価を受けている宮崎駿監督の作品である。森と人間との対立を描くストーリーや、絵画のように美しいアニメーションも大きな魅力だが、この作品の見所はそれだけではない。多くの歴史物の作品が描かない日本の中世の姿が描かれており、そこに私は大きくひかれる。

舞台は室町時代の日本と言われており、主人公であるアシタカは、幕府に仕える武士でも米を耕す農民でもなく、エミシの村の少年である。また、この作品には、中世社会における働く女性たちも登場する。彼女らは、政略結婚の道具にされる武家の女性でもなければ、男尊女卑の社会でただ虐げられて生きる女性でもない。タタラ場で力強くタタラを踏み、自立した生活を送る女性である。加えて、この作品では、ハンセン病患者の姿も描かれている。

エミシ一族や、働く女性、ハンセン病患者といった人々は、武士の視点から中世を見るときには、忘れられてしまいがちな存在だ。こうした人々にスポットライトを当てた作品はそう多くない。映画の『七人の侍』や、小説の『風林火山』などの有名な作品がそうであるように、日本の中世を舞台とする作品は、武士の視点から見た中世を描くことが多い。そうした武士視点の作品に多く触れてきたこともあり、私の中世のイメージは、武士の視点から見た非常に狭いものであった。だが、『もののけ姫』という作品が、その狭いイメージを広げてくれた。中世の社会においても、現在の社会と同じように様々な背景を持つ人がおり、そこには多様な生活の形があるということを教えてくれた。

『もののけ姫』は、歴史的想像力を刺激するような要素が随所に散りばめられた作品だ。すでに視聴したことがある人も、そうでない人も、こうした歴史的な要素にも注目して観てほしい。そうすれば、この作品の真の魅力がわかるはずだ。

（827字）

字数の指定はないが、60分という時間から換算すると、800字～1000字程度が目安になる。

問題解説

音楽、絵画、小説、マンガ、アニメ、演劇、映画、TVドラマなどから、最も印象に残った作品の魅力について紹介する問題である。

出題傾向

文字数の指定がないことと、時間制限が60分であることは、毎年共通している。テーマについては、「あなたが鑑賞したなかで最も印象に残った作品」や「あなたにとっての大切な日や行事」「あなたが受けてきた教育」など、自分に関することが問われる。

解答解説

答案に書いた内容は面接で質問される可能性があるので、その点をよく踏まえて、取り上げる作品を選ぼう。どのような質問を受けても答えられるほど**よく知っている作品**にしたほうがよい。できれば、あなたが文学部で専攻したいと考えている分野と関連するものが望ましい。

例えば、日本文学について関心があり、それを大学で専門的に学びたいと考えているのなら、日本の有名な文学者の作品を挙げ、その魅力を述べればよい。

文学部志望であるが、学びたいのは文学ではないという受験生もいるだろう。慶應義塾大学の文学部には文学以外に社会学、史学、心理学、美学など様々な専攻がある。**専攻したいと考えているのが、文学以外であるならば、文学作品にこだわる必要はない**。例えば、日本史を専攻したいと考えているなら、解答例のように過去の日本を舞台にしたアニメや映画を取り上げて、その魅力について述べてもよい。あるいは、美学を専攻したいと考えているのなら、日本の浮世絵などを取り上げて、その魅力について説明するとよいだろう。

POINT!!

慶應義塾大学の文学部は2年次に専攻を決めるカリキュラムになっているが、志望動機について具体的に話せるように、受験する段階で2年次にどの専攻に進みたいかを考えておいたほうがよい。

絵画を取り上げる場合	小説を取り上げる場合	アニメを取り上げる場合
歌川広重の『亀戸梅屋舗』が最も印象に残った作品である。この作品で印象的なのは風景の切り取り方である。浮世絵はヨーロッパに渡り、ゴッホやモネなどに影響を与えたとされるが、この作品も……	私にとって最も印象的な作品は遠藤周作の『沈黙』だ。この作品は、信仰をテーマにしている。私は、この本を読むまで、日本における宗教というのは……	私にとって最も印象深い作品は、宮崎駿監督の『もののけ姫』だ。この作品は他の作品とは違った視点から描かれている。武士からの視点とは異なる視点で中世の社会を描くこの作品は……

解答例

　私が人生で一番大事だと思うのは、体験である。私がこのように考える理由は、体験が人生における原動力になるからだ。

　私が社会福祉政策について大学で学びたいと考えるようになったのは、日本での体験が大きい。高校時代、ボランティア部に所属していたことから、私は福祉施設でボランティア活動を経験してきた。もともと福祉にはある程度関心があったのだが、それを大学で勉強しようとまでは思っていなかった。その考えが変わったのは日本の高校に短期留学をした際の体験がきっかけだ。私が日本に滞在した際に驚いたのは、多くの身体障がい者の人々が街に出て活動しているということだ。これは日本の人々にとっては当たり前の光景かもしれないが、私の母国ベトナムでは見られない光景だった。その時から、私は身体障がい者を福祉施設の外でほとんど目にしないという母国の状況に違和感を覚えた。そして、その違和感は、自国の福祉政策に対する疑問へと変わり、その疑問が深まると同時に、福祉政策について学びたいという思いが強まっていった。また、その学びに対する思いが、私を日本まで連れてきた原動力になったと思う。

　このように、体験は気づきを与える。そして、その気づきは時として人を動かす原動力になり、人生を変える大きな力となる。この意味において、人生で体験よりも重要なものはないと私は考える。

(565字)

攻略法

　作文問題では、志望理由や自分のことについて問われることが多い。例えば、2020年度の総合政策学部、環境情報学部の作文試験は、「人生で何が一番大事だと思うかを書いてください」という問題で、2019年度は「あなたが最近読んだ本を一冊紹介してください」という問題であった。

　志望理由や自分について、作文で書けそうなことを整理しておくと、短時間でも試験本番で充実した内容を書くことができる。本書第3部の「整理ノート」で、作文で出題されそうな項目について思いついたことをまとめておこう。

問題解説

作文について

慶應義塾大学の総合政策学部と環境情報学部の筆記試験は作文型の問題で、**入試要項に面接で参考資料として使われることが明記**されている。つまり、作文で書いたことについて、面接で質問されることがあると考えておこう。**作文型の試験は慶應義塾大学以外でも面接資料として使われることが多い**ので、面接を意識して書く必要がある。

では、「面接を意識して書く」とはどういうことかと言えば、それは面接で質問されたいこと、すなわち、**自分のアピールポイントに関わる内容を書く**ということである。アピールポイントを書く場合、大学で学びたいテーマへの関心、日本留学への強い思いを、その関心や思いのきっかけとなった**体験談を交えながら書くとよい**。専門書籍などから得た知識を書くことで学科への関心をアピールすることもできるが、できれば**知識よりも経験を主**として書こう。知識は他の人でも得られるが、経験は自分だけのものだ。体験談の方が他の受験生との違いが明確になりやすく、効果的なアピールができる。

なお、アピールに使われる経験や知識としては例えば次のようなものがある。

経験

部活動・サークル活動、委員会活動（学級委員、風紀委員など）、ボランティア、日本に滞在した経験（短期留学、ワーキングホリデーなど）、日本以外の国に滞在した経験、アルバイト・仕事、学校行事など

知識

志望理由と関連したテーマに対する知識、専門書などから得た知識など

解答解説

「人生で一番大事なもの」の例としては、下記に挙げるようなものがある。「人生で一番大事なもの」が何か、適切なものが思い浮かばない人は参考にするとよい。

努力　経験・体験　時間　才能　知識
人間関係　家族　夢・目標　希望　健康

ただし、この作文で、「人生で一番大事なもの」が何であるかは、あまり重要ではない。むしろ**重要なのは、それが「人生で一番大事なもの」だと考える根拠だ**。この根拠の中にアピールポイントを盛り込もう。

例えば、総合政策学部で福祉政策について学びたい人が作文を書く場合、アピールの仕方としては下記のようなものがある。なお、解答例は下記の「体験談で学びたいテーマに対する関心をアピールする場合」と「体験談で日本留学への思いをアピールする場合」を総合したものである。

体験談で学びたいテーマに対する関心をアピールする場合	体験談で日本留学への思いをアピールする場合	知識で学びたいテーマへの関心をアピールする場合
私は長年のボランティア活動を通じて、自国の社会福祉制度の問題点に気づくようになった。私がこれまで行ってきたボランティアは……	私は高校生の時に日本に短期留学をしたことがある。その際に、私が学びたいテーマは私の母国ではなく日本で学んだ方がより深く学べると感じた。私は日本の短期留学で……	私は日本の思想家である鷲田清一氏の本を読んで、福祉の場面で救われるのはケアされる側だけではないと感じた。鷲田氏によれば……

ここで、注意してほしいことは、その場で思いついたことを実際に体験したことのように書いてはならないということだ。また、志望理由書と矛盾することも書かない方がよい。書いたことは面接で質問される可能性があることを意識して、質問されて困るようなことは書かないようにしよう。

質問されたいことを書き、質問されると困ることは書かない。これが、面接資料となる作文の基本だ。

解答例

AIの高度化によって人間の仕事の大半が奪われるのではないかというAI脅威論が広がっている。しかし、人間の労働に対するAI脅威論は杞憂であると私には思われる。

もちろん、人間が行う業務の中で、AIやロボットに代替できるものがあるのは事実である。実際に、これまで人間が行ってきた業務がAIによって代替されるケースは現在でも増えている。例えば、以前であれば、翻訳や通訳の仕事は人間しかできないものであった。だが、AIの進歩の結果、その業務の一部は、自動翻訳に取って代わられるようになった。他にも、データ入力、警備のための監視、商品の移動等々、AIの進歩によって、様々なものが人間でなくてもできる仕事になってきている。また、AI脅威論を裏付けるかのような将来予測があるのも確かだ。例えば、オックスフォード大学の研究者であるマイケル・オズボーン、カール・ベネディクト・フレイらが2013年に行った予測では、アメリカの職業の47％がAIなどによって代替可能であるという結果が出ている。

もし仮に47％の職がAIに奪われるとすれば、それは大変な危機である。しかし、果たしてこのような予測をそのまま信じてしまってもよいのだろうか。実は2016年に経済協力開発機構（OECD）が行った予測では、全く異なる数値が示されているのだ。OECDの調査では、職業という大きなくくりではなく、作業という細やかな単位で分析を行い、AIによって作業の大半が奪われる職業を調べた。その結果、AIに代替される可能性のある労働者の割合は、9％であるという予測が導き出された。このように、何をもとに測定するかによって、未来予測は大きく変わる。特定の予測だけを見て、AIが人の仕事を奪うと考えるのは、偏った見方と言えるだろう。

また、技術においてAIが人間に取って代わることができたとしても、すぐさま実行されるとは限らない。というのも、社会の中で技術をどう活かすかは、私たち人間の手に委ねられているからだ。AIのように、社会的な構造変化をもたらす可能性がある技術については、利用できる分野やその利用法に制限がかかる可能性が高い。こうした社会的な制限の一つが、法による規制である。

例えば、AIの技術が発達し、水道、電気、ガスといったすべてのインフラをAIが管理している社会を想定してみよう。このような社会では、AIによる自動制御で快適な環境が維持できるという利点がある一方で、プログラム上の小さな欠陥が、インフラ全体の機能を止めてしまうような大事故につながる可能性もある。あるいは、ハッキングによって意図的に大事故が引き起こされる危険性もあるだろう。

この他にも、AIがオフィスにおいて人間の業務を代行した場合、人権侵害が起きる可能性も考えられる。実際に、インターネット上の情報を学習したAIが人種差別の発言を行うようになり、問題になったことがある。AIは人事などの人間を評価する業務への導入も検討されているが、仮にそこで使われるAIが、特定の人種に関して偏った情報を学習していたらどうなるだろうか。AIが偏見に基づいて従業員を評価することになり、特定の人種の人々が大きな不利益を被る可能性もある。

　このように人間の労働の多くをAIが代替するとすれば、社会の仕組みが大きく変わり、それにまつわる新たなリスクが発生する可能性が高い。通常、社会において大きな混乱や人権侵害といった深刻な事態を招く危険性がある事柄については、事前に法によって強い規制がかけられる。例えば、EUは2021年にAI規則案を発表した。この規則案では、人々の基本的人権を脅かすようなリスクのあるAIは、使用を禁止することになっている。さらに、人間の生活や健康に対して危害を与える危険性があるAIに対しても、強い規制が設けられている。今後AIの高度化により、労働現場へのさらなる導入が検討されるようになれば、このような法による規制がますます増えていくものと考えられる。

　もし仮に、科学技術が何の歯止めもなく導入されていくとしたら、AIは人々の仕事を奪い、社会に様々な歪みを生み出すだろう。しかし私たちは法制度という、健全な社会を維持するための仕組みを持っている。法制度は、これまで述べてきたような社会的な混乱が起こらないようにするために存在しているはずだ。AIという技術はそれ自体が脅威なのではなく、どう活用するかが重要である。私たちが今すべきことは、AIがもたらす未来を不安視することではなく、AIを社会に資するものにするための法制度について議論することだ。そして、適切な法が整った社会において、AIの高度化が人の仕事を奪うという懸念は不要であると私は考えている。

（1938字）

check!

類似した問題もCHECKしよう!

東京大学文科二類、上智大学法学部、中央大学商学部

AIがテーマになっている他の大学の問題と解説もチェックしよう。

問題解説

攻略法

2000字をペン書きで作成する小論文課題である。消すことのできるペンや鉛筆を使用することはできない。修正液などの使用については明記されていないが、できるかぎり避けた方がよいだろう。ということは、書き間違えると原稿用紙の最初から書き直さなくてはならないので、時間的な余裕を持って準備しよう。

事前課題はインターネットで調べたり、本を読んだりして調べる時間が十分あるので、様々な情報を参考にしよう。ただし、情報源は国際機関、政府機関、著名な研究者など、信ぴょう性の高いものを選び、情報を調べる際は、ファクトチェックを入念に行うこと。偏った立場の情報を参照してしまうと、小論文の評価が落ちてしまう可能性が高い。また、ただの情報の羅列にならないように注意して、自分の意見を明確に述べることも忘れずに。

解答解説

AIの高度化と労働について

AIが人間の仕事をどの程度奪うかについては様々な予測がある。例えば、代表的な予測としては下記のようなものがある。

AIに代替される仕事に関する予測

- オックスフォード大学の研究者（マイケル・オズボーン、カール・ベネディクト・フレイ）：
  10～20年以内にアメリカの仕事の47%がAI・ロボットなどで代替可能であると予測。職業単位（販売員、会計士、教師など）の分析。
- 野村総合研究所：
  上記のオックスフォード大学の研究者との共同研究。2015年に、10～20年以内に日本の仕事の49%がAI・ロボットで代替可能になると予測。職業単位の分析。
- OECD：
  2016年に、国際平均で９%の仕事がAIなどに代替されるリスクがあると予測。職業単位だけでなく、作業単位（挨拶をする、価格を伝える、商品を渡すなど）でも代替リスクを分析。

AIの高度化が雇用にもたらす影響に関しては、人間の仕事の大半がAIに奪われるという悲観論と、それほど大きな悪影響はなく好影響もあるという楽観論がある。

例えば、悲観論、楽観論には次のようなものがある。

悲観論

- AIによって雇用が奪われ、失業率が急増する
- AIの時代に合わせた新たな雇用が生まれるとしても、それは失われる雇用に対してわずかだ
- 創造的な仕事もAIに奪われる可能性がある（イラストを描くAI、小説のプロットを作成するAI、作曲するAIが既に存在する）

楽観論

- AIによって代替されるのは、一人の労働者が行う様々な作業の一部に過ぎない
- AIが業務を行うことで、人間が担うべき新たな仕事が生まれる
- 創造的な仕事（芸術家など）やコミュニケーションが重要な仕事（教師など）はAIでは代替不可能
- 単純作業をAIに任せることで業務の効率化が図られ、人間は創造的な仕事に専念できる
- AIと人間の協業によって、より高度な業務が実現できる
- 少子化の国では人手不足の解消になる

新たに生まれるとされている仕事や、AIによる代替が難しいとされている仕事には、例えば次のようなものがある。

新たに生まれる仕事

仮想空間を製作するクリエイター　ビッグデータを活用して診断を行う医療スペシャリスト
人間と機械の協業を管理する責任者　AIアシスタントが発言した内容を評価するアノテーションアナリスト　など

AIによる代替が難しいとされている仕事

創造的な仕事（芸術家やデザイナーなど）　人間関係が重要となる仕事（教師や介護士など）
ルーチンワークでない仕事　など

あなたの考え

自分の意見の示し方として、一つ考えられるのは、楽観論と悲観論のどちらか一方に賛成の立場を取って、もう一方に反論するという論じ方である。

もう一つ考えられるのは、AIが人間の職を奪うという懸念について説明した上で、AIの進歩が引き起こす問題への対処策を述べるという論じ方である。

上智大学

出願 7月下旬〜8月上旬
試験 9月下旬

学科ごと年度ごとに出題傾向が異なる。臨機応変な対応を！

主な筆記試験の種類

科目	問題形式	時間	備考	難易度	タイプ
ジャーナリズムに関する基礎的学力試験 （文学部新聞学科）	全3問 ・意見論述（1000字程度） ・用語説明、漢字	90分		★★	
教育学の学修に必要な基礎学力の試験 （総合人間科学部教育学科）	全2問（課題文１つ） ・要約説明（400字以内） ・意見論述（800字以内）	90分		★★	
小論文（800字） （法学部法律学科）	全1問（課題文１つ） ・意見論述（800字以内）	60分		★★	
小論文 （経済学部経済学科）	全2問（課題文１つ） ・意見論述（300字程度） ・意見論述（200字程度）	60分	数学の試験(60分)も課される	★★	
産業社会に関する基礎的学力試験（英語を含む） （経済学部経営学科）	全12問（課題文３つ） ・読解（4問） ・英文解釈(1問) ・数的処理（3問）など	90分	英語の問題に加え、数的な処理・理解が必要な問題も含まれている	★★★	あ

特徴

外国人入学試験で募集している学部のうち、理工学部を除く全ての学部で筆記試験が課される。面接と筆記試験を同じ日に受験する「一段階方式」と、筆記試験合格者が後日面接を受ける「二段階方式」の試験があり、学科によって異なる。試験科目は学科ごとの独自試験で、出題形式もその年々で変化することがある。また、外国人入学試験の場合、出願が１学科のみで、併願はできない。

出題傾向分析

【試験科目】 小論文タイプの試験では、学科領域に関するテーマについて論じさせる問題が多い。経済学部経済学科では小論文に加え、数学の試験もある。なお、経済学部経営学科は小論文型の試験の中に、英語力を問う問題と数的な処理を必要とする問題が含まれている。

【出題テーマ】 学科領域に関連するテーマが出題される。法学部、総合グローバル学部、文学部新聞学科では、「ウイルス感染」や「AI」といった近年話題になったテーマが出題されやすい。

【求められる力】 学科領域に対する深い関心と、与えられたテーマの論点を見極める知識力、さらにそれを論理立てて説明できる文章力が求められる。文学部新聞学科では、どのような着眼点で書くべきか、その発想力も必要とされる。

【ポイント】 上智大学では出題傾向が変わることがある。例えば、総合人間科学部の社会学科の試験では、例年、課題文ありの意見論述だったが、2018年度の試験では課題文がなく、出身国の社会問題について論じさせる問題であった。出題傾向は一定ではないと心得て、どんな形式の問題でも対応できるようにしておこう。

試験対策

各学科の学問領域に対する高い関心を求められることが多いので、学科に関連する入門書を読んで、基礎知識をつけておくとよい。上智は出題形式が変わる可能性があるとはいえ、求められる力は基本的には変わらない。出題形式にはあまりこだわらず、志望学科の領域に関するテーマについて、800字程度で論じられるような練習をしておこう。

check!

ワンポイントアドバイス

志望する学部学科だけでなく、近いテーマを扱う他学部、他学科の過去問を解いておくのもよい勉強になる。上智大学は近年話題になったテーマを出題することがよくあるが、同じ年にそのテーマがほかの学部学科の試験で出題されたり、別の年に改めて出題されたりすることもある。特に、学びの領域が近い学部同士の場合、その可能性が高くなる。実際、2017年度に法学部の国際関係法学科で出題された「世界経済の政治的トリレンマ（国家主権、グローバル化、民主主義の3つを同時に成立させることはできない）」というテーマが、2018年度に総合グローバル学部で出題されている。

本書の情報は編集時点（2022年９月末）のものですが、新型コロナウイルス感染症の拡大防止対策による変更等は反映していません。また、入試情報は毎年見直されますので、必ず各大学のウェブサイトや募集要項等で最新情報を確認してください。

2021年度 上智大学 文学部 新聞学科【ジャーナリズムに関する基礎的学力試験】 90分

1．以下のテーマについて、1000字程度で作文を書きなさい。

「 感染 」

2．次の語句から４つを選び、それぞれ60字以内で説明しなさい。

カシミール地方	三密	SDGs
ジョージ・フロイド	首里城	トキワ荘

語句　　　　　　　　　　　　説明

：

：

：

：

3．下線部について、カタカナを漢字に、漢字はひらがなに書きかえなさい。

1．処分が<u>クンコク</u>では甘すぎると批判　[　　　　]
2．東京五輪の<u>カンソカ</u>を検討するという　[　　　　]
3．国の<u>ジゾクカキュウフキン</u>が問題に　[　　　　]
4．容疑者の<u>カンテイリュウチ</u>を決めた　[　　　　]
5．重度の<u>シッカン</u>のある患者を搬送した　[　　　　]
6．各国が<u>トコウセイゲン</u>の緩和を検討する　[　　　　]
7．この感染症の<u>メンエキ</u>保有者は少ない　[　　　　]
8．お金を<u>タ</u>めるのは簡単ではない　[　　　　]
9．駒を<u>ジュウオウムジン</u>に動かした　[　　　　]
10．死者の<u>ルイケイ</u>の数字が発表されていない　[　　　　]

11．ネットでの<u>誹謗中傷</u>をなくせるか　[　　　　]
12．作品のテーマは<u>普遍的</u>なものだ　[　　　　]
13．人種差別の<u>撲滅</u>を訴えるデモ　[　　　　]
14．選挙で落選し<u>辛酸</u>をなめた　[　　　　]
15．批判のビラを大量に<u>撒</u>いた　[　　　　]
16．あの人は<u>賭博</u>の常習者だった　[　　　　]
17．催涙ガスで<u>喉</u>をやられた　[　　　　]
18．排除と差別に<u>抗う</u>人々　[　　　　]
19．とにかく<u>懐</u>が深い人だ　[　　　　]
20．娘と二人で<u>森羅万象</u>を描いた　[　　　　]

➡解答＆解説 P.81～

2021年度 上智大学 総合人間科学部 教育学科【教育学の学修に必要な基礎学力の試験】 90分

以下の文章を読み、各設問に答えなさい。

紛争・平和・教育協力

みなさんは「平和」というと、どんなイメージをお持ちでしょうか？

平和は戦争と対極のことを意味すると一般には考えられています。では、戦争がない状態であれば平和なのでしょうか？　戦争が一時的に停止しても、特定の人々にとって不公平な社会――たとえば、ある民族が教育を受ける機会を与えられていない社会――が継続していると、その社会では人々が不満を持ち続け、それが将来の紛争を引き起こすことにもなりかねません。

ある社会で特定の個人や集団が不利益を被《こうむ》る構造が存在するとき、そのような状態を「構造的暴力が存在する」と表現することがあります。自らの力では容易に変えることができない構造的な不平等は、ある種の「暴力」であるという考え方です。身体的被害を受ける暴力は一時的かもしれませんが、構造的暴力は継続的であるという意味で、より深刻な問題と言えるかもしれません。

平和学者のヨハン・ガルトゥングという人は、平和を「消極的平和」と「積極的平和」に分類し、私たちは「積極的平和」を目指すべきだと主張しています。ここでの「消極的平和」とは「戦争がない状態」を意味します。一方、「積極的平和」とは、前述の「構造的暴力」がなくなった状態を示します。

教育分野では、すべての人が教育を受ける権利を享受《きょうじゅ》できることを保障することが大事ですし、公正な社会の実現のために必要な権利や責任といった考え方を学ぶことも大切でしょう。紛争後の教育協力を考えてみると、紛争前の社会を復元するのではなく、公正な社会、つまり積極的平和を目指すための新しい教育や教育制度の構築が求められます。

また、平和な社会を構築するためには、人々の信頼関係や結びつきを回復する、強めることも大事です。大人だけでなく、子どもたちも、家族や友達が危害を加えられるのを目撃しているかもしれません。また、大人から対立民族についての否定的なイメージを聞かされているかもしれません。紛争が起きて愛する人たちが傷付けられた時、危害を加えた相手の集団に対する憎しみは強くなり、容易には消えない心の傷として残っていきます。

対立しあった集団の間にどのようにして信頼関係を作っていくかというのは、非常に重い課題です。公正な社会に生きる市民としての権利や責任を教えることはできても、人を愛したり信頼したりすることは簡単に「教育」できるものではないのです。紛争後の教育協力は、対立する集団間（大人も子どもも）の偏見《へんけん》や不信を粘《ねば》り強《づよ》く取り除いていく姿勢が求められます。

出典:『教育で平和をつくる』、小松太郎、岩波書店、2006年、vi-vii

(1)　筆者は、「構造的暴力」は身体に対する暴力よりも深刻な問題になりうるとしているが、その理由は何か。あなたが知る具体的な例を挙げて説明しなさい。(400 字以内)

(2)　「積極的平和」の意味を本文の内容に即して説明し、その実現に向けて教育制度や政策、実践が果たしうる役割を、あなたが知る国や地域を事例として論じなさい。(800字以内)

➡解答＆解説P.84～

2019年度 上智大学 法学部 法律学科【小論文(800字)】60分

次の文章を読んで、現代社会におけるプライバシーのあり方につき論じなさい（800字以内)。

【特集】AIが人事管理「揺れるプライバシー」(2)

上司は部下にきちんと向き合い、部下は上司に本音で相談できているか。東京のベンチャー企業「Phone Appli（フォンアプリ)」は週１回の職場面談に、２月から人工知能（AI）の「同席」を始めた。

村田製作所が開発したAIセンサーが、面談時の上司と部下の会話の量やテンポ、声の強弱を解析。率直に対話できているかや、互いの信頼関係の有無をあぶり出す。

人手が足りないベンチャー企業では離職を防ぐ職場環境づくりが重要課題だ。マーケティング部の北村隆博部長は「コミュニケーションの質を向上させたい」と語る。

▽履歴収集

働き方改革やメンタルヘルスが重視される流れを受け、人事管理にAIを導入する企業が増えている。IT関連法制に詳しい水町雅子弁護士の下には、従業員情報の収集がどこまで許容されるかを尋ねる企業からの相談が相次ぐ。パソコンの使用履歴から生産・営業担当者の行動履歴まで「ここまでやるの」と驚かされる相談内容も多い。

企業による従業員の監視は今に始まった話ではない。だが、労働運動が盛んだった頃の監視が特定の「問題社員」を狙い撃ちしたのに対し、AIで大量のデータを処理できる今の時代は全ての従業員に網をかける。

▽ストレス評価

東京のベンチャー企業「ラフール」は、AIを活用した職場のストレスチェックを手掛ける。残業時間や性格、健康診断などのデータを解析して部署ごとに離職リスクを評価。トラブルが起きる前に改善策を提案する。「部署の雰囲気やパワハラ上司の存在など、これまで人事部が何となくつかんでいた問題点を明確に把握できる」(結城啓太社長）のが強みだ。

こうした従業員のデータ解析は有用なサービスを生み出す半面、「職場の人間関係や派閥も分かることに気づいた経営者が想定外の使い方をする恐れがある」(情報セキュリティ大学院大学の小林雅一客員准教授）との指摘も上がる。

従業員情報の収集を巡っては「社会的に妥当な範囲がまだ明確に定まっていない」(水町弁護士）状況で、プライバシー侵害と隣り合わせの危うさをはらんでいる。

（共同通信社2018年５月23日)

➡解答＆解説P.87〜

2021年度 上智大学 経済学部 経済学科【小論文】 60分

次の文章を読み、それに続く2つの問題に答えなさい。

「待機児童問題」はメディア等でも頻繁に取り上げられているし、最近は政策的にも「女性活躍推進」が叫ばれ、各自治体が保育園整備に取り組んでいる日本の重要課題である。横軸に、保育園の整備状況（子ども1人当たりの保育所定員）、縦軸に6歳未満の子どもを持つ母親の就業率をとり、都道府県ごとにプロットすると、きれいな右上がりの関係が描かれる。そのため、「保育園を充実させれば母親の就業は増える」ように見える。はたして、そう結論づけてよいのだろうか。

結論からいうと、このような目に見える関係を「因果関係」と呼ぶことはできない。なぜか。その謎を解く鍵は、「相関」と「因果」という2つの関係性を区別できるかどうかにある。まずは両者の意味を定義しておこう。「相関関係」とは、2つの事柄に「見かけ上の関係」があることだ。「因果関係」とは、ある一方が「原因」となって、他方を「結果」として引き起こしていることを意味する。意思決定上、特に重要なのは因果関係だ。保育園を増やすと母親の就業が増えるかどうかは、政策上重要な情報である。

相関関係と因果関係は似て非なるものであり、「相関関係はあっても、因果関係はない」状況は頻繁に起こりうる。さらに、この2つをデータから区別するのは非常に難しいから厄介だ。相関はデータを見れば一発でわかるが、それが因果とは限らない。理由は、主に2つある。1つめは「別の要因が潜んでいる」こと、2つめは「逆の因果関係がある」ことだ。

第1の要因から考えてみよう。「女性に対する価値観や態度」という地域ごとの新たな要因が、女性の就業に影響を与えているとする。すると、伝統的な性別役割分業の意識が根強く残っていたり、母親が子どもの面倒を見るのが当たり前だという意識がある地域では、母親は家庭にとどまり就業率が低くなる。また、そうした価値観のもとでは保育園を求める声が大きくならず、保育園整備も進まないであろう。一方、福井県のように歴史的に女性が働くのは当たり前という価値観が定着しているような地域では、女性の就業率が当然高い。そして、女性の就業に理解が得られるような土地柄であるから、保育園の必要性も地域に広く認識され整備が進んでいる。そうすると、仮に保育園が母親就業に何の効果ももたらさなくても、別の要因のせいで相関関係が現れてしまう。

2つめの「逆の因果関係」については、「警察官の数が多い地域ほど犯罪発生件数が多い」状況を例に考えてみよう。こうした傾向がデータから読みとれたとして、「警察官の数を増やすと犯罪件数が増える」という因果関係が成り立ちそうもないことは、直感的にも明らかだろう。もちろん因果関係はその逆で「犯罪件数が多いので警察官の数を増やした」と考えるのが普通だ。こんなの当たり前じゃないかと思われるかもしれないが、さまざまな要因が複雑に絡み合う現実のデータを見る場合に、実は因果関係が逆だったというのはよくあることで、容易にはわからないケースも多い。

ここで注意してほしいのは、さまざまな相関関係にまで想像をめぐらせて考えると、事前の想定通りの関係がデータに見られたからといって、直ちにそれを因果関係とみなしてはいけない、という点だ。そして両者を区別するうえで、経済学の分析手法が大活躍することになる。

出典：山口慎太郎（2020年）「データ分析で社会を変える：実証ミクロ経済学」、市村英彦・岡崎哲二・佐藤泰裕・松井彰彦（編集）『経済学を味わう：東大１、２年生に大人気の授業』、日本評論社。（一部改変）

問１．以下の問１-Aか問１-Bの、いずれか１題を選んで答えなさい。なお、どちらの問を選んだかを解答用紙に明示すること。

問１-A．出身大学の偏差値と年収の間には相関関係が見られる。この事実から、「偏差値の高い大学に行けば年収が上がる」と結論づけることができるか。できるかどうかあなたの考えを明示した上で、本文の説明に基づいて、その理由を300字程度で答えなさい。

問１-B．「保育園を充実させれば母親の就業は増える」という因果関係の有無を調べるためには、どのようなデータを、どのように分析すればよいか。あなたの考えを300字程度で答えなさい。

問２．以下の問題に答えなさい。

近年、データを用いた実証分析による因果関係の特定を基に、政策を形成しようという機運が高まりつつある。このような、実証結果に基づく政策形成のことを、Evidence Based Policy Making（EBPM）と呼ぶ。EBPMの導入には、どのようなメリットがあると考えられるか。あなたの考えを200字程度で答えなさい。

➡解答＆解説P.90～

2021年度 上智大学 経済学部 経営学科【産業社会に関する基礎的学力試験】 90分

1 次の文章を読んで、以下の問いに答えなさい。

企業と社会は、あまりにも長い間、敵対関係にあった。その理由の一つとして、経済学者たちが「社会的便益を提供するために、企業は経済的な成功をある程度アキラ(A)めなければならない」という考え方を支持してきたことが挙げられる。

新古典派経済学によれば、安全や障害者の雇用など、社会キバン(B)を整備しなければならない場合、企業には制約がカ(C)されるという。理論的には、すでに利益の最大化を実現している企業に制約をカすことで、必然的にコストが（　①　）し、その利益は（　②　）することになる。

これと関連するのが、「外部性」①の概念である。結論は同じである。企業が本来ならばフタン(D)しなくてもよい「社会的費用」（環境汚染など、社会がフタンさせられる費用）を生み出すと、外部性が生じる。すると、社会はこのような外部性を「内部化する」ように、企業に対して税金や規制、罰則をかさなければならない。以上、多くの政策決定に影響を及ぼしてきた考え方である。

このような見方は、企業の戦略にも影響を及ぼし、多くの企業が、損得をカンジョウ(E)するに当たって、社会や環境への配慮を除外してきた。彼らは、「事業活動をさらに拡大することは当然の自由である」と考え、自分たちの利益に反する規制基準には必ず抵抗してきた。そして、社会問題の解決は、政府やNGO（非政府組織）の手にユダ(F)ねてきた。

CSR(注)プログラム—これは外圧を受けた結果である—の多くは、企業の評判を高めるためのもので、言わば必要経費と考えられている。株主の金を無駄遣いしているだけであると見る向きも多い。

政府は政府で、共通価値の創造を難しくする規制を実現してきた。そのため、企業は政府を、かたや政府は企業を、目標の達成を妨げるじゃま者として暗にみなし、互いにそのような態度で接してきた。

タイショウ(G)的に、共通価値の概念は、従来の経済的ニーズだけでなく、社会的ニーズによって市場は定義されるという前提②に立っている。また、たとえばエネルギーや原材料の無駄、大事故、教育の不備を補う再教育の必要性など、企業に「内部費用」が生じるのは、社会のガイアク(H)や弱点が原因であるという認識でもある。

ただし、このようなガイアクや制約に対処することが、企業にとってコスト増になるとは限らない。なぜなら、企業は、新しい技術、あるいは業務手法や経営手法を通じてイノベーションを生み出せるからであり、その結果、生産性を向上し、また、市場を拡大できる。

したがって、共通価値は個人の価値観にまつわるものではない。また、企業が生み出した価値を「共有する」こと、すなわち再配分することでもない。そうではなく、経済的価値と社会的価値を全体的に拡大することである。以上のような違いを説明するには、購買におけるフェア・トレード運動が好例③である。

フェア・トレードの目的は、同じ作物に高い価格を支払うことで、貧しい農民の手取り額を増やすことである。気高い動機ではあるが、ソウゾウ(I)された価値全体を拡大するものではなく、主に再配分をするためのものである。

一方、共通価値では、農民の能率、収穫高、品質、持続可能性を高めるために、作物の育成技術を改善したり、サプライヤーなど支援者の地域クラスターを強化したりすることが重視される。その結果、売り上げと利益のパイが大きくなり、農家と収穫物を購入する企業の双方がオンケイ(J)に浴する。

（注）CSR：Corporate Social Responsibility の頭文字で「企業の社会的責任」と訳される。企業が利益を求めるだけではなく、社会全体に対しての責任を果たすべく、自発的に行動を起こすことをいう。

出典：Porter, M.E. & Kramer, M.R.（2011）“Creating Shared Value,” Harvard Business Review, Jan/Feb 2011,（ハーバードビジネスレビュー編集部訳（2011）「Creating Shared Value：経済的価値と社会的価値を同時実現する共通価値の戦略」『Harvard Business Review June 2011』ダイヤモンド社　より一部抜粋し変更を加えて用いた。

問１ 下線部（A）～（J）のカタカナを漢字に直しなさい。

問２（　①　）と（　②　）に入る語句の組み合わせとして適切なものを選んで、記号を解答欄に記入しなさい。

A. ①上昇　②減少
B. ①上昇　②上昇
C. ①減少　②減少
D. ①減少　②上昇

問３ 下線部①「外部性」の意味を、自分の言葉で説明しなさい。

問４ 下線部②について、どのような前提なのかを、平易に説明しなさい。

問５ 下線部③について、何の「好例」なのか。下記の中から最も適切な記号を選びなさい。

A. 共通価値が社会を豊かにすること
B. 社会の平等を促進するためのビジネス
C. 企業は社会の責任を考えなくてはならないこと
D. 社会全体の価値を拡大するわけではないシステム

2 次の文章を読んで、以下の問に答えなさい。

※この問題は、著作権の関係により掲載ができません。

3 まず，定義 1 と定義 2 を理解しなさい．そして，これらの定義およびその例の後に書かれた文章を読んで，各問に答えなさい．

定義 1　変量 x に関する n 個の観測値を x_1，x_2，…，x_n とする．このとき，

$$\frac{x_1+x_2+\cdots+x_n}{n}$$

を変量 x の標本平均という．

定義 2　変量 x と変量 y に関する n 組の観測値を $(x_1,\ y_1)$，$(x_2,\ y_2)$，…，$(x_n,\ y_n)$ とする．さらに，$\bar{x}$ を変量 x の標本平均，$\bar{y}$ を変量 y の標本平均とする．このとき，

$$\frac{(x_1-\bar{x})(y_1-\bar{y})+(x_2-\bar{x})(y_2-\bar{y})+\cdots+(x_n-\bar{x})(y_n-\bar{y})}{\sqrt{(x_1-\bar{x})^2+(x_2-\bar{x})^2+\cdots+(x_n-\bar{x})^2}\sqrt{(y_1-\bar{y})^2+(y_2-\bar{y})^2+\cdots+(y_n-\bar{y})^2}}$$

を変量 x と変量 y の標本相関係数という．

例えば，3 人の生徒 A，B，C の英語と数学の小テストの点数が以下の表で与えられているとする．

	生徒A	生徒B	生徒C
英語	8	4	6
数学	7	5	9

このとき，英語の小テストの標本平均は

$$\frac{8+4+6}{3}=6$$

と計算され，数学の小テストの標本平均は

$$\frac{7+5+9}{3}=7$$

と計算され，英語の小テストと数学の小テストの標本相関係数は

$$\frac{(8-6)(7-7)+(4-6)(5-7)+(6-6)(9-7)}{\sqrt{(8-6)^2+(4-6)^2+(6-6)^2}\sqrt{(7-7)^2+(5-7)^2+(9-7)^2}}=\frac{1}{2}$$

と計算される．

ある企業は物質FEを利用する新しいかぜ薬Xを研究している．かぜ薬Xには，効能α，効能β，効能γという3つの効能が求められている．そこで，物質FEの投入量がこれらの効能に与える影響を調べるために，5回の実験を行なった．5回の実験では，物質FEの投入量（mg）を変更して，かぜ薬Xを製造した．その製造された5つのかぜ薬Xの各効能を測定した（測定単位をkzとする）．この結果は下表にまとめられたとおりである．なお，5回の実験を便宜的に実験1，実験2，実験3，実験4，実験5と表す．また，いずれの効能についても，その測定値が増加すればその効能も高くなっていることとする．

	実験1	実験2	実験3	実験4	実験5
物質FEの投入量	1	2	3	4	5
効能αの測定値	2	1	3	5	4
効能βの測定値	5	0	4	2	4
効能γの測定値	1	4	5	4	1

ここで，この表の読み方を説明する．実験1における物質FEの投入量は1mgであり，その結果製造されたかぜ薬Xに関して，効能αの測定値は2kzであり，効能βの測定値は5kzであり，効能γの測定値は1kzである．他の列の読み方も同様である．

問1　効能αの測定値，効能βの測定値，効能γの測定値のそれぞれについて，その標本平均を求めなさい．ただし，既約分数で解答しなさい．

問2　物質FEの投入量と効能αの測定値の標本相関係数，物質FEの投入量と効能βの測定値の標本相関係数，物質FEの投入量と効能γの測定値の標本相関係数を全て求めなさい．ただし，分母を有理化し，既約分数で解答しなさい．

問3　物質FEの投入量が各効能へ与える影響に関する考察を述べなさい．ただし，効能毎に説明しなさい．なお，この考察にはここまでに得られた情報のみではなく必要に応じて加えた計算結果を用いてもよい．計算結果を加える場合には，その計算についても説明しなさい．

➡解答＆解説P.93～

解答&解説

2021年度　上智大学　文学部 新聞学科【ジャーナリズムに関する基礎的学力試験】

解答例

1.

私が「感染」という言葉で連想するのは、コロナパンデミックの際に広がった二つの「感染」だ。一つ目の感染は言うまでもなく、新型コロナウイルスへの感染である。新型コロナの感染拡大は、世界的に多くの死者を出す深刻な事態をもたらした。特に、感染拡大初期は、ワクチンもなく治療薬もなく、有効な治療方法や予防方法も不明な状態であったため、その脅威は甚大なものであった。だが、コロナパンデミックの時に起こったのは、このウイルスの拡大だけではない。もう一つの「感染」が起こり、社会の混乱を招いた。もう一つの「感染」とは、誤情報への感染である。コロナウイルス感染拡大の際には、インフォデミックという言葉が話題になった。インフォデミックとは、噂やデマを含めた不確かな大量の情報が、人々の間に広がる状況を指す。例えば、コロナ禍においては、新型コロナウイルスに関する正しい情報の他に、ワクチンの危険性やマスクの有効性に関する偏った情報や、政府や製薬会社に関する陰謀論などが広がった。こうした誤った情報に感染し、信じてしまったがために、過激な行動に移す者も現れた。例えば、一部の国では、コロナウイルスと5Gを関連づけた陰謀論が広がり、放火がなされるということも起こった。

ワクチン接種や三密を避けるなどの自衛策、マスクの着用などで、ウイルス感染への予防対策は進んでいる。だが一方で、誤情報への感染予防対策は十分に進んでいないのではないだろうか。コロナパンデミックでは、先進国でも、誤った情報に対して脆弱な面があることが明らかにされた。これは日本も例外ではない。

インターネットやSNSを通じて、情報が瞬時に世界に伝わる現代社会においては、誤った情報への感染を防ぐ対策が重要である。まずは、メディアリテラシー教育の強化やデマに関する情報共有などに積極的に取り組み、個人を啓発する必要があるだろう。また、マスメディアの役割も重要だ。新型コロナウイルスのように、新たな脅威が現れても、むやみに人々の不安を煽らないように、冷静な報道が求められる。また、デマが広がった際には、それを訂正するための報道を積極的に行うべきだ。正しい情報を伝えることは、パンデミックの悪影響を抑えることにもつながる。コロナ禍での二つ目の「感染」から学んだ教訓をもとに、私たちは今一度、情報との関わり方を考え直すべきではないだろうか。

（984字）

2.

カシミール地方：

中国の新疆とチベットの西側に接し、南アジアの北西部にある山岳地帯で、牧羊が盛んでカシミアが特産である地域。（53字）

三密：新型コロナ感染拡大の際に、感染予防を目的として、密閉・密集・密接の三つの密を避けることを呼び掛けた日本国内の標語。（57字）

SDGs：気候変動への対策や貧困の撲滅など、2015年に国連総会で採択された持続可能でよりよい世界を目指すための国際目標。（56字）

ジョージ・フロイド：2020年にアメリカで警察官の拘束によって死亡した黒人男性。彼の死をきっかけにブラック・ライブズ・マター運動が広がった。（60字）

首里城：沖縄県の琉球王朝時代の城で、第二次世界大戦中に破壊されたが、沖縄の本土復帰後に復元。2019年に火災に遭い現在再建中。（59字）

トキワ荘：東京都にかつて存在した、手塚治虫や藤子不二雄などの有名なマンガ家が入居していたアパート。ミュージアムとして復元された。（59字）

3.

1. 訓告　2. 簡素化　3. 持続化給付金　4. 鑑定留置　5. 疾患　6. 渡航制限
7. 免疫　8. 貯　9. 縦横無尽　10. 累計
11. ひぼうちゅうしょう　12. ふへんてき　13. ぼくめつ　14. しんさん　15. ま
16. とばく　17. のど　18. あらがう　19. ふところ　20. しんらばんしょう

問題解説

新聞学科の問題は例年このように、１問目は1000字程度の作文、２問目は語句の説明をする形式である。３問目は、漢字の問題である。

出題傾向

「ジャーナリズムに関する基礎的学力試験」という試験名の通り、ジャーナリズムを学ぶ上で必要となる基本的な知識が問われる。作文では、**話題になったニュースに関連する言葉**がテーマとして選ばれることが多い。語句は、話題になったニュースに関するものが出題される。漢字は、**新聞記事やニュースで用いられる語句**が取り上げられる。

解答解説

1.　発想力が必要となる作文問題

設問に細かい指示がなく、テーマも例年、短い単語が与えられるだけというのが、新聞学科の試験の特徴だ。自由に書ける分、どのような切り口で論じるかという発想力が必要となる。さらに、**1000字という長文**なので、どんな展開で何を伝えたいのか、**構成をしっかり考えること**。

「感染」というテーマで、真っ先に思いつくのは「新型コロナウイルスの感染拡大」である。例えば、新型コロナウイルスの拡大に関する事実関係と特定の見解について説明し、それに対して賛否を述べるという内容も考えられるが、それでは、高得点は望めないかもしれない。他の受験生も同じような内容を書く可能性があるからだ。

新型コロナウイルスに関する内容を書くとしても、そこから**関連する話題に発展**させたり、より**大きな視点から考察**したりして書くとよいだろう。例えば、解答例にあるように「感染」を新型コロナウイルスだけでなく、情報と関連づけて論じてもよいし、感染症全般に関連づけて論じてもよい。

POINT!!
普段から話題のニュースの記事をチェックしておこう。特に、面白い視点から意見を述べている記事がないか、意識して探すとよい。作文を書く際の切り口の参考になる。

ウイルスと情報への感染	感染症全般
新型コロナウイルスのパンデミックでは二つの感染が起こった。一つは、ウイルスへの感染であるが、もう一つは誤情報への感染である。……	コロナの感染拡大で感染症に関心を持つ人が増えている。私はこれを機に、感染症に関わる意識が世界的に高まることを望んでいる。アフリカの人々はエイズやマラリアなどの感染症に苦しんできた。……

2.　ニュースに関連する語句の説明

新聞などで話題になったニュースに関連する語句を説明する問題である。試験を作成する時と試験を実施する時には、時間差があるので、**直近1年間で話題になったニュース**を調べておこう。

3.　新聞で頻出する漢字の読み書き

新聞やニュースで用いられる表現が取り上げられる。日頃から新聞記事やニュースを読んでいないと苦戦する問題も多いので注意する。

攻略法

普段から**新聞記事を書き写す**などして、日本語の勉強をするとよい。読み方がわからない単語や、漢字があやふやな語句は、特に練習しておこう。また、何度も出てくる語句は、**キーワードとしてリストアップ**しておくとよい。さらにそれらのキーワードに対して、**自分の考えを箇条書き**でよいのでまとめておくと作文での素材作りにもなる。

解答例

（1）

「構造的暴力」の一例として、ファストファッションにおける搾取構造がある。ファストファッションとは、流行の商品を安く消費者に提供しているビジネスモデルのことを指す。だが、その安さの背景にあるのは、過酷な条件の下、低賃金で働く途上国の労働者の存在だ。途上国の労働者に対する搾取が、ファストファッションを支えているのだ。

筆者によれば、身体に対する暴力よりも、「構造的暴力」が深刻な問題なのは、それが継続的であるからだという。身体に対する暴力は、痛みなどの一時的なものだ。だが、「構造的暴力」の被害は一時的なものではない。ファストファッションの事例でも、その構造を変えない限り、途上国で搾取されている労働者は働けども貧困から脱却できず、自らの手で状況を変えることもできない。つまり、途上国の労働者が搾取される構造は、次の世代にも引き継がれ、被害者は増えていくわけだ。そうした不公平は、紛争の原因ともなりうる。（400字）

（2）

「積極的平和」とは、特定の個人や集団が不利益を被る「構造的暴力」がなくなった状態を指す。「構造的暴力」が維持される背景にあるのは、暴力に対する加害者の無自覚である。構造的な暴力は、直接的な暴力とは異なり、加害者が被害者に暴力を振るっている様子は目に見えない。加害者側は、それが暴力であることに無自覚であることも多い。例えば、日本では、性別役割分業の考えが根強いことで、女性が労働機会の面で不利益を被っている。だが、性別役割分業に賛同する人々は、それによって、誰かが不利になる状況を作り出しているという自覚がないことが多い。不利益を作り出している側に自覚がなければ、改善していこうという機運は生まれないだろう。その結果、「構造的暴力」は残存し、「積極的平和」は実現されない。これが、多くの国で起きていることではないだろうか。「積極的平和」を実現するには、この加害者側の無自覚を変えていく必要がある。

自覚のない人々に気づきを与え、啓蒙できるのが教育である。例えば、ドイツにおける平和教育の実践はその一例である。ドイツは現代史の授業に長い時間を割くそうだ。ナチスドイツ時代のユダヤ人迫害についても、そのような状況に至った過程を含め、詳しく教えるという。こうした教育を通して、学生たちにドイツ人が加害者であったという意識を持つよう促すのである。このドイツの歴史教育が示すように、教育には「構造的暴力」を自覚させる役割が期待できる。ドイツの例は人種差別に関するものであるが、男女差別や障がい者差別、先進国による途上国の搾取など、様々な「構造的暴力」に対しても、応用できるはずだ。

日本でも、様々な形で平和教育は行われていると聞く。だが、それは消極的平和に関する教育に留まっているのではないだろうか。教育は広い意味での平和、つまり、積極的平和を実現する上で大きな役割を果たせると私は考える。（391字）

課題文解説

大意

構造的暴力（特定の個人や集団が不利益を被る構造）がなくなった状態を**積極的平和**という。紛争後は、**積極的平和を目指す**ための新しい**教育**が求められる。また、対立する集団間の**偏見や不信を取り除いていく姿勢も重要**だ。

読み解き

【積極的平和と消極的平和】

積極的平和

構造的暴力がなくなった状態

↓

・特定の個人や集団が不利益を被る構造
・身体的な暴力よりも深刻

消極的平和

戦争がない状態

【紛争後の教育協力】

・積極的平和のための新しい教育や教育制度
・教育権の保障、公平な社会を実現するための権利や責任の概念に関する教育が必要
・信頼関係の修復や強化も重要➡対立する集団間の偏見や不信を取り除く

解答解説

課題文を読み、２つの設問に答えるという問題形式である。

攻略法

2021年度の課題文は短いが、年度によっては、5ページ以上の長文も出題される。問題形式が似ている早稲田大学の小論文Bも解いておくと、練習になる。また、傾向としては**教育関連のテーマが出題されることが多い**ので、日本でよく話題になる教育問題について調べておこう。

調べてみよう

教育格差　大学教育の意義（研究、労働者の育成、教養など）　いじめ問題
ICT教育　電子黒板やタブレットの導入　オンライン授業　日本の英語教育
学力低下　不登校　隠れたカリキュラム

（1）「構造的暴力」が身体に対する暴力よりも深刻な問題になりうる理由及びその具体例

「構造的暴力（特定の個人や集団が不利益を被る構造がある状態）」の方がより深刻な問題だといえるのは、筆者によれば、「**構造的暴力は継続的である**」からだ。自分の知っている具体例を挙げながら、「構造的暴力」が、なぜ断ちがたく、延々と引き継がれてしまうのかを説明すればよい。

構造的暴力の例

先進国による途上国からの搾取　女性の雇用機会の不平等　貧困による教育格差
人種差別
など

（2）「積極的平和」の意味及びその実現に向けて教育や政策が果たしうる役割

「積極的平和」の意味は、課題文中に**「『構造的暴力』がなくなった状態」**という説明がある。「積極的平和」に向けて教育制度や政策、実践が果たしうる役割として考えられるものとしては、例えば次のようなものがある。

「積極的平和」に向けて教育制度や政策、実践が果たしうる役割

「構造的暴力」の自覚を促す　偏見や不信を取り除く　公平な社会の実現のために必要な権利や責任について教える
など

事例としては、自国で行っている平和教育について知っているのであれば、それを取り上げて説明するとよいだろう。解答例のように、平和教育で有名なドイツの教育を取り上げてもよい。

こうした**事例が思い浮かばないという人**は、**意識的に教育関連の新聞記事を読む**ようにしよう。新聞には、教育実践の事例を紹介する記事が数多くある。

解答例

AIを始めとする情報技術の発展によって、プライバシーの問題は、さらなる大きな変化を迎えていると思われる。

もともとプライバシーの問題というのは、私生活だけに関わるものであった。かつては、「宴のあと事件」や「石に泳ぐ魚裁判」のように、主に私生活を暴露されて名誉が毀損されることがプライバシーの問題と見なされていた。だが、昨今は、情報化の進展により、プライバシー問題が影響を与える範囲が広がりつつある。例えば、インターネットを通じた個人情報の漏洩などの問題が注目されるようになり、プライバシー問題は企業などが保有する個人情報の適切な利用や管理に関わる問題にまで発展している。また、共同通信社の特集には、AIセンサーの導入により上司と部下の信頼関係の有無をあぶり出す試みについて書かれており、会話を分析することによって、部下が上司に対してどのような感情を抱いているのかが明らかにされるという。これはもはや人の内面に関わる問題だ。現代の技術がこの領域にまで踏み込めるのなら、それは憲法が保障する思想・良心の自由にも関わってくる。いまやプライバシーの侵害は、私生活や個人情報だけでなく、人間の存在そのものにまで影響を及ぼそうとしている。

このように、現代のプライバシーの侵害が個人の内面にまで及ぶとすれば、日本における現在の法制度では、その侵害から個人の権利を十分に守ることはできない可能性がある。改正されているとはいえ、現在の個人情報保護法は、基本的に2000年代初めの情報技術を前提として作られている。現在の情報技術をもとに、思想・良心の自由を保護するための法整備が必要であろう。

このように現在において、個人のプライバシーのあり方は、情報技術に対して十分な保護を受けていない状態である。情報技術を活用すれば、人の内面にまで権利侵害が及ぶ現状を踏まえた法整備を考える必要がある。

(783字)

課題文解説

大意

職場面談での会話分析、従業員の行動履歴の収集、職場のストレス評価など、**人事管理においてAIが活用**されるようになっている。こうしたAIの活用は、経営者によって**想定外の使い方をされる恐れ**があり、従業員情報の収集について妥当な範囲が社会的に定まっていない現状では、**プライバシー侵害の危険性**がある。

読み解き

AIによる人事管理		
職場面談	履歴収集	ストレス評価
•上司と部下の会話の量、テンポ、声の強弱を解析 →部下と上司の信頼関係の有無を把握	•パソコンの使用履歴、生産・営業担当の行動履歴 →「問題社員」だけでなく、すべての社員を監視	•残業時間、性格、健康診断などを分析 →離職リスクを評価分析 →トラブルが起きる前に改善策を提案 →パワハラ上司などの問題点を把握

経営者が想定外の使い方をする危険性（職場の人間関係や派閥の把握）
従業員情報の収集は妥当な範囲がまだ定まっていない
➡プライバシー侵害の危険性

解答解説

設問で問われているのは、「現代社会におけるプライバシーのあり方」である。「あり方」というのはやや曖昧な言い方で、ここでは「現状」という意味とも取れるし、「あるべき姿」とも取れる。解答は、その両面について言及する形で書くとよいだろう。

プライバシーについて

プライバシーに関する考え方は時代の移り変わりに応じて変化し、本来の意味に加えて、新しい意味も付け加わるようになった。

・本来のプライバシー権の意味：一人で放っておいてもらう権利
　＝私的生活や私事をみだりに公開されない権利
・近年付け加えられたプライバシー権の意味：**自己情報コントロール権**
　＝国家や企業といった情報を保有している主体に、適切な情報の利用や管理などを求める権利

日本の法制度におけるプライバシー権

日本の法制度において、プライバシー権は下記のように扱われている。

・日本国憲法：プライバシー権に関する文言はない
　裁判で、プライバシー権は、憲法に規定される**幸福追求権の一部**として認められている
・プライバシー権に関わる法律：**個人情報保護法**（事業主が不正な方法で個人情報を収集すること、無断で情報を第三者に提供すること、利用目的の範囲を超えて個人情報を取り扱うこと等の禁止）

プライバシーのあり方について

課題文では、人事管理にAIが導入されることで、プライバシーの侵害が起こる危険性が示されている。そこで、**プライバシーの「現状」**については、昔よりも**プライバシー権が侵害される危険性が増している**ということを述べればよいだろう。解答例では、思想・良心の自由の権利まで侵害される可能性もあるという観点で論じたが、企業が保有する個人情報の適切な利用がより大きな課題になるという論点で論じてもよい。そして、「あるべき姿」に関しては、人事管理でAIが活用されるような**情報技術の進展に合わせて、プライバシーに関する法律を整える**ことに言及するとよいだろう。

思想・良心の自由の侵害について論じる場合	個人情報のコントロールについて論じる場合
共同通信社の特集のように、AIによって人間関係まで把握しようとするのは、それが行き過ぎた場合、思想・良心の自由の権利を侵害する可能性もあると考えられる。……	これまで企業が収集する個人情報は、性別、年齢、住所、電話番号といったものに過ぎなかった。しかし、現在はAIやビッグデータを活用することで、より広範な個人情報を取得できるようになってきている。共同通信社の特集にもあるように……

解答例

問1-A

　出身大学の偏差値と年収の間の相関関係から、「偏差値の高い大学に行けば年収が上がる」という因果関係を結論付けることはできない。これだけでは「別の要因が潜んでいる」ことを否定できないからである。偏差値の高い大学に通う学生の両親は、高所得者が多い傾向がある。高所得者は、社会的に様々なコネクションを持っている可能性が高い。となれば、偏差値の高い大学の学生は、その大学の教育の質や知名度ではなく、両親のコネクションによって年収のよい仕事に就けている可能性も十分にある。また、高所得者の子どもは習い事などの大学教育以外の教育機会にも恵まれていることが多いので、それが年収に影響を与えている可能性も否定できない。

（300字）

問1-B

　自然実験の手法を用いて二つの都市の比較を行えばよい。自然実験とは、実験に適切な条件が偶然成立している状況を利用して、因果関係の推定を行う研究手法である。自然実験などの社会科学の実験では、何らかの処理の影響を受けた処理群と、影響を受けていない対照群を比較することで、影響を分析する。今回の事例では、まず、保育園を充実させる政策を実施している都市Ａを探し出す。この都市Ａが処理群に相当する。次いで、同じ文化圏から、子育て世帯数、保育園数、所得レベルが近似しているもう一つの都市Ｂを探す。これが対照群だ。政策実施期の都市Ａと都市Ｂの就業率の変化の違いを比較分析すれば、保育園の政策の影響を測ることができる。

（300字）

問2

　EBPM導入以前の政策形成では、因果関係と相関関係を区別せずに政策立案がなされたり、主観によって現状理解が歪められたりする危険性があった。一方、EBPMはデータを基に因果関係を分析するので、社会の実態に合った政策を実現できる。政策に欠点があっても、データを検証し原因を特定することで、改善策を講じることもできる。また、検証によって、政策の効果を可視化したり、資金や人材を効率的に投じたりすることができる。

（202字）

課題文解説

大意

見かけ上の関係を示す**「相関関係」**と原因・結果の関係を示す**「因果関係」は似て非なるもの**である。相関関係があっても**「別の関係が潜んでいる」**可能性や**「逆の因果関係」**が成立している可能性がある。

読み解き

●右上がりの関係とは？
横軸に保育園の整備状況、縦軸に母親の就業率を取ったグラフの例

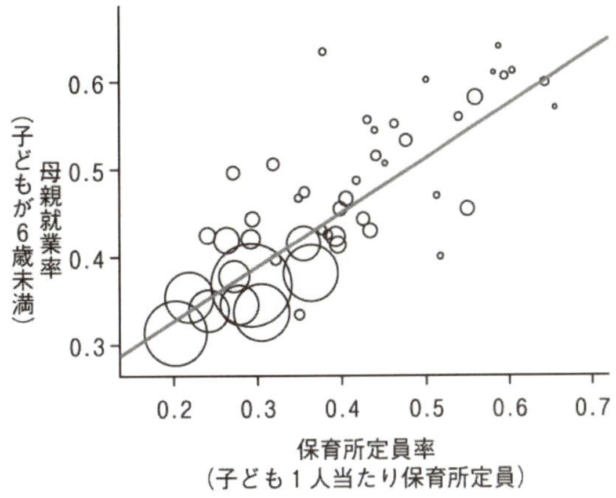

（出所）総務省統計局「国勢調査」2010年より

●「保育園を充実させれば母親の就業は増える」という因果関係が成り立っていると言えるか。
➡成り立っているとは言えない ＝ グラフが示しているのは相関関係である

●相関関係と因果関係は異なる
・「保育園の充実（原因）➡母親の就業（結果）」の関係ではない。
・「別の要因が潜んでいる」可能性や「逆の因果関係」になっている可能性がある。

□相関関係：二つの事柄に「見かけ上の関係」があること
□因果関係：二つの事柄の一方が「原因」で他方が「結果」の関係になっていること

解答解説

POINT!!

問1−Aまたは問2−Bのどちらか1つを選んで解答する選択方式の問題なので、両方の問題に答える必要はない。設問文は注意して読もう。

問1

問１−A　第３段落で「相関関係と因果関係は似て非なるものであり、『**相関関係はあっても、因果関係はない**』状況は頻繁に起こりうる」と述べられているように、相関関係があるからといって因果関係があるとは限らない。というのも、「**別の要因が潜んでいる**」場合や「**逆の因果関係がある**」場合があるからだ。

出身大学の偏差値が大学卒業後の年収に影響するとは考えにくいので、「別の要因」として何があるかを考える。例えば、解答例にもあるように、子どもの**両親の年収や社会階層**が影響しているというのもその一つである。こうした事例を挙げつつ、この相関関係だけでは因果関係があるとは断定できないことを論証する。

問１−B　課題文で書かれている内容を応用して解答を書こう。この設問で求められているのは**「別の要因」や「逆の因果関係」の可能性をできる限り排除した分析方法**だ。例えば、「保育園を充実させる政策を実施した都市を対象にして、政策後の影響を分析する」といった方法では、「別の要因」（政策実施期に景気が良くなって男女ともに就業が増えたなど）の可能性を否定できないので不十分だ。その場合、**政策を実施していない他の都市と比較**する方法が考えられる。

解答例のように、経済学の因果推論（統計的に因果関係を分析する手法）で用いられている自然実験に言及しながら、説明してもよい。

出題傾向

「因果推論」や「自然実験」は、これに関する研究をしていた学者がノーベル経済学賞を受賞したことで、話題になったことがある経済研究だ。ノーベル経済学賞受賞等で話題になった経済研究は、経済学部の試験で取り上げられることがよくある。

調べてみよう

昨年または今年にノーベル経済学賞を受賞した経済学者とその理論について調べてみよう。

問2

EBPMについては本文での言及がないが、設問からその特徴は推測できる。下記がその特徴だ。

設問から読み取れるEBPMの特徴＝データを用いた実証分析である、因果関係の特定ができる

課題文の内容を踏まえると、**「相関関係と因果関係の区別」に関する理解**を示しつつ解答することが求められている。この点については、「相関関係と因果関係の区別」をしないことのデメリットについて言及し、EBPMならそのデメリットを克服できるという内容を書けばよいだろう。これに加え、**「データを用いた実証分析」**や**「因果関係の特定」**という特徴から推測できるメリット（「現状を正確に把握できる」「客観的に判断が下せる」「政策実施後に検証しやすい」など）をいくつか取り上げるとよい。

解答例

1

問1　(A)　諦　(B)　基盤　(C)　課　(D)　負担　(E)　勘定　(F)　委
(G)　対照　(H)　害悪　(I)　創造　(J)　恩恵

問2　A

問3　ここでいう外部性とは、個人や企業といった経済主体が、市場の外部において他の経済主体に与える影響を言う。他の経済主体に良い影響を与える外部経済と、悪い影響を与える外部不経済がある。

問4　市場は、より安い価格やより大きな利益を求める場であるだけでなく、環境問題の解決といった社会的な利益を求める場でもあると考える前提。

問5　D

出題傾向

例年、経営や経済に関するテーマが出題されることが多い。経営や経済分野の用語を知らないと、理解するのに時間がかかる課題文も多いので、関連書籍を読むなどしてそうした用語に慣れておこう。

3

問1　$\alpha=3$　$\beta=3$　$\gamma=3$

問2　物質FEの投入量と効能αの測定値の標本相関係数：$\frac{4}{5}$
物質FEの投入量と効能βの測定値の標本相関係数：0
物質FEの投入量と効能γの測定値の標本相関係数：0

問3　問2の計算結果から、物質FEの投入量と効能αの測定値の標本相関係数は$\frac{4}{5}$、つまり0.8であり、強い相関関係があると言える。効能αに関して物質FEが影響を与える可能性は高いと言える。

一方、物質FEの投入量と効能βの測定値の標本相関係数は0であり、この数値からは相関関係は見られない。であるから、相関関係以外の点に注目すべきであると私は考える。効能βの測定値はα、β、γの三つの中で最も数値のばらつきが大きい。実験の条件の違いなどが、影響を与えている可能性が考えられる。したがって、この数値から物質FEが効能βに影響があるかどうかを断言することは難しい。

　最後に、物質FEの投入量と効能γの測定値の標本相関係数は0であり、この数値からは相関関係がないと言える。ただし、本文で紹介されている標本相関係数では、二つの要素に線形の関係がない限り、相関関係をあぶりだせない。表を見ると効能γの測定値は物質FEの投入量3mgを頂点として上昇し、それ以降は下降している。物質FEと効能γには強い関連性があり、効能γが効果的に得られる投与量が3mgであるという可能性も十分に考えられる。引き続き実験を行い、この点を検証すべきであろう。

（507字）

出題傾向

例年、グラフや表の読み取りの問題が出題されている。統計的なデータの読み方や統計でよく使われる計算式を確認しておこう。

課題文解説

1

　価格メカニズム、外部性（外部経済、外部不経済）はEJUの総合科目の範囲に含まれている。**企業の社会的責任（CSR）**も、日本人向けの政治経済の教科書に載っている内容であり、経済学部の小論文試験ではよく出題されるテーマだ。これらの知識をきちんと整理しておこう。

解答解説

1

問1　(G)**「対照的」**とは、対比する二つの物事の違いが際立っているさまを表す。タイショウには、この他に**「対象（行為の目標）」「対称（つりあい）」**がある。これらを正しく区別して、漢字が書けるようにしておこう。

問2　空所①は、企業に制約（安全の確保や障がい者雇用など）を課す場合にコストがどうなるかを説明している部分である。何かの制約が課されると、その制約を守るためのコストがかかる。であるから、①には「上昇」が入る。コストが上昇すれば、その分だけ利益は減るので、空所②には「減少」が入る。

問3　「外部性」とは、一般に下記のような意味である。

> **外部性**：経済主体（個人・企業など）が市場を通さずに**他の経済主体に影響を与える**こと。他の経済主体に良い影響を与える**外部経済**と、他の経済主体に悪い影響を与える**外部不経済**がある。

第３段落の内容（「企業が本来ならば負担しなくてもよい『社会的費用』を生み出すと、外部性が生じる」）から、**外部不経済**の意味を読み取ることができる。また、「外部性」はEJU総合科目の授業でも学ぶ基礎的な経済用語であるから、知っている受験生も多いだろう。その知識を活用して、答えてもよい。

問4　下線部②の直後の文に、「エネルギーや原材料の無駄、大事故、教育の不備を補う再教育の必要性など、企業に**『内部費用』が生じるのは、社会の害悪や弱点が原因**」とあるのに着目する。社会的な問題が企業にとってのコストにもなるので、社会的ニーズとはそうした社会的な問題の解決に関連するものだと考えられる。

問5　最後から２つ目の段落に「フェア・トレードの目的は……創造された価値全体を拡大するものではなく、主に再配分をするためのもの」とある。

3

問1　定義１で示された標本平均を求める計算式を用いる。

$\alpha:\dfrac{2+1+3+5+4}{5}=\dfrac{15}{5}=3$　　$\beta:\dfrac{5+0+4+2+4}{5}=\dfrac{15}{5}=3$　　$\gamma:\dfrac{1+4+5+4+1}{5}=\dfrac{15}{5}=3$

問2　定義２で示された標本相関係数を求める計算式に、「物質FEの投入量と効能α、β、γ、の測定値」の表の数値を代入する。

$$\alpha:\frac{(2-3)(1-3)+(1-3)(2-3)+(3-3)(3-3)+(5-3)(4-3)+(4-3)(5-3)}{\sqrt{(2-3)^2+(1-3)^2+(3-3)^2+(5-3)^2+(4-3)^2}\sqrt{(1-3)^2+(2-3)^2+(3-3)^2+(4-3)^2+(5-3)^2}}=\frac{2+2+0+2+2}{\sqrt{10}\cdot\sqrt{10}}=\frac{8}{10}=\frac{4}{5}$$

$$\beta:\frac{(5-3)(1-3)+(0-3)(2-3)+(4-3)(3-3)+(2-3)(4-3)+(4-3)(5-3)}{\sqrt{(5-3)^2+(0-3)^2+(4-3)^2+(2-3)^2+(4-3)^2}\sqrt{(1-3)^2+(2-3)^2+(3-3)^2+(4-3)^2+(5-3)^2}}=\frac{-4+3+0-1+2}{4\cdot\sqrt{10}}=0$$

$$\gamma:\frac{(1-3)(1-3)+(4-3)(2-3)+(5-3)(3-3)+(4-3)(4-3)+(1-3)(5-3)}{\sqrt{(1-3)^2+(4-3)^2+(5-3)^2+(4-3)^2+(1-3)^2}\sqrt{(1-3)^2+(2-3)^2+(3-3)^2+(4-3)^2+(5-3)^2}}=\frac{4-1+0+1-4}{\sqrt{14}\cdot\sqrt{10}}=0$$

問3　問2で標本相関係数を計算しているので、まずはこの数値を活用しよう。相関係数は、1.0または－1.0に近いほど相関関係が強いことを示し、0に近いほど相関関係が弱いことを示す。効能αは$\frac{4}{5}$、つまり0.8であるから強い相関関係があることを示し、逆にβとγは0であるからほとんど相関関係がないということになる。この点に関しては必ず述べておこう。

相関関係に加え、効能α、β、γの三つの測定値の特徴に着目して考察するとよい。効能αは物質FEの投与量に比例して増加する傾向があり、効能βは測定値のばらつきが大きい。効能γは数値が上昇した後に下降し山型を描いている。この点から考えられることを説明する。

攻略法

90分という時間で、**異なる種類の大問を三つ**解かなくてはならない。必要な時間は、大問によって異なり、今回の問題では、計算や意見論述がある3に最も時間がかかる。均等に時間配分するのではなく、問題と解答用紙をざっと見て、**時間がかかりそうな問題に長い時間を割く**ようにしよう。

明治大学

出願　前期日程：9月上旬
　　　後期日程：9月中旬～下旬

試験　11月下旬～1月下旬

文系、理系ともに意見論述型の小論文が課される

主な筆記試験の種類

種類	科目	問題形式	時間	備考	難易度	タイプ
文系	小論文 （法学部）	1問 ・意見論述	60分		★★	
	小論文 （政治経済学部）	1問（課題文1つ） ・要約（200字以内） ・意見論述（400字以内）	60分		★★	
	小論文 （情報コミュニケーション学部）	1問（課題文1つ） ・意見論述（800字以内）	60分		★★	
理系	小論文 （理工学部電気電子生命学科）	全3問 ・意見論述	45分		★★	
	小論文 （理工学部機械工学科）	全2問 ・説明、意見論述	45分		★★	
	小論文 （理工学部建築学科）	全1問 ・意見論述	45分		★★	
	小論文 （農学部農学科）	全2問 ・説明、意見論述	60分		★★	

特徴

前期日程と後期日程があり、出願の際に提出できる日本留学試験（EJU）成績が異なる。前期日程は出願する年の第1回（6月）または前年の第1回（6月）、第2回（11月）の計3回のEJU試験のいずれか、後期日程は出願する年の第1回、第2回、前年の第1回、第2回の計4回のうちのいずれかから選ぶことができる。つまり、前期日程の学部では、EJUは出願する年の6月の試験までに良い成績を取らなければならないが、後期日程の学部では出願後の第2回のEJU試験までチャンスがある。

出題傾向分析

【試験科目】文系、理系ともに意見論述型の小論文が課され、特に法学部と理系の学部では学科の領域に関連したテーマが出題される。情報コミュニケーション学部の「小論文」では、従来、長文の課題文はなかったが2020年度の試験では4ページの長文が出題された。また、理系の小論文は45分と時間が短いのも特徴だ。

【出題テーマ】法学部、理工学部、農学部の小論文では専門分野に関連するテーマが出題される。政治経済学部、情報コミュニケーション学部では、国際化、教育、ジェンダーといった、文系学科の小論文試験に多く見られる一般的なテーマが出題される。

【求められる力】課題文がある試験に関しては、論理的な文章を読み解く力が求められる。また、いずれの試験も与えられたテーマに沿って自分の意見を理路整然と伝える文章力が求められる。

【ポイント】情報コミュニケーション学部と政治経済学部の課題文は、新聞や新書を出典としていることが多い。また、理工学部、農学部では、身の回りの出来事やニュースで話題になっているような身近なテーマと、学科の領域を関連付けて考察させる形式の問題が多い。

試験対策

文系の学部を志望する受験生は、新聞記事や新書を普段から読むことが、一般教養や読解力を高める近道となる。こうした一般教養や読解力を身につけつつ、下記のワンポイントアドバイスを参考にして書く練習もしておこう。

理系の学部を志望する受験生は、機械的に理系の知識を覚えるだけでなく、それが身の回りの現象とどのような関わりがあるのかを考え、日本語で説明できるようにしておこう。理系・文系ともに、身近な話題に対して自分なりの考えを持つことが重要で、それを日本語の文章として表現する練習が必要だ。

check!

ワンポイントアドバイス

明治の政治経済学部「小論文」と早稲田の「小論文B」は、形式が類似している。課題文の傾向も似通っていて、問題形式も1問は要約、もう1問は意見論述である。また、明治の情報コミュニケーション学部の「小論文」と上智の法学部法律学科の「小論文」も、課題文に対して800字以内で自分の意見を述べるという形式が似ている。このように、志望する大学の過去問題だけでなく、他大学の類似した問題で書く練習を重ねるのも効果的だ。

本書の情報は編集時点（2022年9月末）のものですが、新型コロナウイルス感染症の拡大防止対策による変更等は反映していません。また、入試情報は毎年見直されますので、必ず各大学のウェブサイトや募集要項等で最新情報を確認してください。

明治大学 2020年度 入試問題概要

法学部【小論文】60分

問　題：日本の法制度と自国の法制度の概要や違いについて書く
課題文：なし

攻略法

本書巻末の第３部を参考にして、法学部でよく出題されるテーマを確認しておこう。

政治経済学部【小論文】60分

問　題：課題文を読み、要約200字、意見400字を書く
課題文：あり

> 内容―教養を構成するものは知識を含め基本的に実体験から得られるものである。だが、実体験だけでは不十分であるので、読書をはじめとした疑似体験も必要である。
> 出典―藤原正彦『国家と教養』新潮新書

check!

類似した問題も CHECK しよう!

早稲田大学小論文Ｂ、中央大学商学部、横浜国立大学経営学部

問題形式が似ているこれらの試験も解いてみよう！

情報コミュニケーション学部【小論文】60分

問　題：課題文を読み、意見800字を書く
課題文：あり

> 内容―大学入学後に待っているのは、正解のない問いに満ちた未知の世界である。大学生には未知を求め、誰も見たことのない知を生み出す知を身に付けてほしい。
> 出典―上野千鶴子「平成31年度東京大学学部入学式祝辞」

check!

類似した問題も CHECK しよう!

上智大学法学部

問題形式が似ているので解いてみよう！

理工学部 電気電子生命学科【小論文】45分

問　題：学科の志望理由と関連する二つの問いに答える
課題文：なし

理工学部 機械工学科【小論文】45分

問　題：問１ 自転車の仕組みについて説明する
　　　　問２ 大学で身に付けたい能力について論じる
課題文：なし

理工学部 建築学科【小論文】45分

問　題：都市化の問題が進行する中で、どのような建築を作っていくべきかを論じる
課題文：なし

理工学部 応用化学科【小論文】45分

問　題：最も注目する化合物を一つ挙げ、それについて自由に論じる
課題文：なし

農学部 農学科【小論文】60分

問　題：問１ SDGsに関して説明する
　　　　問２ SDGsの目標と大学で自分が学ぶことを関連づけて書く
課題文：なし

青山学院大学

出願　8月下旬～9月中旬
試験　11月上旬

各専門領域の基本的な知識を必要とする、学部学科独自試験

主な筆記試験の種類

科目	問題形式	時間	備考	難易度	タイプ
日本語・日本文学（古典を含まない）（文学部日本文学科）	全15問（課題文１つ） ・日本語力（５問前後、漢字・語彙など） ・文学史（２問前後） ・読解（７問前後、要旨把握など） ・意見論述（400字、１問）	60分	文学史を含め文学に関する専門的な知識が問われる	★★	
小論文（日本語）（法学部）	全１問（課題文１つ） ・意見論述	60分	法律に関する専門的な知識が問われる	★★	
小論文（経営学部）	全２問 ・調査結果に関する考察（１問） ・意見論述（１問）	60分	経営と経済に関する専門的な知識が問われる	★★	
小論文（日本語）（総合文化政策学部）	全２問 ・意見論述（２問）	60分	日本文化や文化交流に関する基礎的な理解が問われる	★★	
日本語（作文）（経済学部）	全１問 ・意見論述（800字以上、1000字以内）	60分	「日本語（作文）」とあるが、内容は小論文問題である	★	

特徴

外国人留学生入試で募集する学部のうち、国際政治経済学部、社会情報学部を除くすべての文系学部で筆記試験が課され、大半が小論文型の問題である。小論文は学部・学科別の独自試験であるため、各学部・学科に関連する専門的な知識が必要となるものが多い。例えば、日本語タイプに分類される文学部日本文学科の試験では、日本文学に関する知識が問われる内容が含まれている。

出題傾向分析

【試験科目】 例年、経済学部と経営学部では課題文のない小論文が課され、文学部日本文学科の試験は一般受験の国語のような問題である。2021年度は、法学部では課題文のある小論文が、総合文化政策学部では課題文のない小論文が課されているが、これらの学部は年度によって問題の形式が変わる。

【出題テーマ】 経営学部ならば市場、総合文化政策学部ならば日本文化についてなど、各学部学科の領域の基礎的な知識を問う問題が多い。新型コロナウイルスやヘイトスピーチなど、時事に関するテーマを各学部学科の領域から論じさせる問題が出題されることもある。

【求められる力】 学部学科の学びに関連する専門分野の知識と、その知識を論理的な文章で表現する作文力が求められる。

【ポイント】 それぞれ学部ごとの独自試験で、文学部では学科ごとに試験科目が異なる。例えば、日本文学科であれば日本語や日本文学に関する知識、経営学部であればCSR、法人税、市場といった経営・経済に関する知識が必要となる問題が出題される。各学部学科が求めている知識がどの程度のものなのか、過去問でしっかりと確認しておこう。

試験対策

小論文、作文を書くための文章力と各分野に関する知識を身につけておく必要がある。志望学部の小論文問題で、時間を計って指定の文字数で書く練習をするとよい。小論文のテーマに関する知識を増やすために、日頃から新聞に目を通して情報を得ることは必須だ。特に、経営学部や経済学部は経済に関する記事、法学部は政治に関する記事、総合文化政策学部は社会に関する記事を読んでおこう。記事に出てきたわからない用語は調べて整理しておこう。文学部日本文学科に関しては読解の練習に加え、文学史の基礎的な知識が必要だ。青山学院大学文学部日本文学科が編集した『留学生のための日本文学入門』で勉強するとよい。

check!

ワンポイントアドバイス

通常、他大学ではWEB出願は一度だけだが、青山学院大学は第一次審査を通過すると第二次審査でもWEB出願が必要だ。第二次審査の出願を忘れないように注意しよう。また、第一次審査の結果発表が10月中旬で、第二次審査となる筆記試験が11月上旬と、発表から試験まで1か月もない。さらに、この時期は11月の日本留学試験（EJU）の直前でもあり、非常に慌ただしくなるので、計画的な準備が重要になる。

本書の情報は編集時点（2022年９月末）のものですが、新型コロナウイルス感染症の拡大防止対策による変更等は反映していません。また、入試情報は毎年見直されますので、必ず各大学のウェブサイトや募集要項等で最新情報を確認してください。

2021年度 青山学院大学 文学部 日本文学科【日本語・日本文学】 60分

一　次の文章は日本近代の前衛詩人・北園克衛《きたぞのかつえ》の俳句について論じたものである。これを読んで後の問に答えなさい。

山門に傘ならべあり柿の秋　　　（「風流陣」三十五号、一九四一年）

八十島稔《やそしまみのる》が主宰する句誌「風流陣」に参加して北園克衛が句作をはじめるのは、*橋本平八が死去する直前のことだった。輸入された新興芸術に敏感に反応してきた二十代を過ぎて[1]三十路にさしかかったとき、回帰の視線がまず俳句にむけられたことをほのめかす一文が残されている。

《…俳諧は面白いものだ、と言う気になったのは極最近のことかも知れないのである。先日、ある用件で郷里に帰った時偶然に[2]松尾芭蕉に関する写本を書庫から発見した。その写本のために、今私の芭蕉観が好転しつつあると言うことは、私個人にとっては[3]ゆゆしき大事件に値する》

北園克衛はここで芭蕉の「優雅」を自分たちの「ポエジイ」の認識に重ねることで芭蕉を[4]客観の詩人、すなわち主知的詩人とみなしている。*ミロ、*タンギー、*エリュアールを紹介してきた詩人の関心が芭蕉に飛び火したのだ。

「風流陣」は岩佐東一郎、安藤一郎、近藤東、村野四郎、ときには室生犀星《むろうさいせい》など北園克衛の身近な詩人たちが多く参加していて、ことに八十島稔は*VOU結成からのクラブ員だったから、当初はVOU本来の実験的な詩作を続けるための、補助的な要素を期待していたのだろう。余分なものを削りとり、イメージの重複を許さない句作という行為が、修練として受け止められたのかもしれない。あるいは、ヨーロッパ形式の上で遊んでいた前衛詩に日本固有の要素を折り込むための[5]水分補給として採用された方法であったかもしれない。湿った土着からなるべく離れたところで自分の足元を言葉にするには、俳句のほうが向いているという判断があったのかもしれない。[6]ことばを連ねるほど抽象は色褪《あ》せるものなのだ。またはもっと単純に、海外の文化情報に首までつかって新しいことばのかたちを模索していた北園たちにとっては、俳句という形式や日本という素材が新鮮に映ったのかもしれない。いずれにしろ日本に目を向けはじめたときには、和洋の接点や平行に関する目的＝大義があったはずだ。「風流陣」とは、いってみれば公約数的な目的に合意しながら結成された[7]「裏・VOU」である。

北園克衛の俳句の多くはシンプルな描写で、おかしみや悲哀を詠もうとする俳味が強調されることはほとんどない。表現を鎮静させること、表現しないこと。詩は[8]怖じない表出だったはずだが、俳句については風になびく葦《あし》のようにレジスタンスを持たず、ひたすらにことばに従順であった。

橡《とち》

高僧の山路たどるや春の雨

独居

松も雲も銀一色の団扇《うちわ》かな

散歩

よきほどの[9]風にまかせる萩の原

旅

大淀の時雨《しぐ》れて暗し旅の旅

（四句を集めて「四季」と題する。「鶴」二号、一九三四年）

語も題材もすがたも、浮かび上がる筆の持ち手の心情も、呼吸のように自然で執着がない。ほかの句をどれほど拾ってみても同じこと、事象はおとなしく、一般的な所属のままに扱われて、文人俳句にありがちな強調も、変調も[10]ハチョウもみられない。目立たないように、つぶやくように紡がれたことばの客観的なつらなり——北園克衛の俳句とはそういうものである。

戦時中の北園克衛自身の言を引くと、俳句とは《日本人として誰もが持っている程度の常識の上に立って気随気侭《きままきまま》に十七文字が[11]醸し出すポエジイを愉《たの》しむ》ものであり、自分は《確かに[12]解熱剤として句作している》という。そしてこのようにまとめている。

《自分は俳句に柵や*矢来をもうけて苦しむよりは伝統の上に気楽に寝そべって、あるいは坐って眼に写るものと心に浮かぶものとの交感に耳をすましていたいのである。そこでは新旧巧拙無く、ただ[13]即心流露するのを待つばかりである》

すくなくとも実験詩を遮断していた戦時下においては、修辞を画策する余地がない有限の言語空間が欲求を表出させる場所になり、ストレスとジレンマを軽減させるべく機能していたようだ。一方で俳句という古来の場所を借りて、もう以前のような詩は書いていない、というアピールをほのめかしているということはいうまでもなく、《即心流露するのを待つばかり》という言い方は、批評批判と*検閲双方への拒否にもなっていただろう。

（金澤一志『北園克衛の詩』による）

（注）*橋本平八＝北園克衛の実兄で彫刻家。

*ミロ＝ジョアン・ミロ。スペインの画家で、抽象的表現によって、詩的世界を描くことをめざした。

*タンギー＝レイモンド・ゲオルグ・イヴ・タンギー。フランスの画家で、抽象的な生物世界を描いた。

*エリュアール＝ポール・エリュアール。フランスの詩人で、無意識に光を当て、人間の全体性を回復しようとしたシュルレアリスム（超現実主義）のリーダーの一人。

*ＶＯＵ＝北園克衛らが結成した文学・芸術クラブ。

*矢来＝竹や丸太を縦横に組んで造った囲い。

*検閲＝北園は一九四〇年九月に特高警察から厳しい取り調べを受け、機関紙「ＶＯＵ」を「新技術」に改題している。

問一　傍線部1「三十路」の読みをひらがなで記しなさい。

問二　傍線部2「松尾芭蕉」の作品は、次の俳句のどれか。ア～オの中から一つ選び、記号で答えなさい。

ア　春の海終日《ひねもす》のたりのたりかな

イ　柿食えば鐘が鳴るなり法隆寺

ウ　閑かさや岩にしみ入る蝉の声

エ　大晦日《おおみそか》定めなき世の定めかな

オ　流れ行く大根の葉の早さかな

問三　傍線部3「ゆゆしき」とはここではどのような意味か。次のア～オの中から最適なものを選び、記号で答えなさい。

ア　重大な

イ　不吉な

ウ　嬉しい

エ　夢のような

オ　ゆかいな

問四　傍線部4「客観の詩人、すなわち主知的詩人」とあるが、この文章ではそれはどのような詩人か。次のア～オの中から最適なものを選び、記号で答えなさい。

ア　おかしみと悲哀を詠み、俳味を強調した詩人

イ　余分なものは削りとり、イメージの重複を許さない詩人

ウ　強調だけでなく、変調などを好む文人的な詩人

エ　新しいことばのかたちを模索する前衛詩人

オ　日本の湿った土着に根ざした詩人

問五　傍線部5「水分補給」とはここではどのような意味か。次のア〜オの中から最適なものを選び、記号で答えなさい。

ア　ヨーロッパ的な詩をよりヨーロッパ的にするための補強物

イ　ヨーロッパ的な詩の弱点を日本的なものに置き換える応急措置

ウ　ヨーロッパ的な詩に日本的なものを組み入れるための手助け

エ　ヨーロッパ的な詩に疲れ切った詩人たちの心を励ますエネルギー源

オ　ヨーロッパ的な詩を日本の視点から批判するための有力な武器

問六　傍線部6「ことばを連ねるほど抽象は色褪《あ》せる」とはどのようなことか。次のア〜オの中から最適なものを選び、記号で答えなさい。

ア　ことばを多く用いると、詩の表現が具体的でいろどり豊かなものとなるということ。

イ　説明のことばを尽くすならば、複雑な詩も読む者に理解しやすいよい作品となるということ。

ウ　単純なことばを繰り返し用いている詩は、抽象的であっても難解さが弱まるということ。

エ　ことばを多く用いると、北園らが理想とした詩の抽象性や客観性が失われるということ。

オ　多様なことばによって抽象を突き抜け、北園らがめざした簡素さに行き着くということ。

問七　傍線部7「『裏・VOU』」とはどのようなことか。次のア〜オの中から最適なものを選び、記号で答えなさい。

ア　「風流陣」が密かに俳句をヨーロッパの詩より優越したものにしようとしていたこと。

イ　前衛詩人の八十島や北園が、俳句雑誌を発行することで特高警察の目を欺こうとしたこと。

ウ　前衛詩人の八十島や北園が、俳句雑誌を発行することを本当は恥ずかしいと思っていたこと。

エ　「風流陣」が愛国主義というVOUグループの裏の顔を担うものであったということ。

オ　「風流陣」がヨーロッパの詩に並行するものとして俳句を探究するものであったということ。

問八　傍線部8「怖じない」とはここではどのような意味か。次のア〜オの中から最適なものを選び、記号で答えなさい。

ア　羞恥心がない

イ　知識が乏しい

ウ　劣っている

エ　おそれを知らない

オ　臆病な

問九　傍線部9「風にまかせる」とはこの句でどのような意味か。次のア～オから最適なものを選び、記号で答えなさい。

ア　萩の生長を力強い風が促すこと。

イ　萩がやさしく風の吹くままになびくこと。

ウ　萩が激しい風に吹き飛ばされること。

エ　萩が風に動物の危害から守ってもらうこと。

オ　萩が冷たい風によってしおれてゆくこと。

問十　傍線部10「ハチョウ」を漢字に直しなさい。

問十一　傍線部11「醸し」の漢字の読みをひらがなで記しなさい。

問十二　傍線部12「解熱剤」のここでの意味にあたる語句を、本文中から十字で抜き出しなさい。

問十三　傍線部13「即心流露する」とはここではどのようなことか。次のア～オから最適なものを選び、記号で答えなさい。

ア　誰も理解できない本当の自分の心を表現すること。

イ　誰も立ち入ることのできない強い自我を確立すること。

ウ　自然と一体化した悟りの境地を表現すること。

エ　表現することへの強い決意をはっきりと述べること。

オ　心に浮かんだものを自然にまかせて表現すること。

二　次の(1)～(5)の文学作品の作者を、その後の(ア)～(コ)から選び、記号で答えなさい。

(1)『土佐日記』

(2)『源氏物語』

(3)『方丈記』

(4)『奥の細道』

(5)『伊豆の踊子』

(ア) 川端康成

(イ) 紫式部

(ウ) 松尾芭蕉

(エ) 紀貫之

(オ) 鴨長明

(カ) 和泉式部

(キ) 芥川龍之介

(ク) 西行

(ケ) 本居宣長

(コ) 太宰治

三　日本語は、「コ」（これ、ここ、この等）、「ソ」（それ、そこ、その等）、「ア」（あれ、あそこ、あの等）という三つの系列からなる指示語（指示詞）を持つ言語です。日本語の指示語について、あなたがこれまで日本語を学ぶ上で難しいと思ったり、興味深いと思ったことを、実際に経験した具体的な例を挙げて、四〇〇字以内（句読点を含む）で述べなさい。

➡解答&解説P.111～

二〇二二年度　文学部　日本文学科　外国人留学生

日本語・日本文学（古典を含まない）

解答用紙

合計点

一

問一　三十路

問二

問三

問四

問五

問六

問七

問八

問九

問十　ハチョウ

問十一　醸　し

（裏面に記入しても採点の対象としない）

問十二

問十三

二

（1）

（2）

（3）

（4）

（5）

三

（裏面に記入しても採点の対象としない）

2021年度 青山学院大学 法学部【小論文】 60分

人種差別撤廃条約は、いわゆるヘイトスピーチ（差別的憎悪表現）の禁止を定め、その４条で(a)「人種的優越又は憎悪に基づく思想のあらゆる流布、人種差別の扇動、いかなる人種若しくは皮膚の色若しくは種族的出身を異にする人の集団に対するものであるかを問わずすべての暴力行為又はその行為の扇動及び人種主義に基づく活動に対する資金援助を含むいかなる援助の提供」及び（b)「人種差別を助長し及び扇動する団体及び組織的宣伝活動その他のすべての宣伝活動を違法であるとして禁止するものとし、このような団体又は活動への参加」を法律で処罰することを締約国に義務づけています。日本は人種差別撤廃条約を批准していますが、この４条(a)(b)については、「憲法の保障する集会、結社、表現の自由等を不当に制約することにならないか、文明評論、政治評論等の正当な言論を不当に萎縮させることにならないか、また、これらの概念を刑罰法規の構成要件として用いることについては、刑罰の対象となる行為とそうでないものとの境界がはっきりせず、罪刑法定主義に反することにならないか」といった「憲法上の問題を生じるおそれ」（外務省HP「人種差別撤廃条約Q&A」より）があるとして、留保を付しています（なお、同様の留保を付している国は他にもあります）。

しかし、近年、右派系団体「在特会（在日特権を許さない市民の会)」によるヘイトデモが問題となったことから、2016年に「本邦外出身者に対する不当な差別的言動の解消に向けた取組の推進に関する法律」、いわゆる「ヘイトスピーチ解消法」が施行されましたが、この法律はあくまでも理念法であり、罰則は含まれていません。そこで、たとえば、神奈川県川崎市のように、ヘイトスピーチに対する罰則を定めた条例を制定するなど、独自の動きを行っている自治体もあります。

一方、上述の「在特会」による京都の朝鮮学校に対する攻撃が争われた、いわゆる「在特会事件」では、まず刑事責任について、執行猶予付きではあるが、侮辱罪・威力業務妨害罪・器物損壊罪について有罪判決が下され、さらに民事責任についても、「裁判所は、人種差別撤廃条約上、法律を同条約の定めに適合するように解釈する責務を負う」として、高額の賠償金を課す判決が下されています。

以上のことを踏まえた上で、

１、差別的表現を規制（処罰）することは憲法上許されるか、表現の自由の意義を踏まえながら、合憲か違憲か、論じてください。

２、次に、1の結論を踏まえた上で、差別的表現は罰則を含む法律を制定して規制すべきかどうか、論じてください。

その際、罰則を含む法律を制定して規制すべきであるという立場をとるならば、表現の自由の保障とのバランスをどうとるのか、具体的に論じてください。逆に、罰則を設けるべきではないという立場をとるならば、現行法の枠内で、ヘイトスピーチや人種差別の問題にどう対処すべきか、具体的に論じてください。

➡解答＆解説P. 115～

2021年度 青山学院大学 経営学部【小論文】 60分

問題1

下の表は世界の主要国における2017年の家計消費支出に占めるキャッシュレス決済比率を示したものである。必要に応じて表中のデータに言及しながら、キャッシュレス決済がさまざまな経済主体および社会・経済全般に及ぼすと考えられる影響について論じなさい。また、キャッシュレス決済普及の阻害要因について、あなたの考えを述べなさい。（ちなみに、日本人は平均してクレジットカード２枚以上、デビットカード３枚以上、電子マネー４枚近くを所有している。）

韓国	中国	イギリス	シンガポール	アメリカ合衆国	日本	ドイツ
97.7%	70.2%	56.1%	53.3%	45.5%	21.4%	16.6%

出所：一般社団法人キャッシュレス推進協議会（2020）『キャッシュレスロードマップ 2020』

問題２

新型コロナウイルス（COVID-19）の感染拡大に代表されるような疫病のパンデミック（pandemic）が発生する状況において、消費者が飲食料品や衛生用品、日用雑貨といった生活に不可欠な商品の安定的供給を受け続けるためには、どのような工夫が必要となるだろうか。あなたの考えを述べなさい。

➡解答＆解説 P. 118〜

●解答用紙見本

法学部【小論文】

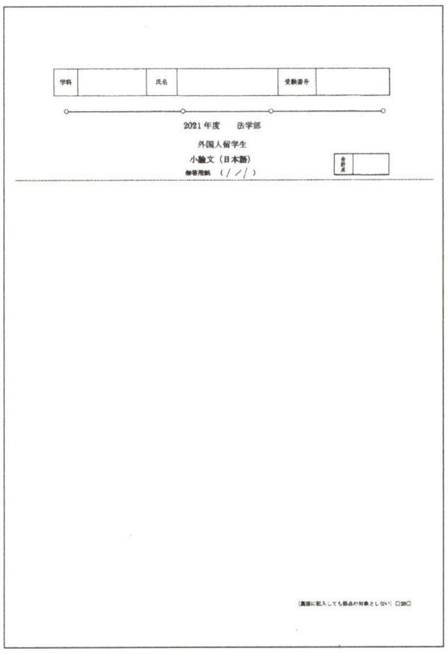

経営学部【小論文】問題1

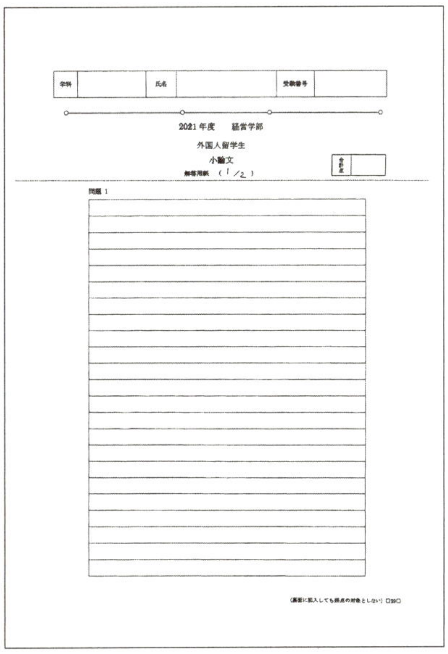

経営学部【小論文】問題2

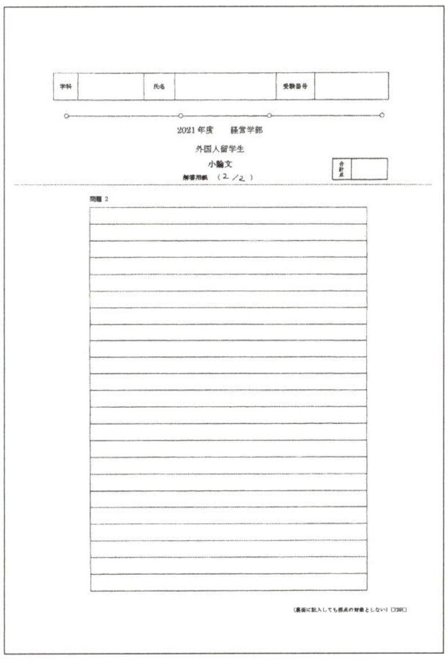

2021年度 青山学院大学 総合文化政策学部【小論文（日本語）】 60分

新型コロナウイルス（COVID-19）に関連する以下の設問の全てに答えて下さい。

設問１：新型コロナウイルスに対して、日本では政府による強制的な規制ではなく、国民が「自《じ》粛《しゅく》」、つまり、自分たちで自分たちの行動を抑制する形で対応をしてきました。なぜ、日本の社会では、国民が政府に強制されずに「自粛」をすることが出来たのでしょうか。その社会的・文化的背景について、自分の国の対応と比較しながら、具体的な事例（an example or a case）を示したうえで、論じて下さい。

設問２：新型コロナウイルスの感染拡大防止で、新しい行動様式・生活様式が求められています。特定の場所に人が集まることが抑制されるなか、従来、文化・芸術政策の目標であった、数多くの人が直接、文化芸術に触れる場と機会を提供することが困難な状況になっています。日本における今後の文化・芸術政策はどのようにすればよいでしょうか。自分が考える実現可能なアイデア（a realizable plan）を提示し、具体的な事例をあげながら論じて下さい。

➡解答＆解説 P. 122〜

2021年度 青山学院大学 経済学部【日本語（作文）】 60分

問題

これからの世界経済は科学技術の発展にともなって大きく変わってゆくと考えられる。変化の潮流のひとつは「デジタル技術の発達」である。そして、もうひとつは資源・エネルギー・環境の制約から必然的に導かれる「循環型社会の実現」である。

このような変化の時代において、経済活動は具体的にどのように変わってゆくか。経済学が果たすべき役割は何か。800字以上、1000字以内で自分の意見を述べよ。

➡解答＆解説 P. 126〜

●解答用紙見本

総合文化政策学部
【小論文（日本語）】

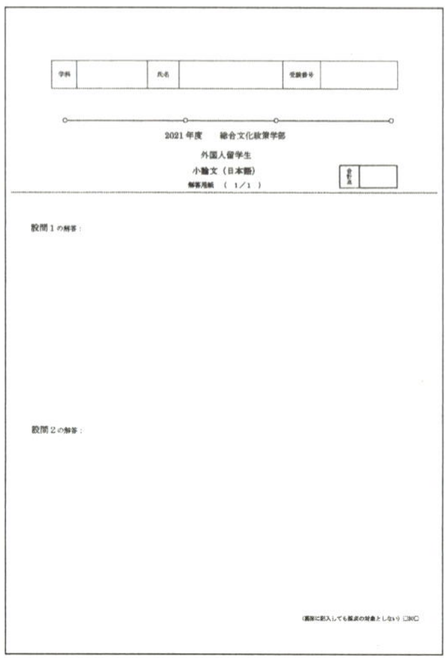
学科　氏名　受験番号
2021年度　総合文化政策学部
外国人留学生
小論文（日本語）
解答用紙　（１／１）
設問１の解答：
設問２の解答：

経済学部
【日本語（作文）】

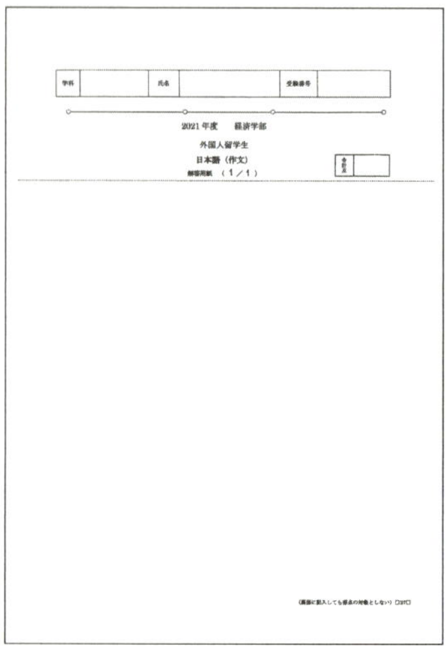
学科　氏名　受験番号
2021年度　経済学部
外国人留学生
日本語（作文）
解答用紙　（１／１）

解答例

一

問一	みそじ	問八	エ
問二	ウ	問九	イ
問三	ア	問十	破調
問四	イ	問十一	かも(し)
問五	ウ	問十二	欲求を表出させる場所
問六	エ	問十三	オ
問七	オ		

二

（1）エ　（2）イ　（3）オ　（4）ウ　（5）ア

三

指示詞には、その場にあるものを示す現場指示の用法と、その場にないものを示す非現場指示の用法がある。私が面白いと思うのは、非現場指示の用法である。特に、「ア」の非現場指示は興味深い。「ア」には、他の指示詞とは異なり、自分も相手も知っている事柄を指し示す用法がある。例えば、「あのお店は美味しかったね」と言うとき、「あの」が指しているのは、その場にあるものやそれまでの話題に出たものではなく、話し手と聞き手が共通に持っている記憶の中にあるものである。これが、「ア」の非現場指示である。

私は日本で2年ほど暮らす中で、非現場指示の「ア」の持つニュアンスに気づくようになった。友人たちが、会話の中で、「あの俳優」「あの曲」「あの店」などと言う時、そこにイメージを共有している感覚が生まれる。私は、この微妙なニュアンスが興味深いと感じる。それと同時に、こうした微妙な違いに日本語の難しさがあると思う。

（394字）

課題文解説

大意

北園は**芭蕉の客観性**と、限られた文字で表現される**俳句の抽象性に共感**を覚え、句誌「風流陣」に参加して句作を始めた。ヨーロッパ形式の前衛詩を主としたVOUに対し、「風流陣」は**日本固有の要素を折り込む**ものであった。北園の俳句は眼に写ったものをそのまま描写する句風であり、自由な表現が許されない戦時下において、**北園のストレスとジレンマを軽減**させるものとして機能した。

読み解き

【北園克衛にとっての「風流陣」】

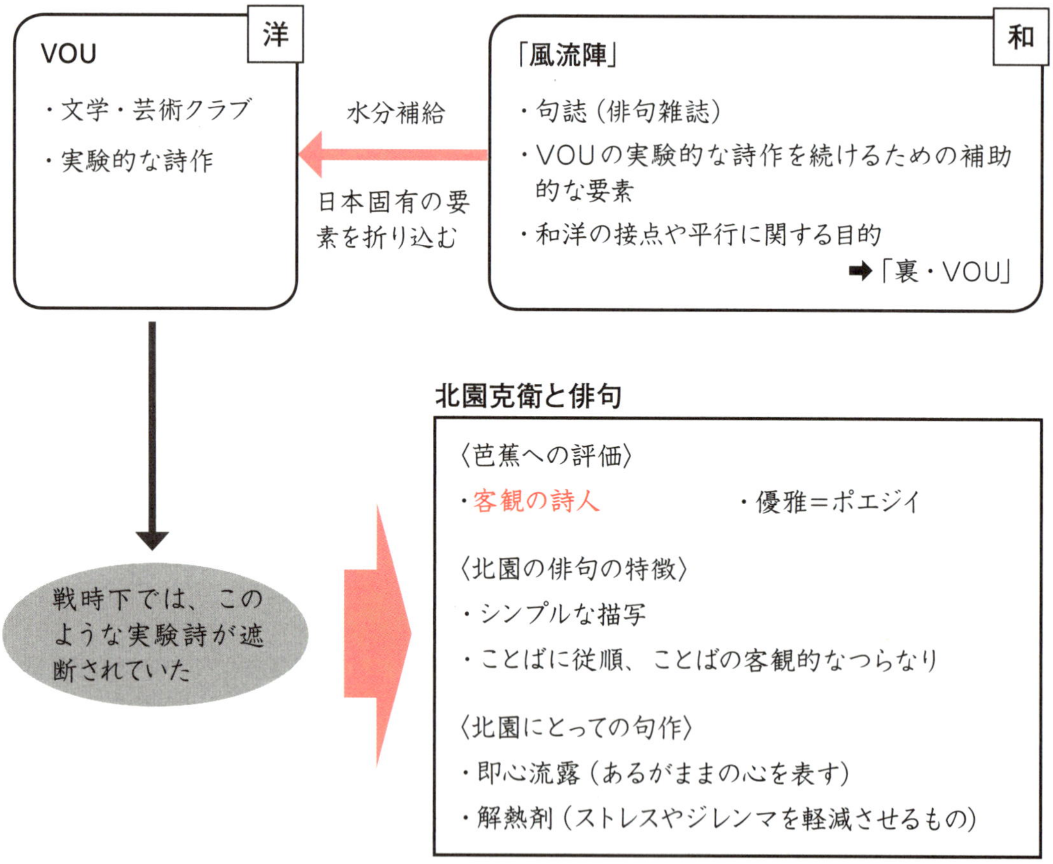

解答解説

一

問一　「三《み》十《そ》路《じ》」は30歳の意。**「路《じ》」は十を単位とする数字に付いてその年齢であることを表す**。

問二　ア＝与謝蕪村　　イ＝正岡子規　　ウ＝松尾芭蕉　　エ＝井原西鶴　　オ＝高浜虚子

問三　「ゆゆしき」は古語「ゆゆし」の連体形。「ゆゆし」は現代語では「ゆゆしい」という形で用いられる。ここでの「ゆゆしい」とは、「重大な事態になりそうなさま」を表す。

問四　ア＝「おかしみと悲哀を詠み」は北園の俳句の特徴と対比的に論じられている内容であり、芭蕉の俳句の特徴とは異なる。　イ＝傍線部の直後の文で、ミロなどの**抽象的な表現で知られる詩人や芸術家への関心**が、「芭蕉に飛び火した」とある。ここから、抽象性という特徴が芭蕉の俳句にもあることがわかる。抽象とは、余分なものを排除して、特定の性質だけをぬき出して把握することである。これと一致するのは、イ「余分なものは削りとり……」である。

ウ＝「強調」や「変調」は文人俳句の特徴であり芭蕉の俳句の特徴ではない。　エ＝芭蕉が前衛詩人であるとは述べられていない。　オ＝「湿った土着からなるべく離れたところ……俳句のほうが向いている」とあり、「湿った土着」と「俳句」は対比的に論じられているので誤り。

問五　ア＝「日本固有の要素を折り込む」とあるので、「よりヨーロッパ的にする」わけではない。　イ＝「ヨーロッパ形式……に日本固有の要素を折り込む」とあり、ヨーロッパ形式の一部が日本的なものに置き換わるとは述べられていない。　ウ＝傍線部**「水分補給」の直前に、「ヨーロッパ形式の……前衛詩に日本固有の要素を折り込むため」とあり**、「ヨーロッパ的な詩に日本的なものを組み入れるための手助け」と合う。　エ＝「ヨーロッパ的な詩に疲れ切った詩人」という内容は本文にない。　オ＝「日本固有の要素を折り込むため」のものであり、「批判するため」のものではない。

問六　ア＝「具体」は「抽象」の対義語で、「いろどり豊か」は「色褪せる」の反対の意味を持つ表現である。　イ＝「抽象は色褪せる」とは、抽象の良さがなくなるという意味なので、作品がよくなるわけではない。　ウ＝「色褪せる」のは「抽象」であり、「難解さ」ではない。

エ＝「ことばを連ねる」とは「多くの言葉を並べて表現する」ということで、**「抽象は色褪せる」とは、「抽象の魅力がなくなる」という意味**。北園は「客観の詩人」である芭蕉に興味をもち、句作が余分なものを削りとった抽象化である点に魅力を感じていたのである。　オ＝北園らが「簡素さ」をめざしていたとは述べられていない。

問七　ア＝和洋の接点や平行に関する目的があったのであって、「優越したものにしよう」としたわけではない。　イ＝(注)に北園は特高警察から厳しい取り調べを受けたとはあるが、俳句雑誌の発行とは関係ない。　ウ＝「恥ずかしいと思っていた」という記述はない。　エ＝該当する内容が本文中にない。　オ＝「裏・VOU」の説明として、「『風流陣』とは……公約数的な目的に合意しながら結成された」とある。また、**「風流陣」の目的に関しては、その前文に「和洋の接点や平行に関する目的＝大義があった」とある**。この内容は、「『風流陣』がヨーロッパの詩に並行するもの……」と合致する。

問八　「怖じる」とは「恐れる」「怖がる」という意味で、それに打消の助動詞「ない」が付いたものが、「怖じない」である。よって意味は、エ「おそれを知らない」。

問九　ここで言う**「まかせる」とは、「なすがままにさせる」という意味**で、「風にまかせる」は「風に抵抗せずに風が吹く方向にしたがって揺れている」状態を示す。イの「なびく」は「風などにしたがって横に傾く」という意味。

問十　俳句について述べている部分なので、**俳句の字余りや字足らずなどを意味する「破調」**が正しい。「ハチョウ」と読む漢字は、他にも「波長」などがある。

問十一　「醸す」は「**かもす**」と読む。「雰囲気などをつくりだす」という意味。

問十二　最終段落にあるように、当時戦時下で表現の自由が制限されており、北園はストレスやジレンマを抱えていた。ここでいう**解熱剤とは、そうしたストレスやジレンマを軽減させるものを比ゆ的に表現**したものである。十字という条件があるので、「ストレスとジレンマを軽減」の直前にある「欲求を表出させる場所」が適切。

問十三　「即心」とはあるがままの心のことで、「流露」とは内面的なものが外に現れること。

二

（1）～（5）　青山学院の日本語・日本文学の試験では、文学史の知識が問われるので、日本文学史の歴史区分と、それぞれ作品をおさえておこう。

各時代の文学作品の一例

文学史的区分	歴史的区分	作品と著者
上代	～奈良時代	大伴家持など『万葉集』
中古	平安時代	**紀貫之『土佐日記』**、清少納言『枕草子』、**紫式部『源氏物語』**、和泉式部『和泉式部日記』
中世	鎌倉・室町・安土桃山時代	**鴨長明『方丈記』**、吉田兼好『徒然草』
近世	江戸時代	**松尾芭蕉『奥の細道』**、井原西鶴『好色一代男』
近代～	明治以降～	夏目漱石『坊っちゃん』、森鷗外『舞姫』、芥川龍之介『羅生門』、太宰治『走れメロス』、**川端康成『伊豆の踊子』**、三島由紀夫『金閣寺』

POINT!!

青山学院大学文学部日本文学科が編集した、『留学生のための日本文学入門』が出版されている。日本の文学史についても学ぶことができるので、この本で勉強するのも一つの手である。

三

日本語の指示語に関して、**自国の言語と比較して**大きな違いがあれば、その違いから来る難しさや面白さについて論じればよいだろう。例えば、日本語の指示詞は、「これ、それ、あれ」の三項対立だが、中国語は二項対立である。中国出身の受験生であれば、こうした違いから来る日本語習得の難しさや面白さについて論じることができる。

解答例

1．私は、差別的な表現を規制することは憲法上許されるべきだと考える。たしかに、差別的な表現の規制は、表現の自由を一部制限することでもある。だが、表現の自由は尊重されるべきであるといっても、差別的な表現がそうであるように、それが他者の人権を侵害する可能性がある以上、無制限に認められるべきではない。表現の自由の意義の一つは、自由な表現を通じた自己実現である。差別表現のように他者の自己実現を妨げるものはその意義と相容れず、尊重されるべき対象ではないと考えられる。憲法でも、国民の権利は「公共の福祉に反しない限り」最大限尊重されると規定されている。差別的な表現は、憲法で保障される権利の範疇の外にあると私は考える。

2．とはいえ、私は差別的な表現を、罰則を含めた法律で制限することには反対である。というのも、まず、罪刑法定主義の観点から見て問題があるからだ。罪刑法定主義とは、刑罰を与えるためには、あらかじめ明確に、法によってその対象となる行為や罰則が規定されていなければならないという原則だ。日本政府も指摘しているように、差別的な表現とそうでない表現の境界は曖昧であり、規制対象となる発言を区別することは困難だ。また、規制対象が曖昧なまま罰則を科すと、表現を過度に委縮させる可能性が高い。罰則なしの法規制が、表現の自由と差別の是正を両立させるうえで、適切な措置ではないかと私は考える。

　こうした立場に対して、現行法に罰則なしのヘイトスピーチ規制を加えたところで、差別的な表現を抑止できるのかと疑問を呈する人もいるだろう。しかし、罰則がなくとも、違法行為であると示すことで、差別的な発言を抑制する効果はある。事実、日本は罰則なしの「ヘイトスピーチ解消法」を制定しているが、制定後、ヘイトスピーチを露骨に行うデモは減少しているように思われる。それに加えて、現行法でも、「在特会事件」の裁判で示されたように、深刻な差別行為に関しては侮辱罪などの法律で罰則を与えることが可能だ。悪質なヘイトスピーチに対しては、ヘイトスピーチ解消法に加え、侮辱罪といった現行法を適用することによって対処していけばよいだろう。

　以上のように、ヘイトスピーチは規制すべきだが、その規制に罰則を設けるべきではないと私は考える。罰則なしの法規制であっても、現行法をうまく活用すれば、ヘイトスピーチを抑制することは十分に可能なのである。

（996字）

字数の指定はないが、60分という試験時間から、800字〜1000字を目安として書くとよい。

課題文解説

大意

日本は**人種差別撤廃条約に批准**しているが、**憲法上の問題が生じる可能性から留保**をつけている。近年は、「在特会」のヘイトデモをきっかけに**「ヘイトスピーチ解消法」が制定**されたり、ヘイトスピーチに対して**刑事罰を科す判決**が出たりもしている。

読み解き

【人種差別撤廃条約について】

人種差別撤廃条約

4条（留保）
(a) 人種差別思想の流布やその援助等を処罰
(b) 人種差別を宣伝する団体の宣伝等を処罰

⇔

日本国憲法

・集会、結社、表現の自由の保障
・罪刑法定主義

↓

憲法上の問題を生じるおそれ
罰則で規制　⇔　表現の自由の保障とのバランスをどう取るか

【近年の動向】

- **「ヘイトスピーチ解消法」**……理念法、罰則無し
- 自治体独自の罰則条例…………神奈川県川崎市などの条例
- 現行法の適用……………………刑事責任＋民事責任

例：在特会によるヘイトデモ⇒侮辱罪、威力業務妨害罪、器物損壊罪＋賠償金

攻略法

今回の問題は、**課題文に解答のヒントとなる内容**（罪刑法定主義、在特会事件への判決など）がいくつも盛り込まれている。課題文を読み込んで、こうしたヒントを見逃さないようにしよう。

また、「人種差別撤廃条約」「表現の自由」「罪刑法定主義」は、全て日本留学試験（EJU）の総合科目で取り扱う内容だ。このように法学部の試験では、**総合科目の政治分野の知識が役に立つ**こともある。試験の前にもう一度、総合科目のテキストなどに目を通しておくのも有効だ。

解答解説

設問では１.「差別的表現を規制（処罰）することは憲法上許されるか」と、２.「差別的表現は罰則を含む法律を制定して規制すべきか」が問われている。

１に関しては、**表現の自由の意義を踏まえながら**論じなければならない点に注意が必要だ。また、２に関しては、罰則を設けるべきだと考える場合には**表現の自由とのバランス**を論じる必要がある。設けるべきでないと考える場合には、**現行法内でヘイトスピーチや人種差別問題にどう対処すべきなのか**について論じる必要があることに注意する。

１．差別的表現を規制することは憲法上許されるか

日本国憲法では第21条で「表現の自由」が保障されている。**差別的表現の規制**は、この**表現の自由に反する**可能性がある。だが、一方で、憲法上で表現の自由は公共の福祉（他者の人権との衝突が起こった際にその調整を行うための原理）によって制限されうるものでもある。したがって、差別表現の規制に賛成する論拠としては、この**公共の福祉を取り上げる**とよい。

また、表現の自由の意義として一般に知られているものは、「**自己実現の価値**」（言論を通じて人格を発展させる自己実現の価値）や「**自己統治の価値**」（言論を通じて政治に参加する価値）がある。こういったものに言及しながら議論を展開するとよい。

２．差別的表現は罰則を含む法律を制定して規制すべきか

罰則を含む法律に賛成する場合は、**罰則があったほうが差別表現への抑制効果が強くなる**可能性を示唆するとよい。この点に関しては、罰則化や厳罰化が行われた結果、一定の効果が見られた法律を例に挙げるとよい。例えば、日本では2007年に飲酒運転への厳罰化がなされ、飲酒運転による事故件数は大幅に減少している。

なお、罰則を設けるべきだという立場を取る場合、**表現の自由とのバランス**を考える必要がある。これに関しては、罰則の対象となる範囲を限定することでバランスを取るという内容を書けばよいだろう。

一方で、罰則を設けるべきでないとする場合は、罰則はなくても抑制効果があることを指摘すればよい。ただし、この立場の場合、現行法でヘイトスピーチや人種差別問題にどう対処するかを論じなければならない。この点に関しては、課題文の中で、**在特会事件で侮辱罪などの法律が適用された**ことが説明されているので、これを論拠にすればよいと考えられる。

罰則を含む法律を制定すべきだとする立場	罰則はなくてもよいとする立場
厳しい罰則がなければヘイトスピーチを十分に規制することはできない。日本では、飲酒運転に対して厳罰化を行った結果、飲酒運転による事故が大幅に減少した。……	罰則はなくとも、日本のヘイトスピーチ解消法は一定の効果を上げている。実際に、かつて行われていたような過激なヘイトスピーチは目立たなくなった。……

解答例

問題 1

キャッシュレス化は、CtoCのビジネスを活発化させる。表中のキャッシュレス決済比率が70%を超える中国では、「淘宝」といった個人間取引が可能なアプリやサイトが広く使われている。こうした個人間取引の広がりは、安い手数料で迅速にお金のやり取りができるキャッシュレス決済の普及によるところが大きい。

また、キャッシュレス化は、企業のコスト削減と効率化を促す。企業にとって、大量の現金の輸送や盗難の防止などにかけるコストは無視することができないものだ。それらの費用を削減できることは企業にとって大きなメリットとなる。

このようにキャッシュレス決済には様々な利点があるが、表中の数値を見る限り、日本やドイツではそれほど進展していない。これらの国々においてキャッシュレス決済の普及を阻害している要因は、高齢化であろう。日本とドイツは、世界的に見て高齢化率が高い国として知られている。高齢者は一般に、保守的な傾向が強い。新しい決済方法が登場しても、使い方が難しいと感じたり、信用できないものと判断したりしてしまう。そのため高齢者が多い国では、キャッシュレス決済という新しい方法は広まりにくいと考えられる。

もう一つの要因として考えられるのが、決済手数料だ。キャッシュレス決済では、店側が手数料を負担する必要がある。この手数料を理由に、キャッシュレス決済を敬遠する店が一定数存在すると考えられる。

（588字）

問題２

パンデミック下で生活必需品の安定供給を確保するには、まず、生産面での工夫が必要だ。新型コロナウイルスの感染拡大によるパンデミックでは、各国の工場の閉鎖、輸出規制、コンテナ不足などが、生産力の低下や国際的な流通の停滞を招いた。特に世界的に需要が高まったマスクは、多数の国で不足する事態に陥った。こうした状況を防ぐためには、国内生産力の強化が重要である。どんな国でも、自国で品不足が起これば、輸出よりも自国への供給を優先する。世界的な危機の中で、最終的に頼れるのは自国の生産力なのである。政府は企業に補助金を出すなどして、国内の生産力を高めるべきだ。

次に、流通面での工夫も必要だ。国際的な流通に関しては、輸入先の多角化を図り、複数の国から輸入できる体制を整えておくべきだ。また、消費者に対しては、転売目的の買い占めなどが起こらないようにする工夫が必要だ。例えば、中国台湾では、マスクの転売を規制したり、在庫情報がリアルタイムでわかるアプリを開発したりして、早期に対策を行い、不正な買い占めを抑止した。こうした例に倣うべきだろう。

最後に、情報発信に関する工夫も必要だ。パンデミックでは不確かな情報が広がりやすい。実際にコロナ禍では、品不足が起こるという誤った情報を信じ、生活必需品を買い漁る人が現れた。そうした行為は、供給に悪影響を与える。政府とファクトチェック機関が連携して、正しい情報の発信と誤った情報の訂正を行うべきである。

（612字）

字数の指定はないが、60分という時間から換算すると、合計で800字～1000字程度が目安になる。したがって、設問１と設問２をそれぞれ400字～500字で書くとよい。ただし、設問１と設問２に、解答用紙が１枚（23行）ずつあるので、時間に余裕がある人は各600字を目標としてもよい。

問題解説

問題１では、キャッシュレス決済の影響と、キャッシュレス決済普及の阻害要因について問われている。「必要に応じて表中のデータに言及しながら」という指示や、「日本人は……クレジットカード２枚以上、デビットカード３枚以上、電子マネー４枚近くを所有」という情報も見逃さず、それらを踏まえて書く。

問題２では、パンデミック下で生活必需品を安定供給するためには、どのような工夫をすればよいかが問われている。なぜパンデミックによって生活必需品の供給が不安定になるのか、その要因についてよく考えてから書こう。

出題傾向

青山学院大学経営学部の試験は、2021年度の問題のように、**経営や経済に関わるテーマが出題される傾向**がある。ただしそれは、今回のように時事問題にからめて出題されることもあれば、そうでないこともある。普段から**経営や経済関係のニュース**に意識的に触れることに加え、参考書籍を読むなどして、時事問題以外の経営や経済に関するテーマについても、きちんと調べておこう。

解答解説

問題１

キャッシュレス決済の影響

キャッシュレス決済の影響については、すでにキャッシュレス決済が広がっている国の状況を論じるとよい。設問に「必要に応じて表中のデータに言及しながら」とあるので、**表中で決済比率の高い韓国や中国の状況について論じる**とよいだろう。

キャッシュレス決済の経済主体への影響

プラス面

・家計：個人間でのお金のやり取りが容易（インターネット上でのオークション・フリマの活発化）
・企業：消費者行動の把握、ポイント還元などによる消費者の囲い込み、現金の輸送・保管などのコストの削減、人件費の削減など
・政府：通貨の流れの把握、脱税の防止、貨幣の発行コストの削減

マイナス面

・決済に手数料がかかる
・災害時に利用できない可能性がある
・国民の負債の増加
・雇用の減少

キャッシュレス決済普及の阻害要因

阻害要因

・決済手数料が事業主の経済的な負担に
・新しいシステムに対する高齢者の抵抗感
・貨幣に対する信頼が高い（偽札が少ないなど）
・セキュリティ面に対する不安

ここで注意してほしいのは、設問中の「日本人は……クレジットカード２枚以上、デビットカード３枚以上、電子マネー４枚近くを所有している」という内容だ。しかし、表を見ると、日本のキャッシュレス決済比率は21.4%と低い。つまりこの問題では、**キャッシュレス決済手段を持っているにもかかわらず、それで決済する人が少ないのはなぜかについて論じる**必要がある。よって、「クレジットカードの契約には審査が必要であり、手間がかかるから」といった、キャッシュレス決済手段を持たないことの理由を述べると、的外れな解答になるので気をつけよう。

問題２

供給が不安定になる要因とは

コロナ禍で供給が不安定になった要因としては、例えば次のようなものがある。

生活必需品の供給が不安定になる要因

・生産に関する要因：ロックダウンによる工場の稼働停止などで生産量が減少
・輸出入に関する要因：商品を移動するためのコンテナ不足、マスクなどに関しては自国での流通を優先したことなどによる輸出の減少
・その他の要因：転売目的による買い占め、不正確な情報による国内流通の混乱

供給の不安定化に対する工夫

上記の「生活必需品の供給が不安定になる要因」と関連づける形で、下記のような工夫について述べるとよいだろう。

安定的供給のための工夫

・国内生産の強化
・転売に対する規制
・輸入先の多角化
・買い占めを誘発するような誤った情報の訂正

POINT!!

上記のような工夫は、ニュースなどでもよく耳にする。現実の社会問題に関する対策について問う問題は、答えのオリジナリティの高さよりも、社会問題に対する基本的な理解を試すものが多い。したがって、独自の対策を述べようとしなくても、一般的な対策の中で、最も説得力が高いと思われるものを自分の言葉でまとめればよい。

解答例

設問１

　コロナ禍で日本は「自粛」によって行動の抑制を促したのに対して、私の母国であるイギリスはロックダウンによる行動規制を行った。両国ともに人の行動を抑制する効果はあった。だが、日本は大きな混乱が見られなかったのに対して、イギリスでは大規模なデモなどの混乱が見られた。

　日本において大きな混乱もなく行動を抑制できたのは、日本特有の社会的・文化的背景があると私は考える。日本人は、普段からルールを守ろうとする意識が強い。例えば、車が走っていない道でも、きちんと赤信号を守って待っている人の姿がいたるところで見られる。私の母国を含め、日本以外の国ではそうした行動は当たり前ではない。日本では、子供の時からルールやマナー、礼儀といったことを厳しく教えると聞く。コロナ禍において、「自粛」だけで行動を抑制できた背景には、ルールを重視する日本の社会的・文化的な背景があるのではないだろうか。

　強制的な抑制を行えば、その分、反発が生まれ、混乱も起こる。強制をせずに、自主的に行動抑制を促すという方法は最善の策であったように私は思う。ただし、それが成功したのは、日本特有の背景によるところも大きい。どの国でも真似できるというものでもないだろう。

(509字)

設問２

　コロナ禍で文化芸術に直接触れる機会が制限される中、必要となる対策は、その場に行かずとも文化芸術を楽しめるようにすることである。ICT技術を活用すれば、それは実現可能だ。もうすでに大勢の表現者によって行われている、リアルタイムで演劇や演奏を配信するという方法もその一例だ。さらに、VRやARがより実用的なものになり、広く普及するようになれば、その場に行かずとも、現実さながらの臨場感で芸術を楽しめるようになるだろう。

　だが、芸術関連の仕事に携わる人は、ICTに詳しい人ばかりではない。そこで、日本において必要となるのが、芸術家や芸術文化施設にICTの知識を提供するための政策だろう。そのために私が有効だと考える政策の一つが、芸術家とICT技術者がつながる場を作ることだ。アメリカでは、ニューヨークの芸術家が多く住む地域で、ICT企業が集まるような町づくりを進めたことで、芸術家とICT技術者との交流が活発化したと聞く。さらにその中で、新たな形のコンテンツビジネスが生まれたそうだ。日本もこうした事例を参考にして、新しい行動様式・生活様式に合わせた芸術文化体験の形を実現するための環境づくりをすべきだ。

(498字)

字数の指定はないが、60分という時間から換算すると、合計で800字〜1000字程度が目安になる。したがって、設問１と設問２をそれぞれ400字〜500字で書くとよいだろう。

問題解説

設問１で主に問われているのは、「日本が政府の強制なしに『自粛』することができた社会的・文化的背景」である。「自分の国の対応との比較」と「具体的な事例」という指示があるので、この２つに必ず言及すること。

設問２で主に問われているのは、「日本における今後の文化・芸術政策について」である。「自分が考える実現可能なアイデア」と「具体的な事例」という指示があるので、この２つに必ず言及すること。

攻略法

青山学院大学の総合文化政策学部の小論文試験は、形式が年度によって異なる。課題文があるときもあれば、ないときもある。設問も今回のように２問のときもあれば、そうでないときもある。したがって、どのような形式で問題が出ても対応できるように、様々な形式の問題を練習しておこう。

テーマは、**文化に関わるものが出題される傾向**があるので、日本の文化、自国の文化、西洋と東洋の文化の違い、文化政策などについて調べておくと試験で役立つはずだ。また、この学部のように文化について研究する学部では、**日本社会や日本人の特徴について論じた日本論**がテーマになることが多い。

調べてみよう

典型的な日本論：タテ社会、ムラ社会、家制度、甘えの構造、恥の文化

こうした日本論について、ステレオタイプにすぎないという批判もある。そうした批判も併せて調べておこう。

Check!

類似した問題もCHECKしよう!

法政大学文学部心理学科、東京大学文科二類

コロナをテーマにした、他大学の問題と解説も確認しておこう。

解答解説

設問 1

「自粛」することができた社会的・文化的背景について

日本や日本人に関しては、**「ルールを守る」「勤勉でまじめ」「和を重んじる」**といった**日本の特徴としてよく挙げられること**に言及しながら議論を展開すればよいだろう。

自分の国の対応との比較

日本は罰則を科さずに、**「自粛」**を促すことで人々の**行動を抑制**した。一方、日本以外の多くの国では、外出を禁止する**ロックダウン政策**を実施し、違反者には罰則を科す形で**強制的に行動を抑制**した。この違いを比較すればよい。

感染拡大に対する対策の例

・日本→**自粛**（政府が国民に、不要不急の外出をしないように要請。違反者には罰則なし。）
・韓国→**社会的距離**（感染状況に応じて段階的に集まる人数を制限。違反者には罰則。）
・アメリカ、中国、イギリス、フランスなど→**ロックダウン**（外出を禁止。違反者には罰則。）

具体的な事例

具体的な事例として、上記で述べた日本の社会的・文化的背景（「ルールを守る」「勤勉でまじめ」「和を重んじる」）に関連するものは、例えば下記のようなものがある。

「ルールを守る」「勤勉でまじめ」「和を重んじる」の具体的な事例

・車が通らないときも赤信号を待つ
・列にきれいに並んで待つ
・店員が携帯電話などを見ずに仕事に専念している
・道にゴミがあまり落ちていない　など

日本の例が思いつかない場合は、自国の例を挙げて、それと日本を比較してもよいだろう。

日本の事例を挙げる場合	自国（日本以外）の事例を挙げる場合
日本の国民が「自粛」によって行動を抑制できたのは、日本特有の社会的・文化的背景がある。日本人は、たとえ罰則がなくても、ルールを守らなければならないという意識が強い。例えば……	日本人は非常にまじめだと思う。例えば、私の国の場合、小売店の店員が就業中にスマートフォンをいじっている姿がよく見られるが、日本ではまずないだろう。……

設問2

日本における今後の文化・芸術政策、実現可能なアイデア、具体的な事例

芸術や文化に直接触れるのが困難な状況において、考えられる政策の一つが、**ICT化の支援**である。ICTを活用した文化芸術の提供方法と、それを実現するための政策について述べるとよいだろう。

ICTを活用した文化芸術の提供方法の例

・リアルタイムでの動画配信
・美術館などによるオンラインツアー
・VRやARの活用

ICTを活用するには、それに関する知識や技術が必要だ。しかし、芸術関連の仕事をしている人は、ICTの知識や技術を持っていないことも多い。したがって、求められるのが、その**知識や技術を提供するための政策**だ。

芸術家などにICTの知識や技術を提供するための政策の例

・ICT技術者と芸術家が集まる町づくり
・ICT技術者と芸術家が集まるコワーキングスペース
・ICT支援員やICTアドバイザー

具体的な事例としては、実際に行われている政策の中で、自分のアイデアと類似したものを挙げるとよい。すでに実施されている政策を例として挙げれば、そのアイデアが実現可能であることを示すことができる。解答例では、アメリカのニューヨークの事例を取り上げたが、日本の例や自国の事例を取り上げて説明してもよい。

ICT技術者と芸術家が交流できる場を作る	ICT支援員を配置する
コロナパンデミックの影響は、いつまで続くのか不透明だ。感染がほとんど収まったとしても、密閉空間に大勢で集まることを避ける人は多いのではないだろうか。したがって、オンラインでも芸術に触れる機会を増やす必要があると私は考える。政府は、芸術のICT化を推進するための支援を行うべきだ。例えば、ICT技術者と芸術家がともに集まれるような空間を作るのはどうだろうか。実際、アメリカのニューヨークにはそのような事例がある。……	ICT技術を活用すれば、離れた場所にある芸術作品を楽しむことができる。だが、芸術に関わる仕事をしている人々の中には、ICTに関する知識やスキルが不足している人も少なくない。したがって、そうした人々のために、ICTに関する適切な助言ができる存在が必要であると考えられる。日本では教育などの分野において、政府がICT支援員を配置している。芸術の分野でもそうした人員を配置するべきであろう。……

解答例

環境悪化や資源の浪費といった問題が意識される前、各国が追い求めていたのはGDPなどの指標によって示される経済的成長だった。だが、20世紀後半から環境問題が国際的に論じられるようになり、21世紀にはSDGsという言葉に象徴されるように、環境やエネルギーが主要な問題として議論されるようになった。このような潮流の中で循環型社会の実現が注目されるようになってきたのである。

こうした時代の変化の中で、経済活動は、経済的な利益と環境保全の両立を目指すものに変わっていくはずだ。その際に大きな役割を果たすのがデジタル技術である。今後、ビッグデータを利用した資源の有効活用や、ブロックチェーンを利用した効率的なリサイクルなどが広がっていけば、環境への悪影響を抑えながら、消費者が求めるようなサービスを効率的に提供できるようになっていくはずだ。

では、こういった時代に経済学が果たすべき役割はなんだろうか。その一つが、環境保全と経済成長の両立の度合いを、指標によって示すことであると私は考えている。これまで世界各国は、GDPという経済指標を手がかりにして、経済成長を進めてきた。GDPという環境に配慮しない指標が基準になったことで、環境破壊が進んだ側面も否定できない。それゆえ、これから必要となるのは、グリーンGDPのような、経済成長だけでなく環境保全を意識した指標だ。環境保全に関わることを数値化するのは非常に困難であるが、国際社会の中で人々が納得できるような形で指標として示すことができれば、その指標を手がかりにして、成長戦略を練ることができる。そうなれば、各国の成長のありようも、より環境保全に沿った形に変わっていくはずだ。あるいは、グリーンGDPほど大げさなものでなくとも、リサイクルや資源の有効活用に関わる指標を示すことは、環境を意識した行動を喚起することに役立つ。こうした新たな指標は、循環型社会における経済活動のあり方や、国家の成長をどう定義づけるかにも大きく関わってくる。その新しい考え方を提示することが、経済学の果たすべき役割ではないだろうか。

（872字）

問題解説

設問では、**「デジタル技術の発達」**と**「循環型社会の実現」**という二つの潮流の中での、経済活動の変化と経済学の役割について問われている。様々な経済活動の変化がある中で、デジタル化と循環型社会が取り上げられているのには何らかの理由があるはずなので、**この二つをどのように関連づけることができるのか**、また、**この二つと経済活動や経済学とはどのような関わりがあるのか**を考えて書こう。

出題傾向

この年度の試験では、経済に関するテーマが出題されているが、青山学院大学の経済学部の試験は、必ずしも経済関連のテーマが出題されるわけではない。これまでには、「高齢化」「東京一極集中」「脳死」「遺伝子組み換え」など、幅広いテーマが出題されている。

解答解説

【デジタル化と循環型社会】

「デジタル化」「循環型社会」「経済活動」「経済学」という4つの要素の関連性を考えよう。その上で、まず、確認しておかなければならないことはデジタル化が経済に与えた影響である。

デジタル化が経済に与えた影響に関して、解答例では、「ビッグデータを利用した資源の有効活用」と「ブロックチェーンを利用した効率的なリサイクル」というサプライチェーンに関わる面について論じている。

ただし、以下のように、「Eコマース」や「紙を使った業務の減少」などについて論じてもよい。

「デジタル化」×「経済活動」　デジタル化が経済に与えた影響

サプライチェーン（流通の流れ）の可視化　ビッグデータやブロックチェーン（取引履歴を改ざんできないように処理したり記録したりする技術）などの情報技術が広く利用されるようになってきている。その結果、商品や素材がどこで作られどのような経路で流通しているのかを記録し、その記録した情報を共有することが容易になった。これにより、商品の製造から廃棄に至るまでの過程の透明性が向上した。また、どこで何が不足しており、それを納品するまでにどの程度の時間がかかるのかも把握しやすくなったため、より効率的な製造や流通が実現できるようになった。

Eコマースの拡大　インターネットが普及したことにより、国境を越えて様々な人や企業がつながりやすくなり、BtoB（企業と企業の取引）やCtoC（消費者と消費者の取引）が増加した。さらにその中で、車や自転車などを複数の人の間で共有したりするシェアリングエコノミーも広がっていった。

紙を使った業務の減少　企業はこれまで契約、勤怠管理、収支管理、在庫管理などに紙を用いてきた。だが、デジタル化の進展によって、紙を使わずとも行えるようになった。

なお、デジタル化と循環型社会との関わりは次のようなものだ。

「デジタル化」×「循環型社会」　デジタル化と循環型社会の関わり

シェアリングエコノミーが普及し、数人で１つのものを共有するようになれば、その分だけ生産を少なくすることができる。他にも、デジタルで流通の流れを把握することで、より効率的な生産が可能になるため、資源やエネルギーの無駄を省くこともできる。さらには、環境に配慮した素材を使っているかどうかや、企業が誠実にリサイクルに取り組んでいるかといった、環境意識の高い消費者が求める情報を提供することもできる。

【経済活動の変化と経済学の役割】

経済活動の変化に関しては、**Eコマースや流通の可視化といったデジタル化と循環型社会の両方に関わる経済現象がさらに進展する**ということを述べればよい。例えば、ビッグデータやブロックチェーンを活用することにより、透明性が高く効率的な経済活動が実現するなどといったことを述べればよいだろう。

では、こうした時代における経済学の役割とは何だろうか。

一つ考えられるのは、**経済と環境を両立させるための指標を示すこと**である。これまでの豊かさの指標であるGDPでは環境に関する側面が反映されておらず、循環型社会の実現を目指す上ではあまり役に立たない。グリーンGDPのような環境意識を反映させた指標を示すことが経済学にできることの一つであろう。

他にも、ビッグデータを活用した計量経済学（経済データを統計的・数学的に分析し、経済理論の立証を行う経済学）的な手法で、環境・資源・エネルギーと経済の関連について分析したり、環境と経済に関わる政策について分析したりすることも、経済学が果たすべき役割の一つであると考えられる。

立教大学

出願　9月下旬～10月上旬（筆記試験による募集）
11月上旬～中旬（書類選考による募集）

試験　11月中旬

筆記試験科目は1種類のみ。総合的な日本語力が問われる

筆記試験および面接による募集制度

種類	科目	問題形式	時間	備考	難易度	タイプ
筆記試験	日本語 （異文化コミュニケーション学部）	全15問（課題文２つ） ・読解（5問　内容説明など） ・日本語力（9問　漢字、語彙、空所補充など） ・意見論述（1問）	90分	「書類選考による募集制度」と併願することが可能	★★	あ

書類選考による募集制度

種類	学部	志望理由書の文字数	備考
書類選考	文学部、経済学部、経営学部、理学部、社会学部、法学部、観光学部、コミュニティ福祉学部、現代心理学部、スポーツウエルネス学部	800字程度	・「筆記試験および面接による募集制度」と「書類選考による募集制度」を併願することが可能 ・「書類選考による募集制度」で２つ以上の学部学科に出願することはできない
	異文化コミュニケーション学部	1600字程度	

特徴

入試制度としては、「筆記試験および面接による募集制度」と「書類選考による募集制度」の２種類がある。筆記試験が課されるのは異文化コミュニケーション学部のみで、それ以外の学部は書類選考である。

出題傾向分析

【試験科目】異文化コミュニケーション学部で課される「日本語」が唯一の筆記試験である。漢字や語彙などの基礎的な日本語力を問う問題の他に、課題文の内容を説明する問題、課題文に関連して意見を述べる問題も含まれる。

【出題テーマ】言語、国際化、教育といった、日本の一般大学受験における小論文、現代文でよく出題される分野が多い。

【求められる力】総合的な日本語力が求められる。論理的な文章を読み解く読解力や漢字力に加え、指示語の内容を説明したり、本文の内容を踏まえて自分の意見を述べたりできる文章力が必要とされる。

【ポイント】文章で答える形の問題が多い。空所補充でも、選択肢がなく自分の言葉で答える問題があり、課題文を理解するという読む能力に加えて、理解したことを表現する能力が必要となる。また、語彙・文法関連の問題としては、漢字の読み書きと接続詞関係のものが多いので、これらに関しても対策をしておこう。

試験対策

日本語力に関しては、日本語能力試験（JLPT）のN2レベルまでの問題集を中心に解き、漢字と接続詞に関する知識を固めておこう。指示語を説明したり、文脈をとらえて意味を説明したりする問題が多いので、文章の主旨を理解したうえで、適切な言葉でまとめる練習が必要だ。

また、意見論述問題の対策としては、筆者の意見に関連づけながら、自分の意見を書く練習をしておくとよい。

check!

ワンポイントアドバイス

異文化コミュニケーション学部は筆記試験と書類選考の2種類があり、併願が可能。例えば、異文化コミュニケーション学部を志望する場合、筆記試験と書類選考の両方に出願すれば2度チャンスがあるわけだ。また、筆記試験と書類選考は併願が可能なので、国際交流に関心がある人なら、観光学部（書類選考）と、異文化コミュニケーション学部（筆記試験）の併願という選択肢も考えられる。

さらに、立教では外国人留学生入試とは別に、「PEACE」「自由選抜入試※」「国際コース選抜入試※」で受験することもできる。　※出願資格事前審査が必要

本書の情報は編集時点（2022年９月末）のものですが、新型コロナウイルス感染症の拡大防止対策による変更等は反映していません。また、入試情報は毎年見直されますので、必ず各大学のウェブサイトや募集要項等で最新情報を確認してください。

入試過去問題

2020年度 立教大学 異文化コミュニケーション学部【日本語】 90分

Ｉ．次の文を読み、下記の設問Ａ～Ｉに答えよ。解答は解答用紙の所定欄にしるせ。

政治というものは、あくまでも「人間」の営みです。たしかに地位・肩書き・地縁・血縁などというものと、ある程度は関係してくるかもしれませんが、それらは人について1)回る人間の一属性であるにすぎません。

政治に2)携わる人間を選ぶ場合、見なければならないのはその①全体像です。極端な話、例えば美男（美女）であるからとか、気前がいいからとかいうだけのことで、その人を選んでは絶対にいけないし、もうそんな方もいらっしゃりはしないとは思うのですが…。

ただ、「②ある国民が持てる政治は、その国の民度に応じた政治である」というようなことが、よく言われます。そうなると、i)さっこんの不甲斐ない政治状況は、あるいは私たち自身の責任でもあるのかもしれません。

それはさておき、政治が人間の営みであるからには、政治家の人間性そのものが3)問われてくることになります。（　イ　）人間は神様ではないのですから、長所もあれば短所もあります。いや普通の場合、短所のii)ひじゅうのほうがずっと大きいのが人間であるとさえ言えるでしょう。③それをどう克服していくかが大切なことであり、もし完璧な人でなければ政治家になってはいけないなどと言ったら、誰も立候補などしなくなるでしょう。（　ロ　）なおかつ立候補する人がいたら、私はiii)ぎゃくに、その人こそ一番立候補してはいけない人だったと思うことでしょう。

つまり政治家はiv)はってん途上の人であっても一向に（　ハ　）と思います。他人に対していばるためや、世間の眼を意識しての肩書きほしさからではなく、自分は政治家になって世の中を良くしたいんだというはっきりした目的意識を持ち、全人格をそれにかけられる人。お金や組織は持っていないが、その情熱と誠意では誰にも負けぬという気概があれば、それでいいのではないでしょうか。

ただ、日本の4)選挙法では、選挙期間に入ってしまうと、立候補者と有権者が一対一で膝と膝を付き合わせ、じっくり話し合うというのがなかなか難しいという5)側面があります。ですから、せっかくの情熱や誠意も相手にv)つたえられたものかどうか、はなはだ心もとないような状況にありました。

最近でこそ、インターネットの普及に伴い、ホームページを開設する政治家が増え、電子メールで意見交換をするというやり方も出てまいりました。けれどもまだ、それほど一般的であるとは言えないのが現状です。

（ツルネン・マルテイ『大丈夫！―洋魂和才の生きる知恵―』より）

Ａ．文中の下線部＿＿1）～5）の読みをひらがなでしるせ。

Ｂ．文中の下線部〰〰ｉ）～ｖ）を漢字でしるせ。

C. 文中の下線部①「全体像」について具体的に述べた箇所を本文中から15字以内で抜き出してしるせ。

D. 文中の下線部②「ある国民が持てる政治は、その国の民度に応じた政治である」とは、どのような考えか。「民度」の意味を明確にしながら、「という考え」で終わる文章で説明せよ。

E. 文中の空所（イ）にあてはまる適当な語句を、次の語群の中から1つ選んでしるせ。

〔語群〕

さて　　したがって　　そこで　　または　　むろん

F. 文中の下線部③「それ」とは何か。具体的に説明せよ。

G. 文中の空所（ロ）にあてはまる適当な語句を、次の語群の中から１つ選んでしるせ。

〔語群〕

一方　　そうやって　　それでも　　たとえ　　たとえば

H. 文中の空所（ハ）にあてはまる適当な語句をしるせ。

I. 本文の内容から、政治家に適した／適さない人について、筆者の考えをそれぞれ説明せよ。

II. 次の文を読み、下記の設問A～Fに答えよ。解答は解答用紙の所定欄にしるせ。

道を歩いていてi)とつぜん、知らない人から「肩が触れた」あるいは「ガンをつけられた」と言いがかりをつけられる――そういう理不尽な出来事が、ときどき新聞やテレビを賑わせる。とんでもなく粗暴な人間か、よほど機嫌でも悪かったのだろうか。だが、それにしては、わりとよく耳にする事例ではある。なぜだろう？

もし自分が1)遭遇してしまったら……と想像してみよう。そんな理不尽な、と思う隣にもうひとりの自分がいて、「あ、しまった……」と感じてはいないだろうか？「しまった」と思うのは、①図らずも何かをしてしまったという直観の表れである。「肩が触れた」なら文字どおりの身体接触、「ガンをつけた」のは（そちらを見たということだから）視覚による間接的な接触であり、つまりは、相手の身体的“なわばり”に自分は触れてしまったのではないか？という自省が「しまった」という思いになる。だとすると、ここには、相手のなわばりに触れることにかんする、人類学的な「タブー」の問題がかかわっていることになる。

満員電車が不快であることの理由も、②ここから説明することができる。満員電車の中では、人は身体的ななわばり（パーソナル・スペース）を確保することができず、身体的な自由もきかない。見知らぬ人どうし、互いに互いのなわばりを侵し合った状態のまま運ばれてゆくことは苦痛であり、そのような状況では、ちょっとした身体の触れ方ひとつで簡単に諍いが起こることを人びとは知っている。満員電車とは、そもそも基本的なタブーを犯すことが2)避けられないような状況なのである。だから、そこでは皆がすこしずつii)きんちょうしている。何の媒介もない近すぎるナマの人間関係は、危険が大きく、人にきんちょうを3)強いる。

ところが一方、互いのなわばりに踏み込み合うことが、不快どころか大きな幸福感をもたらすような人間関係も存在する。恋人同士という関係はその4)典型である。恋人たちは、身体を寄せ合い、触れ合い、また互いを見つめ合い、ロづけをする。互いのなわばりがiii)きょうかいを失って１つに融合しているこの状態が、幸福なのである。もちろん、こうした人間関係は、いくつもの条件が満たされていなければ成立しない――満員電車の中で見知らぬ人に同じことをしたら、それは「痴漢」と呼ばれる犯罪行為になってしまう。しかし人は、自分や相手がiv)きずつくリスクを承知のうえで（たとえば“ふる／ふられる”）、こうした関係を求めようとする。

ここに、③人間関係と“なわばり”のややこしい関係を見てとることができるだろう。人は自分のなわばりを確保しておきたいと思い、他者から踏み込まれたくないと思う。ところが同時に、人は、他者と通じ合い、互いに互いを受容し、２人で１つのなわばりを共有するような関係を持つことを喜びとする。この２つの欲求は基本的に5)相容れず、一方を最大限に満たせば、他方は断念するしかないような関係にある。たとえば、「ひきこもり」と呼ばれる状態は、前者だけを守り、後者を放棄せざるを得なくなった状態のことと見ることができる。他者をきずつけもせず他者からきずつけられることもないかわりに、他者と交わる喜びも訪れない。反対に、時に「パシリ」などと呼ばれ悲劇的なv)けつまつを生んだりするケースは、他者との交わりばかりが肥大して、ついには、他者が踏み込んでこない“自己”を保つ余地がなくなってしまった場合である。

さらにいえば、この欲求は自分だけのものではない。対面する相手もまた、同じ２つの欲求を持っている。欲求と欲求を直接ぶつけ合っても、生じるのは争いだけである。ここに、最も広いいみでの“交渉”が必要となる素地がある。「ポライトネス」とはさしあたり、この“交渉”に欠かすことのできない対人的配慮のことだと言ってよい。何ものにも媒介されないナマの人間関係は、見知らぬ他者との間で持つには近すぎて危険である。ナマの人間関係を回避するために他者を遠ざけることはできるけれども、遠すぎればこんどはたんに疎遠となって人間関係自体が成り立たない。人間関係のそうした不安定を軽減するには、対人関係を調整する媒体が必要なのである。よく知られているように、身振りや表情は非言語的な次元で一定の媒介的機能を果たしている。ことばを持った人間は、同様の働きを言語にも見いだした。そして言語は、人を“近づけつつ遠ざける”という一見奇妙な働きをしながら、対人関係を適度な距離に調節してくれる最大の媒介者となった。④「ポライトネス」とは、言語のもっぱら対人関係の確立や維持・調節にかかわる働きのことである。

（滝浦真人『ポライトネス入門』による）

A. 文中の下線部 1）～5）の読みをひらがなでしるせ。

B. 文中の下線部 i）～v）を漢字でしるせ。

C. 文中の下線部①「図らずも」の意味をしるせ。

D. 文中の下線部②「ここ」とは、どのようなことか。本文の内容を参照しながら具体的に説明せよ。

E. 文中の下線部③「人間関係と“なわばり”のややこしい関係」とは、具体的にどのようなことか。次の文中の空所（ a ）～（ d ）それぞれにできるだけ本文と異なる表現を入れて、ほぼ同じ意味の文を作れ。

人間関係となわばりには（ a ）関係がある。（ b ）ことが、「肩が触れた」「ガンをつけられた」といった言いがかりをつけられる例のように、（ c ）こともあれば、恋人同士が身体を寄せ合ったり見つめ合ったりする例のように、（ d ）こともある。

F. 文中の下線部④「『ポライトネス』とは、言語のもっぱら対人関係の確立や維持・調節にかかわる働きのことである」についてのあなたの理解を、本文の内容をふまえ、日本語またはあなたが使っている言語を例に挙げながら述べよ。あなたが使っている言語を例に挙げるときは、必ず日本語訳を入れよ。

【以下余白】

➡解答＆解説 P. 134～

2020年度　立教大学　異文化コミュニケーション学部【日本語】

解答例

Ⅰ

Ａ．１）まわる　２）たずさわる　３）とわれ　４）せんきょ　５）そくめん

Ｂ．ⅰ）昨今　ⅱ）比重　ⅲ）逆　ⅳ）発展　ⅴ）伝えられた

Ｃ．政治家の人間性そのもの

Ｄ．国家の政治の水準は、その国に住む国民の政治意識の高さや教養によって決まるという考え

Ｅ．むろん

Ｆ．誰しもが持っている短所

Ｇ．それでも

Ｈ．構わない

Ｉ．筆者によれば、政治家に適した人は、社会を改善していきたいという意志を持っており、その目的のためならば全てをかけられる情熱と誠意に溢れた人物である。一方、政治家に適さない人は、権威や肩書きを得るために政治家になろうと考えているような人物である。

Ⅱ

Ａ．１）そうぐう　２）さけられない　３）しいる　４）てんけい
５）あいいれず

Ｂ．ⅰ）突然　ⅱ）緊張　ⅲ）境界　ⅳ）傷つく　ⅴ）結末

Ｃ．思いがけず

Ｄ．肩が触れたり、相手を凝視したりして、他人の身体的な境界に踏み入ることは許されないと感じる意識。

Ｅ．a）（例）複雑な　b）（例）相手の境界に踏み入る
c）（例）人を不快にさせる／争いになる
d）（例）人に喜びを与える／幸せをもたらす

Ｆ．私は、ポライトネスを、適切な対人距離を保つための言語的配慮のことであると理解している。これに関しては、日本語における目上の人へのマナーを考えればわかりやすい。日本語では、目上の人に対しては敬語で話し、直接的な物言いも控える。例えば、先生に対して、「昼食べた？」という近しい人に使う表現は使わないし、「先生は頭がいいですね」という相手を評価するようなことも言わない。こうした表現は、目上の人のなわばりに踏む込む表現となり、不快感を与える可能性があるからだ。そのため、日本語では相手を慮り、「お昼は召し上がりましたか」という敬意を込めた表現を使ったり、人を評価するような表現を避けたりする。このように、相手との適当な距離感を保ち、良好な関係を築く配慮こそがポライトネスであると思う。

課題文解説

I

大意

政治は「人間」の営みであり、**政治家の人間性そのもの**が問われる。政治家は発展途上の人であってもよいが、**世の中を良くしたいという目的意識**を持ち、それに全人格をかけられる人物が望ましい。

読み解き

政治＝「人間」の営み

政治家を選ぶとき
⇒全体像（人間性そのもの）を見なくてはならない

人間
長所・短所の両面がある
短所の方が大きい
⇒短所をどう克服するかが重要

〈人間の一属性に過ぎないもの〉
・地位、肩書、地縁、血縁
・美男・美女
・気前がいい

政治家に適した人物	政治家に適さない人物
・発展途上であっても良い ・世の中を良くしたいという目的意識を持ち、そのために全てをかけられる人 ⇒情熱と誠意では負けないという気概	・他人にいばりたい ・政治家の肩書きがほしい

解答解説

I

A．　2）「携」の訓読みは「たずさ（わる）、たずさ（える）」、音読みは「ケイ」。ここでの「携わる」とは、仕事として関わるという意味。

B．　i）「昨今《さっこん》」は、このごろ、最近という意味。　　iii）「逆」の漢字は、つくりの部分を正確に書けるようにしておこう。

C．　第一段落で、「政治というものは……『人間』の営みです」とあり、その文脈で第二段落の「政治に携わる人間を選ぶ場合、見なければならないのはその全体像」という下線部の内容に続いている。この第一、第二段落の内容を言い換えているのが、第四段落の冒頭である。第四段落では、「政治が人間の営みであるからには」という第一段落と同じ内容を繰り返した後で、「政治家の人間性そのものが問われてくる」とあり、ここが第二段落の「見なければならないのはその全体像」の言い換えになっている。

D．「民度」とは、「国民の程度」「国民のレベル」のことで、具体的には国民の政治意識や知的水準、文化の成熟度などが含まれる。直後の文に「不甲斐ない政治状況は……私たち自身の責任でもある」とあるように、政治の善し悪しは、国民に左右されることがわかる。つまり、**「民度」が高ければ政治のレベルも高く、民度が低ければ政治のレベルも低い**ということである。

E．　空所直後の文では、「人間は神様ではない」や「長所もあれば短所もあり」といった当然の事実が述べられているので、空所には**当然を表す「むろん」**が入る。

F．「それ」の後で「どう克服していくか」と続くので、「それ」が指すのは克服しなければならないものである。前文で克服する対象となるものを探すと、人間の「短所」であることがわかる。

G．　直前の文に「誰も立候補などしなくなるでしょう」とあり、空所の後で「なおかつ立候補する人がいたら」と続くので、**前に述べた内容と反する内容が続くことを示す「それでも」**が入る。

H．「一向に」という副詞表現は「一向に～ない」という形で用いる。したがって、空所ハは「～ない」という形の言葉が入る。文脈から考えて「発展途上の人であってもよい」という内容になるので「構わない」が適切。

I．　政治家の適性については、「つまり政治家は……」で始まる第五段落に述べられている「他人に対していばる……肩書きほしさからではなく」とあり、ここが政治家に適さない人に関する記述。一方、「政治家になって世の中を良くしたい……目的意識……全人格をそれにかけられる」「情熱と誠意では誰にも負けぬ」といった内容が、政治家に適した人に関する記述である。

Check!

類似した問題も CHECK しよう!

一橋大学　日本語

立教大学異文化コミュニケーション学部の試験は、例年、文章で答える形式の問題が出題される。このような形式の問題は、一橋大学でも出題されているので、練習として取り組むとよい。

課題文解説

Ⅱ

大意

人間は**自分のなわばりに他者を入れたくない**という欲求を持つと同時に、**誰かとなわばりを共有したい**という欲求を持つ。相手も同様にこうした**二つの欲求**を持っている。こうした欲求をぶつけ合っても争いが生まれるだけなので、そこには交渉が必要だ。「**ポライトネス**」とはこの交渉の際に必要となる**対人的な配慮**のことである。

読み解き

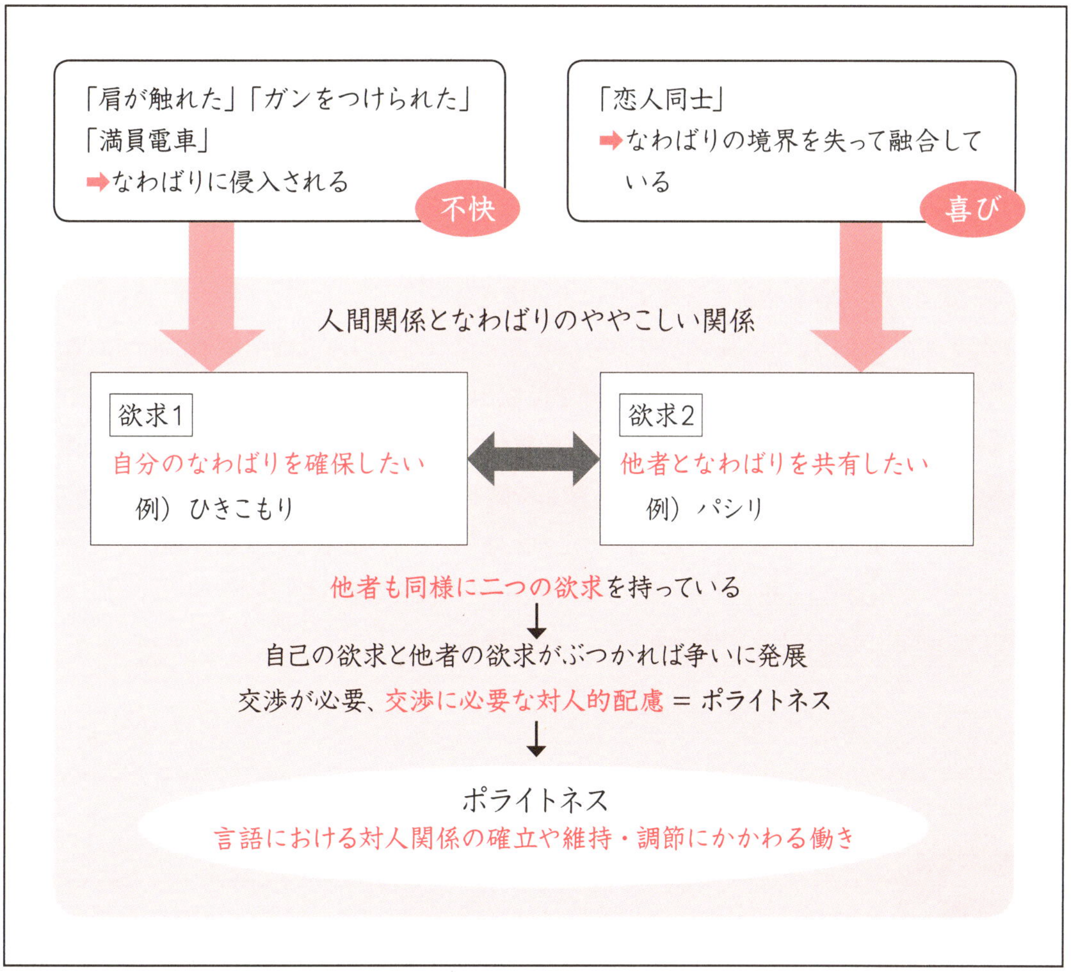

解答解説

Ⅱ

A．5）「相容れず」とは、二つの事柄が両立しないという意味。

B．v）「結末」の「末」は、「未」にならないように上の線を長く書くことに注意。

C．「図らずも」は、「思いがけず」または「意外にも」という意味。

D．二重下線部「ここ」が指示しているのは「相手のなわばりに触れることにかんする、人類学的な『タブー』の問題」である。「相手のなわばりに触れる」とは、「**相手の境界に踏み入る**」ということである。さらに、「タブー」とは、「してはいけないこと」である。第二段落では、その具体例として、「肩が触れた」「ガンをつけた（凝視する）」が挙げられている。

E．a）人間関係となわばりはややこしい関係にあるので、「ややこしい」が入るが、「本文と異なる表現」と指定されているので、「**複雑な**」「込み入った」などと言い換える。

b）例として、「肩が触れた」「ガンをつけられた」が挙げられているので、空所には「相手のなわばりに触れる」といった内容が入ると判断し、本文とは異なる表現に言い換える。

c）「肩が触れた」「ガンをつけられた」という言いがかりは、「苦痛」であったり、「不快」であったり、「諍い」を招いたりするので、これらの内容を空所に合うように言い換える。

d）恋人同士が身を寄せ合うような、**なわばりを共有する関係は、喜びや幸福をもたらす**とあるので、これらの内容を空所に合うように言い換える。

F．「ポライトネス」とは、**他者との適切な距離を保つための言語的配慮**のことである。人間には二つの相反する欲求（他者と一定の距離を保ちたい欲求、他者と深く関わりたい欲求）があるが、人間は様々な場面に応じてそれらの欲求に配慮してコミュニケーションを取っている。この配慮がポライトネスなのである。例えば、日本語では、敬語や婉曲的な表現を用いることで、相手と一定の距離を作ることができる。こうした表現は、他者と一定の距離を保ちたい欲求への配慮であり、「ポライトネス」の一種だと言える。逆に、相手を褒めることで、相手との距離を縮めることができる。これは、他者と深く関わりたい欲求に配慮した「ポライトネス」の一種である。

攻略法

小論文型または作文型の問題が最後に出題されることが多いので注意！　最後の記述問題で時間が足りなくならないよう、まずは問題全体をざっと見渡して、**時間配分を考えて**から取り組もう。

中央大学

出願 10月下旬～11月上旬
(法学部、商学部A方式、国際経営学部)
11月中旬
(経済学部、商学部B方式、理工学部、文学部、総合政策学部)

試験 12月上旬～１月中旬

小論文は意見論述型。出題形式は例年変わらず

主な筆記試験の種類

科目	問題形式	時間	備考	難易度	タイプ
小論文 (商学部A方式)	全2問（課題文あり） ・要約（150字～200字） ・意見論述（600字以内）	90分	B方式は書類選考のみ	★★	
小論文 (総合政策学部)	全1問（２つの質問のうち、どちらか１つを選択） ・意見論述（1000字程度）	60分		★★	

※例年、商学部A方式、総合政策学部の試験で小論文が課されていたが、新型コロナウイルス感染症拡大の影響により、2023年度の試験では商学部A方式の小論文は実施されず、代わりに「事前課題（志望理由・学習計画書）」を提出、総合政策学部の小論文はオンラインでの試験となった。

特徴

商学部には、A方式とB方式という二つの試験方式があり、筆記試験があるのはA方式の方である。B方式は書類選考のみだが、その分、日本留学試験（EJU）の必要科目が増える。A方式で求められるEJUの成績は「日本語」１科目だけだが、B方式は「日本語」「総合科目」「数学」の３科目である。

出題傾向分析

【試験科目】商学部の「小論文」は、課題文の要約と意見論述。総合政策学部の「小論文」は、EJUの「日本語」の「記述問題」のように、2つある質問のうち1問を選択し、意見論述を行う。これらの出題形式は例年変わらない。

【出題テーマ】商学部の「小論文」は経済や経営に関するテーマが出題される。総合政策学部の「小論文」は環境問題、情報化、教育など、さまざまな分野から出題される。

【求められる力】商学部に関しては、論理的な文章を理解する読解力と理路整然とした文章を書くための作文力が求められる。総合政策学部に関しては、字数が1000字程度と長いので、長文を書くための構成力も必要とされる。

【ポイント】商学部の課題文は、経済の基本知識がないと理解が難しい課題文が多いので、普段から経済関連の社説を読み、わからない用語があれば調べるという習慣を身につけるとよいだろう。総合政策学部は、二つの質問から一つ選べるので、過去問の傾向を参考に、いくつかのテーマに関して詳しく調べておくと、試験本番でその知識が役に立つ可能性が高い。

試験対策

商学部は、経済関連の新聞記事が課題文となることが多いので、普段から経済関連の記事を読み、論述の練習をしておこう。総合政策学部志望の人は、1000字程度の長文を書く問題をやるなどして、制限時間内に書けるようにしておくこと。EJUの記述問題を1000字で書くことも良い練習になる。

check!

ワンポイントアドバイス

例年、経済学部A方式、商学部A方式、国際経営学部では英語試験が課される。これらの学部を受験する人は、英語の試験対策にも力を入れよう。国際経営学部では、面接も日本語と英語の両方で行われるので、スピーキング力も必要だ。

ただし、2021年度以降は新型コロナウイルス感染拡大の影響で、英語試験の実施方法に変更があった。経済学部A方式の英語試験は実施されず、商学部A方式はオンラインで実施されている。今後、例年通りの試験方法に戻る可能性もあるので、最新の募集要項で詳細を確認しておこう。

本書の情報は編集時点（2022年９月末）のものですが、新型コロナウイルス感染症の拡大防止対策による変更等は反映していません。また、入試情報は毎年見直されますので、必ず各大学のウェブサイトや募集要項等で最新情報を確認してください。

2020年度 中央大学 商学部（A方式）【小論文】 90分

次の文章を読み、設問に答えなさい（解答はすべて解答用紙に記入すること）。

社説　社会人が学び続ける環境整備急げ

人工知能（AI）やロボットの普及で懸念されるのが雇用への影響だ。銀行などでは事務作業の自動化が急速に進む。経済協力開発機構（OECD）は５割近い仕事がデジタル化で消滅するか中身が大幅に変わると予測する。

半導体技術の進歩による1980年代のマイクロエレクトロニクス（ME）革命でも、産業構造の転換に伴う雇用の減少を心配する声は多かった。

職業訓練を立て直せ

このとき多くの日本企業は、社内で職種転換を進めて雇用をほぼ守った。第４次産業革命といわれる現在の変化も、人が仕事の幅を広げる能力開発がカギを握る。

とはいえME革命とは異なる点もある。技術革新が加速度的で、競争環境の変化が速いことだ。

この先どんな能力を持った人材が必要になるか、企業は見通すのが難しくなった。必要な人材を必要なときに外部から採る動きの広がりは、その表れだ。日本では社会人の能力開発を主に企業が担ってきたが、その役割をこれまでのようには期待できない。

求められるのは人が能動的に新しい知識や技能を学び続けるための環境づくりだ。先行きの不確実性から日本的な雇用保障は揺らいでおり、自己責任による能力開発は重要性が増している。

国や自治体による職業訓練の質向上など、社会人の能力開発支援の充実を急がなければならない。企業と雇用契約を結ばずフリーランスで働く人の技能向上を後押しすることにもつながる。

先進国の職業訓練には参考になる例がある。たとえばスウェーデンの「ユルケスホーグスコーラ」という高等訓練制度だ。

政府と企業の労使が協力し、人手が足りない職種や人材の需要が伸びる分野を見極め、訓練全体のメニューを決める。不要になったコースは廃止をためらわない。

期間は２年で１年目は大学や専門学校での座学、２年目を企業実習に充てる。AI技術者の養成ならAIに強いIT（情報技術）企業で働き、実践的な力を養う。

「産業界、行政、教育機関の連携が訓練を効果的にしている」と日本総合研究所の山田久主席研究員は評価する。とりわけ、企業ニーズを踏まえて内容を更新している点は、日本も学ぶべきだ。

日本の公共職業訓練は炭鉱労働者の再就職対策として始まり、内容はものづくりが中心だ。企業が体系的なカリキュラムづくりに加われる仕組みを考えてはどうか。データ分析、情報セキュリティーなどIT分野の訓練をもっと拡充すべきだ。お金をかける前に知恵を絞る余地は小さくない。

ドイツも第4次産業革命下の労働政策では職業訓練を重視する。労働政策研究・研修機構の山本陽大副主任研究員によれば「法改正などを通じて職業訓練政策を充実させる動きが進み始めている」。そのひとつが訓練を受ける時間を確保しやすくしたことだ。

2018年12月にパートタイム・有期労働契約法を改正し、フルタイムで働く人が一定期間、パートに移って労働時間を短縮できるようにした。期間が終わればフルタイム勤務に復帰できる。個人が働き方を選べる制度に改め、能力開発の機会を広げた。

労働市場改革も重要に

日本も在職者が職業訓練を受けやすくする工夫が要る。裁量労働制の対象業務拡大など柔軟な働き方を普及させる規制改革が求められる。自宅や出先で学べるオンライン講座を設けるべきだ。

大学の役割も増す。明治大学や日本女子大学は再就職をめざす女性向けにITの活用能力などを高めるコースを開設している。企業人を講師に起用するなど実践的な力がつく社会人講座が大学に広がることを期待したい。

新たな技能を身につけることで収入が上がれば学ぶ意欲がさらにわく。山本氏によれば、ドイツでは「新しい職業資格の取得によって賃金が上がる」。これに対し日本は技能の習得が賃金上昇につながるとは限らない。「流動性の高い労働市場の整備を進め、仕事を移ることで賃金が上がるようにすることも求められる」。

人が職を移ることで待遇を上げられる環境が、能力開発を促すためにも必要だ。民間の人材サービスを活用して職業紹介を受けやすくするなどの規制改革も、政府の重要な役割である。

（社説　社会人が学び続ける環境整備急げ　日本経済新聞2019年８月22日）

問１　この社説が主張する日本政府がすべき三つのことは何か。150字以上200字以内でまとめなさい。（40点）

問２　この社説についてのあなたの意見とその理由を600字以内で論述しなさい。（60点）

➡解答＆解説P. 143～

2021年度 中央大学 総合政策学部【小論文】 60分

問題　以下の問題文のうち一つを選び、1000字程度で解答してください。

（オンラインによる小論文試験）

１.

現在、グローバル化によってボーダーレスな世界が築かれようとしています。しかし一方で、その動きに対抗するような自国中心主義的勢力も拡大しています。このことを踏まえて、「なぜ今の世界で自国中心主義的な勢力が台頭しているのか」について考察した上で、「これから世界がどう変化していくと思われるのか」について具体的な事例を示しながら論じなさい。

２.

新型コロナウイルスの感染拡大により、人の移動に様々な制約が生じています。あなたの国における感染症対策における人の移動の制限についてまとめた上で、さらにどのような施策を講ずることで人の移動を活性化しつつ、感染症対策を維持することができるかについて具体的な例を示しながら論じなさい。

➡解答＆解説P. 146～

解答例

問1.

第一に、職業訓練のカリキュラム作成に企業が参加できるようにし、IT分野の訓練の拡充といった企業のニーズを踏まえた内容にして、職業訓練の質を向上すべきだ。第二に、在職者も職業訓練を受けられるように、裁量労働制の対象業務を拡大するなどの規制改革により、柔軟な働き方を普及させるべきだ。第三に、民間の人材サービスを活用することにより、職業紹介を受けやすくして転職することで待遇が向上する環境を整えるべきだ。

(200字)

問2

筆者は、デジタル化の発展に対応するために、社会人の能力開発の仕組みを整備すべきだと主張している。私も筆者の意見に賛成だ。ただし、この政策だけでは不十分である。

日本だけでなく世界各国で、AIやロボット技術の向上による失業率の上昇が心配されている。こうした状況に対して、アメリカやカナダといった先進各国で検討されているのが、ベーシックインカムや負の所得税といった申請なしに給付が受けられる新たな社会福祉政策の導入だ。筆者の述べている能力開発に関わる政策ももちろん必要だ。だが、能力開発の政策は長期的に有効な政策であり、失業率の上昇に対して即効性のある政策とは言えない。筆者も言及しているように、ME革命のときよりも急速に状況が進行している以上、長期的な効果が見込まれる政策に加えて即座に効果が出る政策が必要であり、そうした政策こそが各国が検討している社会福祉政策なのだ。

日本は、公的扶助の捕捉率が低いと言われている。この状況で失業率が上昇すると、最低限度の生活も保障されない状況に陥る人々が急増することになる。それは、日本社会の安定性を損なうことにもつながるだろう。社会福祉政策によって急増する失業者の生活を保障しつつ、新しい社会に必要な人材を育てる。そうした短期と長期の両輪の政策が必要であると私は考える。

(552字)

課題文解説

大意

デジタル化によって**多くの仕事が消滅するあるいは大きく変化する**ことが予測されている。人が能動的に新しい**知識や技能を身につけるための環境を整備**し、仕事の幅を広げるための**能力開発を促す**べきだ。

読み解き

【現状】

技術革新が雇用を減少させるという懸念

現代(第4次産業革命)　デジタル化 ←→ 1980年代(ME革命)　半導体技術

〔懸念〕5割近くの仕事が消滅、大幅に変化
〔対策〕仕事の幅を広げる<u>能力開発</u>が必要
▼
(従来)企業が担当
(今後)自己責任←変化が速く先行きが不確実、日本的な雇用保障の揺らぎ

〔懸念〕産業構造変化による雇用の減少
〔対策〕社内での職種転換
⇒雇用をほぼ守った

【社説の主張】

人が能動的に知識や技能を学び続ける環境づくりが重要

●国や自治体による職業訓練の質の向上
⇒職業訓練のカリキュラムづくりに企業が参加できる仕組みを考える
└─ ものづくり(製造業)中心 ──→ IT分野の訓練を拡充
⇒海外の職業訓練が参考になる
スウェーデン：政府と企業が協力、人手不足の職種や将来性のある分野で訓練メニューを作成
ドイツ：法改正で、フルタイムから一定期間パートに移れるようにして職業訓練を受けやすくする

●規制改革による労働市場改革
・在職者も職業訓練を受けやすくする
⇒裁量労働制の対象業務拡大などで働き方を柔軟にする規制改革、オンライン講座
・技能を身につけ転職することで賃金が上昇
⇒流動性の高い労働市場の整備
(民間の人材サービスを活用→職業紹介を受けやすくする規制改革)

解答解説

問1

設問では「日本政府がすべき三つのこと」について尋ねられている。ここに企業がすべきことや大学がすべきことは含まれない。「政府」が主語になっている文や「規制」などの政府しか実施できないことについて述べている文を探すと、下の三つが政府が主体となって実施すべき事柄であることがわかる。この三つに関して、前後の情報を含めてまとめよう。

①職業訓練の質の向上

②在職者も職業訓練を受けられるような柔軟な働き方の普及

③転職で賃金が上がるような労働市場の整備

問2

AIやロボットの能力が人間の能力を超えることで失業率の上昇といった様々な影響が出ることが予想されている。この予想をシンギュラリティ（技術的特異点）または2045年問題と呼ぶ。**シンギュラリティや日本の雇用**についてよく知っている場合は、**それを論拠にして議論を展開する**とよいだろう。それ以外の論点で議論を展開したい場合は、解答例のように**筆者が述べている政策とは別の失業に関する政策**を主要な論点として取り上げてもよい。

出題傾向

中央大学の商学部では経済や経営に関するテーマが頻出。頻出するテーマがわかっている大学・学部は関連分野知識を深いところまで調べておこう。

シンギュラリティに焦点を当てた展開	日本の雇用に焦点を当てた展開
技術の進展によって従来の雇用の半数近くが消滅するという事態を信じられない人もいるかもしれない。しかし、これはアメリカの学者であるレイ・カーツワイルによって広められ、多くのIT系の実業家からも支持されている未来予想である。……	技術革新に伴う失業が実際には起こらなかったとしても、日本政府は職業訓練に関わる制度を充実させるべきである。ICTに出遅れた日本では、人材がすでに不足し、海外から人材を受け入れている状況だからだ。……

check!

類似した問題もCHECKしよう!

東京大学文科二類、上智大学法学部、慶應義塾大学法学部

よく出るテーマAIについては、他大学の問題や解答＆解説も確認しておこう。

解答例

1

先進国と呼ばれてきた国々で、自国中心主義が広がっている。自国中心主義の拡大の原因はグローバル化に対する反発であるが、強い反発があったとしてもグローバル化への流れは止められないと私は考える。

自国中心主義が注目されるようになったのは、トランプ元大統領の当選からだ。アメリカファーストを掲げたトランプ元大統領は、自国の雇用を優先するために経済面では保護主義的な貿易政策を取った。この背景にあるのは、アメリカ国内のグローバル化に対する反発の動きだ。グローバル化は、国内産業の空洞化を進め、安い賃金で働く外国人労働者を増加させる。そして、それは国民の雇用の減少にもつながり、国内経済を不安定にする。不安定な経済のもとで不利益を被った人々は、グローバル化に反感を持つ。移民にも否定的な感情を抱くようになる。トランプ元大統領が示したアメリカファーストはこうした反感に応えたものである。イギリスのEU離脱も含め、その他の自国中心主義的な動きも、グローバル化に対する反感に端を発するものだ。

だが、このような自国中心主義的な動きがあったとしてもグローバル化はこれからも進行していくと私は考える。事実、自国中心主義が注目されるきっかけとなったアメリカでも、トランプ氏は再選されず、国際協調を重視するバイデン氏が大統領となった。これ以外にも、世界の貿易政策を見てもグローバル化の動きは止まらないことがわかる。RCEP、CPTPPなどの国際協定が進展し、自由貿易の動きが広がっているからだ。

もちろん、自国中心主義的な政策の影響は、これからも一部で続いていくだろう。例えば、欧州における自国中心主義の代表例として挙げられるものにイギリスのEU離脱があるが、この影響はしばらく続くだろう。だが、それは自国中心主義を拡大するのではなく、縮小する方向に作用するはずだ。イギリスにおける金融機関の流出とそれに伴う資金の流出を見て、自国中心主義が結局は自国のためにならないことを、多くの国が学習するはずだからだ。

現在でも、自国中心主義的な動きが一部で見られるのは確かだ。しかし、一方でこれまで見てきたように、自国中心主義へと向かっていた国の国内政治は国際協調路線に回帰し、経済の面では自由貿易の流れが進展している。よって、グローバル化はこれからも進み続けると私は考える。

（966字）

2

解答例は省略するが、同じく新型コロナウイルスをテーマにした青山学院大学総合文化政策学部・経営学部、上智大学文学部新聞学科の解答＆解説を読んでおこう。

問題解説

1

設問では下記の２点について問われている。１０００文字程度という文字数の中で、この２点についてバランスよく論じられるよう、**十分に構成を考えて**から書き始めよう。

POINT!!

社会問題に詳しい人は、事実関係を長く書いてしまう傾向があり、意見論述に十分な文字数を割けなくなることが多い。何を書くかだけでなく何を書かないかも考えよう。

①自国中心主義的勢力拡大の原因

自国中心主義＝世界全体の利益を顧みず自国の利益を優先する立場のこと

例:トランプ元大統領の「アメリカファースト」(保護主義的な貿易、パリ協定やTPPからの離脱)、イギリスのEU離脱など

②これから世界がどう変化するか　※具体的な事例の提示が必要

解答解説

出題傾向

例年、二つの設問の中から一つを選ぶ形式。時事問題や、小論文のネタ本で紹介されているような頻出テーマを勉強しておこう。

1

自国中心主義的勢力拡大の原因

「自国中心主義的勢力拡大の原因」については、ニュースなどで一般的に論じられていることをもとに自分の意見をまとめよう。自国中心主義の事例としてよく挙げられる**「アメリカファースト」**か、イギリスの**「EU離脱」**について言及しながら説明するとよい。ただし、この部分を長く書きすぎると、「これから世界がどう変化するか」について十分な文字数を割けないので、**長くとも４００字以内**にとどめよう。

①自国中心主義的勢力拡大の原因

・トランプ元大統領が「アメリカファースト」を掲げた背景＝移民の増加・産業の空洞化⇒国民の雇用減、新興国の経済的発展によりアメリカの国際的地位が相対的に低下

・イギリスのEU離脱の背景＝EUの移民受け入れ政策に対するイギリスの不満　など

「これから世界がどう変化するか」については、大きく分けると「自国中心主義の動きがあってもグローバル化は止まらない」という方向性と「自国中心主義によってこれまでのグローバル化の流れに変化が起こる」という方向性があり、どちらで書いてもよい。ただし、様々な可能性を羅列するのではなく、**自分がこうだと思う意見を明確に示すことが重要**だ。設問で事例を書くことが求められているが、その事例の一部を示すと下記のようになる。

②「これから世界がどう変化するか」の事例

・グローバル化の拡大の兆しと言える事例:
バイデン大統領の当選→アメリカがパリ協定に復帰、国際協定の進展（RCEP、CPTPP）など

・自国中心主義の拡大の兆しと言える事例:
バイデン政権下での自国中心主義的な政策、新型コロナウイルス感染拡大による国際的な移動の減少など

解答例は「グローバル化が進行する」という立場で書かれているが、下の例で示すように「自国中心主義が広がる」という方向性でも書ける。**知っている事例をできるだけ多く思い浮かべて、どちらの立場で書いた方がより説得力があるのか**を考えたうえで、書き始めよう。

「グローバル化が進行する」立場	「自国中心主義が広がる」立場
これからはグローバル化が再び進展するはずだ。事実、自国中心主義のトランプ氏は再選を阻まれ、国際協調を目指すバイデン氏が新たな大統領になった。……	これからは、自国中心主義の流れが加速すると私は考える。それを示しているのがアメリカの事例だ。トランプ元大統領は、自国の雇用を優先するために経済面では保護主義的な貿易政策を取った。……

攻略法

社会問題について何も書けない人は知識が不足している可能性がある。現在の社会問題や世界情勢を知るだけでなく、その原因や与える影響についても意識しながらニュースを見よう。

“もっと知りたい!”

入試情報

難関大学の入試傾向を徹底分析
来年の問題をズバリ予測します

入試の最新傾向「統計学」をチェックしておこう!

ここ数年の新しい傾向として、「統計学」に関する問題が出題されている。例えば本書に掲載している大学でも、**早稲田大学(2017年)**、**上智大学(2021年)**、**一橋大学(2022年)**で統計学に関する問題が実際に出題された。

「統計学」が注目されるようになった背景には、日本での学校教育の変化がある。日本では、学習指導要領に基づいて小学校・中学校・高等学校の教育が行われるが、平成29~31年の改訂により、「統計教育」が重視されるようになったのだ。これを受けて外国人向けの入試にも、「統計学」に関する問題が出されるようになったと思われる。

本書では、**上智大学経済学部経営学科**、**上智大学経済学部経済学科**、**一橋大学**の入試問題において「統計学」の問題が確認できる。

攻略法

統計学とはデータの性質や特徴を読み解く学問

高度な情報化社会においてデータを収集分析し、課題解決を探る手法としても注目されている。入試対策としては、下記のキーワードについて調べておくとよい。

調べてみよう

相関関係と因果関係の違い　擬似相関　標本の偏り　因果推論　自然実験
対照実験　無作為化(ランダム化)

今後はこんな時事テーマが狙われる!

国際的に大きなニュースになるような話題はどの大学、学部においても出題テーマになりやすい。

というわけで、今後の試験に出そうな時事テーマをズバリ予想してみた。

なお、テーマが同じでも、問題の切り口は学部学科によって大きく異なる。例えば「新型コロナウイルスの感染拡大」というテーマでも、経営学部ではコロナ禍での物資の安定供給について論じたり、心理学科では人間の心に与える影響を述べたりといったように学びの内容と関連づけて出題される。本書においては**青山学院大学経営学部・総合文化政策学部**、**中央大学総合政策学部**、**法政大学文学部心理学科**、**上智大学文学部新聞学科**、**東京大学文科二類**がパンデミックという同じテーマを扱っているので、これらを見比べてみると、学部学科による出題内容の違いを確認できる。今後出題されそうなテーマについて、自分が志望する学部ではどんな視点で論じることができるかも考えておくとよいだろう。

ズバリ予想 今後出題される!?

2024年パリオリンピック　2025年問題
2025年日本国際博覧会(大阪)　円安円高
リニア中央新幹線　物価上昇
ウクライナ問題　パンデミック

法政大学

出願 前期日程：9月中旬～下旬
後期日程：11月上旬～中旬
試験 12月上旬

2021年度から新たな試験制度「小論文・面接型」を導入

筆記試験の種類（前期日程「小論文・面接型」）

科目	学部	学科	問題の形式	時間	備考	難易度	タイプ
小論文	文学部	哲学科	2問 ・意見論述（400字程度、600字程度）	60分		★★	
		日本文学科	4問 ・意見論述（400字以内×2、200字以内×2）	60分		★	
		英文学科	――	60分	――	――	――
		史学科	1問 ・意見論述（20行程度）	60分	年度によっては専門的な知識が必要な問題も出る	★★	
		地理学科	3問 ・国や地域の地理学的な特徴に関する説明（300字程度×2） ・意見論述（400字程度）	60分		★★	
		心理学科	2問 ・意見論述（500字程度×2）	60分		★★	

※「小論文・面接型」の試験方式は2021年度から始まったが、英文学科の2021年度と2022年度の試験問題は公表されていない。

特徴

法政大学の入試には、前期日程と後期日程があり、前期と後期の併願が可能だ（ただし、文学部や国際文化学部など、前期のみの学部もある）。前期日程には「面接型」と「小論文・面接型」があり、「小論文・面接型」の試験を実施しているのは文学部だけである。小論文の試験が実施されるようになったのは2021年度からと、まだ日が浅いので、これから試験の出題傾向が変わる可能性もある。ちなみに後期日程は、書類選考のみである。

出題傾向分析

【試験科目】法政大学の外国人留学生入試では、長年、筆記試験がなかったが、2021年度から「小論文」が導入された。「小論文」が課されるのは文学部だけで、学科ごとに問題内容が異なる。日本文学科の問題は、どちらかというと志望動機の内容に近い。

【出題テーマ】学科の領域に関するテーマについて自分の意見や学びの目的、意義などが問われたり、志望動機に関するテーマが出題されたりする。

【求められる力】志望学科の学びに対する強い関心とともに、それを説得力のある文章で伝える作文力が求められる。

【ポイント】一般に、面接を課す試験の場合、出願時に志望理由書を提出するが、法政の前期日程入試では不要。その一方で、小論文の問題に志望動機に近い内容が多いことから、法政の小論文は志望理由書の代わりとしての役割もあると考えられる。よって、事前に志望動機を明確にして、文章で表現できるようにしておくことが大切だ。

試験対策

小論文では志望動機や学びの分野について問われることが多いので、志望理由書を一度書いておいた方がよい。さらに、志望学科に関連する本を読んだり、志望学科で学びたいと思うことに関して調べたりしておこう。当然、作文の練習は必須だ。特に、「日本に留学したいと思った理由」「大学でしたいこと」「好きな本」など、自分に関することを書く練習をしておくとよいだろう。

ワンポイントアドバイス

法政の文学部は「面接型」か「小論文・面接型」か、どちらかで受験する。「面接型」で出願条件とされている日本留学試験（EJU）のスコアは、日本語（読解、聴解・聴読解）＋日本語記述＋総合科目または数学コースⅠの合計550点以上。対して、「小論文・面接型」では、日本語（読解、聴解・聴読解）が260点以上、総合科目または数学コースⅠのいずれかが120点以上である。

EJUのスコアによって、「面接型」か「小論文・面接型」か、自分に合った方式を選ぶとよいだろう。

本書の情報は編集時点（2022年９月末）のものですが、新型コロナウイルス感染症の拡大防止対策による変更等は反映していません。また、入試情報は毎年見直されますので、必ず各大学のウェブサイトや募集要項等で最新情報を確認してください。

2021年度 法政大学 文学部 哲学科【小論文】 60分

【問題】以下の問いに答えなさい。

（1） あなたが人生において重視していることは何ですか（挙げるのは一つでも複数でも構いません）。また、それがあなたにとってそれほど重要なのはなぜですか。400字程度で書きなさい。

（2） ある人の人生で重視していることの追求が、別の人の同様の追求の妨げとなるような事例を一つ考え、具体的に記述しなさい。また、その事例における解決策を考え具体的に記述しなさい。600字程度で書きなさい。

➡解答＆解説 P. 153～

●解答用紙見本

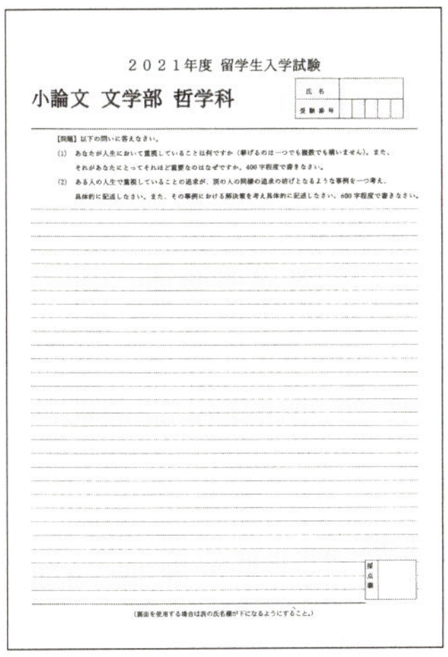
2021年度 留学生入学試験
小論文 文学部 哲学科
氏名
受験番号
【問題】以下の問いに答えなさい。
(1) あなたが人生において重視していることは何ですか（挙げるのは一つでも複数でも構いません）。また、それがあなたにとってそれほど重要なのはなぜですか。400字程度で書きなさい。
(2) ある人の人生で重視していることの追求が、別の人の同様の追求の妨げとなるような事例を一つ考え、具体的に記述しなさい。また、その事例における解決策を考え具体的に記述しなさい。600字程度で書きなさい。

2021年度 法政大学 文学部 日本文学科【小論文】 60分

問1．これまでに最も刺激を受けた本・文学を挙げ、どこがどのように刺激的だったのか、具体的に説明しなさい。なお、日本語の本でも日本語以外の本でもかまわない。
※400字以内。句読点や記号も１字に数える。

問2．日本文学科に入学したら、どの専門分野で、何を学びたいと考えているか、具体的に説明しなさい。
※200字以内。句読点や記号も１字に数える。

問3．日本語を学習する過程で、難しく感じる点、または、面白く感じる点を、具体的に説明しなさい。
※400字以内。句読点や記号も１字に数える。

問4．大学卒業後は、どのような道に進もうと考えているか、理由を添えて説明しなさい。
※200字以内。句読点や記号も１字に数える。

➡解答＆解説 P. 155～

●解答用紙見本

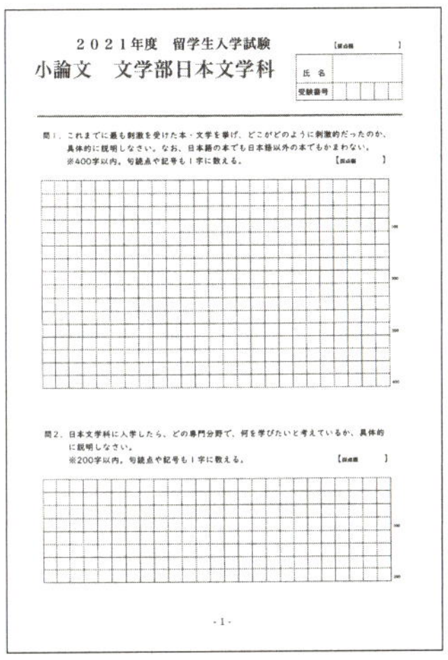
2021年度 留学生入学試験
小論文 文学部日本文学科
氏名
受験番号
問1．これまでに最も刺激を受けた本・文学を挙げ、どこがどのように刺激的だったのか、具体的に説明しなさい。なお、日本語の本でも日本語以外の本でもかまわない。
※400字以内。句読点や記号も１字に数える。
問2．日本文学科に入学したら、どの専門分野で、何を学びたいと考えているか、具体的に説明しなさい。
※200字以内。句読点や記号も１字に数える。
-1-

入試過去問題

2021年度 法政大学 文学部 史学科【小論文】 60分

E・H・カーという歴史家は、『歴史とは何か』という本で、「[歴史とは］現在と過去との間の尽きることを知らぬ対話」だと言いました。この言葉をてがかりに、大学で歴史学を学ぶことの目的と意義を、自由に論じてください。(20行程度で)

➡解答＆解説P. 158～

●解答用紙見本

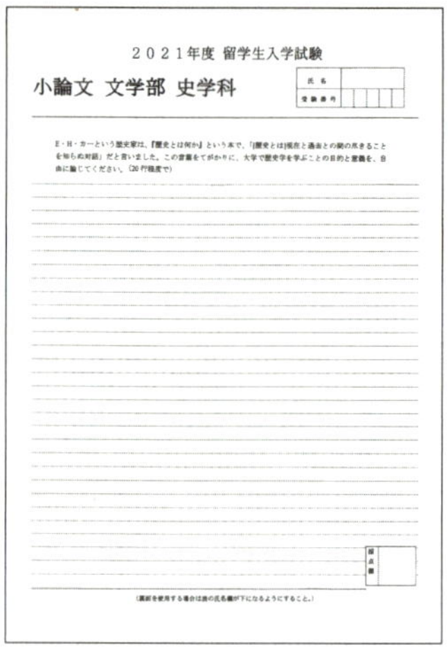
2021年度 留学生入学試験
小論文 文学部 史学科
氏名
受験番号

2021年度 法政大学 文学部 心理学科【小論文】 60分

【問題】 以下の問いに答えなさい。

（1）心理学にはたくさんの研究領域がある。その中で、あなたが関心をもっている領域名を1つ挙げて、あなたが関心をもっている理由を書きなさい。その上で、その領域ではどのような研究が行われているか、例を示して説明しなさい。(500字程度)

（2）2020年はパンデミック（感染症の世界的な流行）のために人間の生活が様々な場面で制限され、新しい生活様式や課題への適応を迫られている。このような状況は人間の心にどのような影響をもたらすと考えられるか、具体例を2つ挙げて説明しなさい。(500字程度)

➡解答＆解説P. 160～

●解答用紙見本

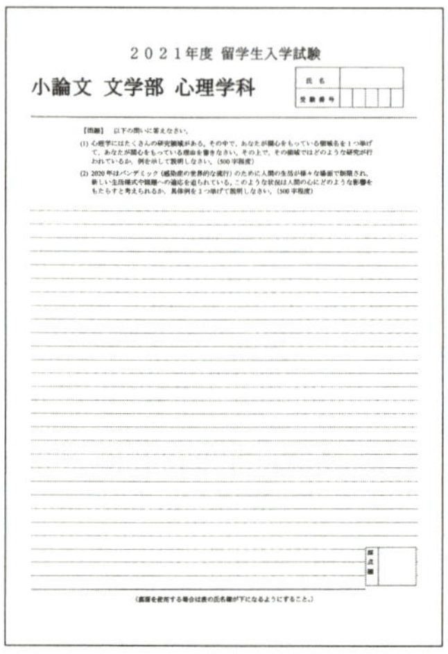
2021年度 留学生入学試験
小論文 文学部 心理学科
氏名
受験番号

解答例

問題（1）

私が人生において重視していることは、「学ぶ」ということである。

私が「学ぶ」ことを重要だと考えるのは、学ぶことによって視野を広げることができるからだ。例えば、バーリンの「自由」に関する考えを知った時、私は「自由」に関してより広い視点から考えることができるようになった。バーリンの考えを知るまでは、私は「自由」というものは何者にも縛られない状態のことだけを指すと捉えていた。だが、バーリンの議論を通じて、自分に関わることを自身で決定できる状態も、一つの自由であるという見方に気づくことができた。

「自由」の概念だけにとどまらず、様々な考えを学べば、その分、視野を広げることができる。そして、視野を広げ、多面的に考えることができるようになれば、物事をより深く、様々なことと関連付けて理解することができるようになる。それは、生涯にわたって人生を豊かにする財産になるのではないかと私は考える。

（390字）

問題（2）

自身が重視していることの追求が、他者の同様の追求の妨げになるということは多々ある。例えば、信仰の追求もその一例であろう。

宗教を信じる人の中には、同様の信仰を他者も持つべきだと考える人もいる。そうした人が信仰を追い求めると、他者の同様の追求を妨げることになりかねない。例えば、ある宗教を信じている人が、周りの友人らにも同様の宗教を信じるように説くことがある。しかし、その友人らが他の宗教を信じていたり、無神論者であったりしたら、受け入れられないだろう。それでも、彼らに自身と同様の信仰を求め続けると、彼らの信仰の自由が侵害されてしまう。

しかし、こうした問題が発生した時の知恵である「寛容」の概念を、私たちはすでに獲得している。「寛容」の概念は、宗教改革に始まる宗教対立の中で発展してきたもので、異なる考えの人々が共存するための知恵だ。ここで言う寛容とは、心から相手を受け入れることではない。納得できなくとも、違いを認めて理解することである。たとえ相手の思想や信念が自身と大きく異なるとしても、他者の内面には踏み込まない。異質であってもそれを受け入れる。これが信仰に関する対立が生じた時の解決策であると私は考える。

先人たちが培ってきた「寛容」の概念は、多様性の中で個の尊重が課題となる現代社会にこそ役立つ知恵である。その知恵をもってすれば、私たちは人生において重視していることを互いに尊重しつつ、追求することができるはずだ。

（609字）

問題解説

問題（１）は、受験生自身について書く問題だ。**志望理由書のように、あなたの考え方や関心が、哲学科での学びに合っているかも評価対象になっている可能性**がある。2021年度は「人生で重視していること」、2022年度は「哲学を学ぶ意義」で、自身の内面を問う問題が出題されている。

一方、問題（２）は、通常の小論文型の問題で、**論理的な考えや知識が問われている**。2021年度も2022年度も、多様な考えや価値観が混在する社会の中で、それらの多様性にどのように対処するかについて問われた。

解答解説

問題（1）

文学部哲学科での学びに関連し、理由をきちんと述べられる内容を選んで書くとよい。例えば、解答例では哲学で頻繁に論じられるテーマである「自由」という問題に対する関心を述べている。このように自分が関心を持っている哲学的なテーマに関連づけながら論じるとよいだろう。

POINT!!

哲学に関して興味があるが、何から勉強してよいのか分からないという受験生は、まず、哲学の入門書や高校生向けの倫理の参考書を読むことから始めよう。

問題（1）は自分のことを述べる作文型の問題であり、書いた内容は面接で質問を受ける可能性がある。この点にも十分留意して内容を考えよう。

check!

類似した問題もCHECKしよう!

慶應義塾大学総合政策学部、環境情報学部

面接での言及が想定される作文型の問題について、類似問題の解答＆解説もチェックしておこう。

問題（2）

人生で重視していることの追求が、別の人の同様の追求の妨げとなる事例としては、例えば**「自由」「権利」「信仰」**などがある。他には、経済的な利益の追求などもあるが、哲学的なテーマの方がよいだろう。**解決策に関しても、哲学や思想に関わる概念と結び付けて提示**できるとよい。

なお、この問題のような価値観の対立に関するテーマは、哲学では**「正義」**に関わる問題として論じられることが多い。**ロールズ**や**サンデル**など、正義に関して論じた有名な哲学者とその議論についても、調べておこう。

解答例

問1

私が最も刺激を受けた本は、『日本語は「空気」が決める』である。私はこの本をきっかけに日本語に対する関心を高めた。

この本を読む以前に私が知っていた日本語は、いわば「正しい」日本語だけだった。だが、日本語と一口に言っても、多種多様なバリエーションがあり、状況によって適切な日本語の表現が異なることに、この本を通じて気づくことができた。例えば、「俺」という一人称を日本語学校で正しい日本語として習うことはまずない。「俺」は乱暴な表現であるから、丁寧な表現である「私」を使った方がよいと助言する先生もいるだろう。だが、大学生が友人たちと連れ立って遊びに行くときに、「私」という一人称はふさわしい表現だろうか。もちろん、その答えは、友人たちとの関係にもよるであろうが、「俺」の方がふさわしいこともあるはずだ。私はこの本を通じてそうしたことに気づき、大いに感銘を受けた。

（379字）

問2

日本文学科への入学が叶ったなら、日本語学について深く学びたい。特に私は若者言葉について興味がある。私が若者言葉について興味深いと感じたのは、その時々の時代の影響がそこにあるからだ。例えば、ポケベルが流行っていた時代には、「ベル友」などの言葉が生まれているし、SNSの普及から近年は、「ばえる」という言葉が生まれている。私は日本文学科で、現代語とその時代背景について考察を深めたいと考えている。

（196字）

問3

私が日本語を学習する過程で、難しく感じる点と面白く感じる点は同じである。それは、日本語の多様性だ。

例えば、東京の言葉と大阪の言葉は大きく異なる。「行きし」や「正味」などの関西方言は、東京では通じないことも少なくない。であるのに、それを話している人は、それが方言であることに気づいておらず、外国人である私にも、当たり前のように使ってくることもある。地域差だけではない。ある年代特有の表現や、特定の職業だけで使われる語彙などが日本語には数えきれないほどある。こうした日本語の多様性は、日本語を学ぶ学習者にとっては混乱の種だ。私自身も、教科書に載っていない日本語に出くわして、日本語の難しさを痛感したことがある。だが、関西弁がそうであるように、標準的な日本語に収まらない日本語が、その集団の魅力的な個性にもなっている。様々な日本語に垣間見える多様な個性も、日本語の面白さであると私は考える。

（392字）

問4

　言語を学ぶというのは、単にその言語の話者と話せるようになるだけでなく、その国の文化と深く触れ合うことでもある。私は、日本語の勉強を通してそれに気づき、日本文化と深く触れ合うことに大きな喜びを感じてきた。そうした喜びを多くの人に伝えるために、大学を卒業した後は、日本語教師の道に進みたいと考えている。日本文学科で学ぶ日本語学や日本文化に関する知識を活かし、母国の生徒に日本の魅力を伝えたい。

（194字）

問題解説

法政大学文学部日本文学科の小論文ついて

問２や問４は、志望理由書に似通った問題になっている。法政大学の前期日程の試験は出願時に志望理由書を提出する必要はないが、この小論文はその代わりのような役割があると考えられる。したがって、**大学側に志望理由が伝わるように意識して書く**とよい。

この形式の試験が始まった2021年度も、その翌年の2022年度も、**問２は勉強したいこと、問４は卒業後の進路**であった。また、**問1は文学作品や本、問３は日本語に関する問題が出題**されている。

よって試験対策としては、上記の傾向を念頭に置いて、この**学科の学びに関する情報を集める**ことと、**その情報に基づいて志望理由について深く考える**ことだ。法政大学のパンフレットやホームページをよく読んで、カリキュラム、学科の特徴、興味のあるゼミや授業などの情報をまとめておこう。そして、それらの情報に基づいて、法政大学で勉強したいことや、実現したいことは何なのかについてよく考えておこう。志望理由について十分な準備をしておけば、試験の際に大いに役立つはずだ。

check!

類似した問題も CHECK しよう!

慶應義塾大学総合政策学部、環境情報学部

法政大学以外でも、自分のことについて書く問題とその解説をチェックしておこう。

解答解説

問1

最も刺激を受けた本・文学

面接で小論文に関する質問を受けることを想定して、**志望理由に合わせて本を選ぶ**ことが望ましい。学びたいことが日本文学である場合は、**日本の文学者の中で好きな作家の作品**を取り上げるとよいだろう。興味があるのが日本語学や国語学である場合は、**日本語に関する本を取り上げる**とよい。そして、その本で興味深いと感じた点を書こう。

「日本語以外の本でもかまわない」とあるが、この学科が日本文学や日本語学について専門的に学ぶ学科であることを考えると、できる限り日本語で書かれた本であることが望ましい。

問2

どの専門分野で何を学びたいか

学科を**志望する理由と直結する**ので、非常に重要な質問である。この学科で学べる内容に基づいて学びたいことを書くとよい。そのためにも事前に学科の情報を調べておき、日本文学や日本語学といった大きな括りではなく、より**詳細にどんなことを学びたいのか考えておこう**。例えば、日本文学を学びたい場合、近代文学を学びたいのか、中世文学を学びたいのか。さらには、学びたいのが近代文学なら、近代文学の中で特に関心がある文学者は誰かといったところまで深掘りしておこう。また、その分野を勉強したいと考える理由についても整理しておこう。

問3

日本語の学習で難しい点または面白い点

この問題は、素直に、日本語で難しいと感じる点や面白いと感じる点を書けばよい。こうした**日本語に関する問いはこれからも出題される可能性がある**ので、日本語とあなたの母語との違いや、好きな日本語の言葉、日本語の特徴といった**日本語に関する知識を整理しておく**とよい。

問4

卒業後の進路

大学卒業後、就職するのか大学院などに進学するのか。また、大学院に進学する場合、大学院修了後はどのような進路を考えているのか。卒業後は、日本に残るのか、帰国するのか。そのような道を選ぶ理由は何か。こうした**具体的なことについてよく考え**、200字以内でまとめよう。

解答例

高校までの授業では、知っておくべき知識として歴史を学ぶことが多い。そこで学ぶ歴史は、歴史家の間で主流となっている歴史的事実の羅列と言ってもよいだろう。しかし、大学で学ぶ歴史はそうではない。大学で歴史を学ぶということは、一人の研究者として歴史に向き合うということだ。そして、研究者として歴史に向き合うということは、E・H・カーの言うように、「現在と過去との間の尽きることを知らぬ対話」を行うということであると、私は考える。

E・H・カーの言う「現在と過去との間の尽きることを知らぬ対話」とは、現在という視点に立ち、現在とのつながりから歴史という過去を理解するということであると私は考える。現在の視点から過去を理解すれば、そこには様々な学びがある。それこそが大学で歴史を学ぶ意義であり、目的であると私は思う。

これは、日本の江戸時代における武家の育児を例に挙げて説明すると、次のようなことである。江戸時代において、様々な育児書が発行されたという記録が残っているが、その多くが母親向けではなく、父親向けに書かれている。跡継ぎが何か問題でも起こせば、お家断絶となることもあったこの時代、家の跡継ぎを育てるという重要な仕事は、女性が担うべきものではなく、男性が担うべきものであるとされていたのだ。こうした歴史的事実を、現在とのつながりで捉えると、そこには様々な学びがある。例えば、それは、現在の性別役割分業を考え直す一つの材料にもなるだろうし、日本における父親の役割を見つめ直すヒントにもなるだろう。

大学で歴史学を学ぶことは、高校までに蓄えた歴史の知識の上に、より多くの知識を積み上げて終わるようなことではない。それは、自身が歴史を解釈する主体となり、多くの歴史的な資料に触れながら、歴史と現在とのつながりを見つけ出すことであるはずだ。そして、そうやって見つけ出したつながりの中から、多くの学びを得ることに、大学で歴史を学ぶ意義と目的があるのではないだろうか。

（20行）

問題解説

E・H・カーの「現在と過去との間の尽きることを知らぬ対話」に対する解釈、大学で歴史学を学ぶ目的と意義の2点について自分の意見を述べる問題。「20行程度で」とあるので、文字数に換算すると800字前後が目安となる。

解答解説

「現在と過去との間の尽きることを知らぬ対話」

「現在と過去との間の尽きることを知らぬ対話」という言葉をてがかりに自分の意見を述べる問題なので、**この言葉に関する説明が必要**である。この言葉は、「過去は現在の視点から解釈されるものである」と一般に理解されているが、必ずしもこの解釈にこだわる必要はない。**自分なりの解釈でもよい**ので、この言葉に関する説明をしておこう。

大学で歴史学を学ぶことの目的と意義

法政大学文学部史学科（小論文・面接型）は、志望理由書を課さない前期日程の試験である。この試験で、「大学で歴史学を学ぶことの目的と意義」という志望理由に関わることが問われているのは、**志望理由書の代わりとしての役割がある**ためだと考えられる。書いた内容は、志望理由書と同じように、面接で質問を受ける可能性がある。それを意識して、**歴史学を学ぶ理由や歴史に対する関心が伝わるように書く**必要がある。

なお、ただ単に「歴史学を学ぶことの目的と意義」について論じなさいという問題ではなく、そこに**「大学で」という文言が入っていることに注目**しよう。「大学で学ぶ」ということは、高校などの「勉強」とは異なり、自分の興味や関心に基づいて「研究」を行うということである。また、「大学」での学びは、「将来の職業」とも無関係ではない。「研究」あるいは「将来の職業」にも言及しつつ、歴史学を学ぶことの目的と意義について論じてもよいだろう。

check!

類似した問題もCHECKしよう!

慶應義塾大学総合政策学部、環境情報学部
慶應義塾大学文学部

自分のことについての書き方は、作文型の問題が出題される他大学の解答＆解説も参考にしてみよう。

解答例

問題(1)

私が関心を持っているのは、発達心理学の領域である。発達心理学に興味を持つきっかけとなったのは、年の離れた弟の存在だ。私は弟の成長を見て、心の発達を近くで感じることができた。例えば、小学校に上がる前までは、自分の事だけしか考えていなかった弟が、小学校の高学年にもなると、周囲の人の事情を考えて発言したり行動したりするようになった。私はこうした子どもの心の発達について学べる発達心理学というものを知り、大学で学びたいと思うようになった。

発達心理学では、年齢の変化に伴う心や体の発達について研究する。これに関する有名な研究として、ピアジェの三つ山課題の実験がある。これは、子どもたちに自分の視点以外から見た山の形状を想像させる課題である。この実験でピアジェは、特定の発達段階に達する前の子どもの自己中心的思考について論じた。

この実験のように、発達心理学ではある年齢に達したときの心理的な特徴を調べる。そして、そうした特徴が年齢を重ねるにしたがって、どのように変化していくのかを研究するのが、発達心理学なのである。心理学には様々な領域があるが、その中でも、人間の成長について深く学ぶことのできる発達心理学に私は強い関心を持っている。

（512字）

問題(2)

パンデミックは、メンタルヘルスの悪化を引き起こしていると考えられる。その具体例の一つが自殺者の増加だ。今回のコロナ禍では、外出が制限されて、直接人と会って相談する機会が減少したり、失業等で深刻な悩みを抱えたりする人が増加した。うつ病を患う人が、世界的にも増加したと言われている。日本では、コロナ禍以前は減少傾向にあった自殺者が、再び増加傾向に転じている。パンデミック下での自殺者増は、メンタルヘルスの悪化を背景にしている可能性が高いと言える。

メンタルヘルスの悪化を示すもう一つの具体例が、陰謀論の拡大だ。人が陰謀論を信じる理由の一つは、何もわからない状況下で不安を感じると、不確かな情報でも信じてしまうからだという。コロナ禍では、いつ終わるかわからない生活面での規制が続く中、人々の不安が高まった。そうした不安を抑えるために、陰謀論を信じるようになった人が少なからずいたと考えられる。すなわち、コロナ禍での陰謀論の拡大は、人々に広がった不安の証左であると私は考える。

このようにパンデミックによって、うつ状態や不安を抱えた状態に陥る人が増加した。そして、そうした人々の心の状態が、自殺者の増加や陰謀論の拡大といった形で表れたと考えられる。

（518字）

問題解説

法政大学の小論文は2021年度に始まったばかりで、傾向がつかみにくいが、2021年度、2022年度とも、問題形式は**500字程度の論述２問**である。問題（１）も（２）も、自分の考えだけでなく、**具体例や理由が求められる**。日頃から、世の中の動向を具体的な事例とともに情報収集したり、背景にある理由を考えたりする訓練をしておこう。

2021年度の問題（1）は、自分が関心をもっている心理学の領域について論じる問題である。2022年度は、スポーツの国際大会が人々の心や行動に与える影響について、個人的な経験や文献などで学んできたことを根拠にして論じる問題であった。どちらの問題も、**人間の心理や心理学への関心を問うている**点で共通している。

2021年度も2022年度も、問題（２）は、コロナ禍での人の心理について書く問題である。コロナがテーマとして取り上げられたのは、これらの年度において最も話題になった時事問題であったためと考えられる。したがって、問題（２）は、**時事的なテーマについて心理学的な視点から論じる内容**が今後も問われるであろう。

解答解説

問題(1)

心理学で関心を持っている領域

問題（1）は心理学科の志望理由に関するものであり、**志望理由書の代わりの役割**があると考えられる。志望理由書は面接のための資料として使われる可能性があるので、**面接を意識**して、心理学への関心を伝えよう。

自分が関心を持っている領域について書けばよいが、できれば**法政大学文学部心理学科のカリキュラムで学べる領域**を選んだ方がよい。試験の前に、法政大学のパンフレットやホームページで心理学科のカリキュラムをきちんと確認しておこう。

法政大学で学べる心理学の分野(領域)の例

発達心理学　認知心理学　生理心理学　スポーツ心理学　犯罪心理学　社会心理学　など

※2022年度のカリキュラムや教員紹介を参考にして抜粋。内容は変更される可能性があるので、パンフレットやホームページで最新の情報を必ず確認すること。

「その領域ではどのような研究が行われているか、例を示して」とあるので、具体例を書く必要がある。試験対策として、**関心のある心理学の実験や理論、心理学者について調べ、具体的に説明できるように**まとめておくとよい。

心理学部を受験するなら、
これらの項目の基礎知識はつけておこう。

心理学者：スキナー、ピアジェ、パブロフ、バンデューラ、フロイトなど
心理学の理論：認知発達段階説、認知的不協和理論、バーナム効果、集団極性化など
心理学の実験：パブロフの犬の実験、三つ山課題の実験、ボボ人形実験、アッシュの同調実験、ミルグラム実験など

問題（2）

パンデミックの人間の心への影響

2021年の時事問題であった、コロナのパンデミックに関して論じる問題である。人間の心への影響に関する具体例が2つ求められているので、コロナ禍での様々な事例を思い出して、具体的に論じよう。

パンデミックが人の心に与える影響の一つとして、解答例にもあるようにメンタルヘルスの悪化が挙げられる。それを示す具体例としては、**自殺者数の増加、陰謀論や特定の人種に対する差別の拡大**などがある。

メンタルヘルス以外では、**サイバーカスケード**の影響について述べてもよいだろう。オンライン上では似たような考えの人同士が集まりやすく、そこでの議論は極端になりやすい。このように**オンライン上での話し合いによって極端な意見が形成される**ことをサイバーカスケードと言う。

パンデミック下では、対面ではなくオンラインで人と関わる機会が増え、サイバーカスケードと思われる現象が目立つようになった。感染者に対する差別的な行為や、マスクを着けない人に対する暴力行為なども、サイバーカスケードが背景の一つになっていると考えられる。

問題（2）では、今後も時事問題など、社会的な出来事と人の心理を関連づけて問う問題が出題される可能性が高い。様々な**時事問題が人の心理とどのように関わっているのか**、普段から意識して情報を整理しておこう。

類似した問題もCHECKしよう!

青山学院大学総合文化政策学部、経営学部
コロナがテーマになっている他大学の問題と解答＆解説もチェックしよう。

“もっと知りたい！”

大学情報

それぞれの大学ではどんな奨学金制度があるかチェックしてみよう！

どんな奨学金制度があるの？

※下記の情報は編集時点（2022年9月末）のもので、今後変更される可能性があります。
必ず各大学のウェブサイトや募集要項等で最新情報を確認してください。

日本に留学するとなると、授業料や生活費が心配という人も多いのでは？　そんな留学生のために各大学では、奨学金や授業料免除などの制度を設けている。志望大学が決まったら詳しい内容を大学のホームページで調べてみよう。この他にも、独立行政法人や民間団体、地方自治体など、さまざまな奨学金制度がある。

■ 外国人留学生向けの奨学金・減免制度の例

大学	名称	対象者	金額
早稲田大学	私費外国人留学生授業料減免奨学金	学部・修士	年間授業料の最大半額を免除
	大隈記念奨学金	学部・大学院	年額：40万円給付
	小野梓記念外国人留学生奨学金	学部・大学院	年額：40万円給付
	公認会計士稲門会奨学金	学部・大学院　アジア諸国籍の者	年額：50万円給付
慶應義塾大学	給付奨学金	学部	年額50万円もしくは25万円給付
		大学院	年額50万円給付
	修学支援奨学金	学部・大学院	学費の範囲内（年額平均約30万円）給付
	山岡憲一記念外国人留学生助成基金	学部新入生	年額70万円（文系）/年額90万円（理系）給付
		学部・大学院	年額50万円給付
明治大学	特別助成金	学部Ⅱ型入試の合格者	授業料の全額または半額の免除
	グローバル選抜助成金	大学が定める重点国の者	入学検定料、入学金、授業料、生活費、入学来日渡航費、卒業時帰国渡航費等を給付
	私費外国人留学生奨学金	学部２年以上・大学院	月額5万円（6か月）給付
	私費外国人留学生授業料補助	学部・大学院	授業料の15%～40%を補助
	明治大学連合父母会外国人留学生奨学金	学部新入生	20万円（一括）給付
	国際化サポート外国人留学生奨励金	学部２年生	15万円（一括）給付
青山学院大学	産学合同外国人留学生グローバル奨学金	学部・大学院	30万円（学部１年/大学院）/30万円または50万円（学部２年以上）
立教大学	入学前予約型奨学金	学部新入生	年額60万円給付
	私費外国人留学生育英奨学金	学部３年・大学院	月額６万円（学部）/月額８万円（大学院）
	外国人留学生成績優秀者奨学金	学部・大学院	月額５万円（学部）/月額７万円（大学院）
	校友会外国人留学生奨学金	学部	月額５万円
	外国人留学生奨学金	学部・大学院	年額20万円
	東京セントポールライオンズクラブ奨学金	学部・大学院	年額30万円
中央大学	学部入学時給付奨学金	学部1年生	授業料・実験実習料の30%相当額を給付
	学部・大学院給付奨学金	学部２年生以上・大学院学生	授業料/在学料・実験実習料の50%相当額を給付
	学費減額	学部生・大学院学生	授業料/在学料の30%相当額を減額
法政大学	授業料減免制度	新入生	授業料の30%を減免
		２年～４年の学年成績上位10%	授業料の50%を減免
		２年～４年の学年成績上位11%～30%	授業料の40%を減免
学習院大学	外国人留学生奨学金	学部・大学院	年額30万円以下
	外国人留学生奨励金	学部２年以上	年額30万円
	外国人留学生授業料減免	学部・大学院	授業料の20%（学部）/授業料の30%（大学院）を減免
一橋大学	一橋基金	学部新入生	月額８万円
横浜国立大学	私費外国人留学生授業料減免制度	学部・大学院	授業料の全額/半額/３割免除（学部）/授業料の全額/半額免除（大学院）
	私費外国人留学生奨学金	学部・大学院	年額30万円

学習院大学

出願 8月中旬（経済学部）
8月下旬（文学部）

試験 **10月上旬**

学科別試験の作文では、志望学科で学ぶ意欲が試される

主な筆記試験の種類

種類	科目	問題形式	時間	備考	難易度	タイプ
共通試験（文学部共通）	日本語	全9問（課題文２つ） ・読解（3問、内容説明など） ・日本語力（6問、漢字・語彙、空所補充など）	60分	哲学科、史学科、日本語日本文学科で共通の試験	★★	あ
学科別試験	日本語による作文（哲学科）	全1問 意見論述	60分		★	
	日本語による作文（史学科）	全1問 意見論述	60分		★	
	日本語による作文（日本語日本文学科）	全1問 意見論述（600字程度）	60分		★	

特徴

外国人留学生入学試験で出願できる学部は文学部と経済学部の2学部だけで、そのうち、筆記試験があるのは文学部のみである。経済学部では、書類選考に通った受験者だけが最終選考日に面接を受ける。文学部では、事前の書類選考はなく、最終選考日に筆記試験（「日本語」「日本語による作文」）と面接を受ける。文学部の共通試験「日本語」では、例年、基礎的な日本語力（語彙・文法に関する知識など）を問う問題と文脈を読み取る問題が出題される。

出題傾向分析

【試験科目】 文学部では、「日本語」と「日本語による作文」の２科目が課される。「日本語」は哲学科、史学科、日本語日本文学科の３学科共通の問題。「日本語による作文」は、学科ごとに異なる。

【出題テーマ】 「日本語」の課題文のテーマは、ここ数年、日本の現代の世情に関することが出題されている。「日本語による作文」では、興味を持った本について述べるなど、志望学科で学ぶ目的や意欲が試されるようなテーマが多い。

【求められる力】 読解力、語彙力、文法力、作文力といった総合的な日本語力が求められる。

【ポイント】 課題文はテーマが身近で読みやすく、高度な読解力は求められない。語彙などの基礎的な日本語力を問う問題も多く、一見、難易度が低く感じるかもしれない。しかし、問題が基礎的であればあるほど他の受験生との点差がつきにくく、語彙・文法に関する知識の欠如やケアレスミスが合否を左右する可能性が高い。したがって、基本的な問題を確実に正解できる日本語力と集中力が必要だ。特に独学や自然習得（日本語のコンテンツに普段から触れるなどして意識的に勉強することなく日本語を習得すること）で日本語を身につけた人は、文法的な知識があやふやなことも多いので、基礎固めに力を入れる必要がある。

試験対策

「日本語」対策としては、日本語能力試験（JLPT）のN3～N1の「語彙」と「文法」の問題集を解いて、語彙力や文法力を基礎から固めていくとよい。問題集を選ぶときは、少し簡単だと感じられるレベルから始めて、文法項目や語彙に関して覚え損ねのないようにしよう。

読解力に関してはN1「読解」の問題集を主に練習するとよい。作文対策としては、志望学科への関心を深めておくことも重要だ。志望する学科で学ぶ分野に関する書籍をいくつか読み、どんな点に興味をもったかをまとめておくとよいだろう。

check!

ワンポイントアドバイス

法政大学の文学部にも哲学科、史学科、日本文学科があり、学習院大学と学科の構成が似ている。また、出題形式に関しても、法政大学文学部の「小論文」と学習院大学の「日本語による作文」は類似しているので、法政大学の過去問で作文の練習をするのも一案だ。他に、慶應義塾大学の「作文」も学習院大学の「日本語による作文」と傾向が近い。このように、傾向が似通った他大学の問題を使って練習を重ね、作文を書くことに慣れておくとよいだろう。

本書の情報は編集時点（2022年９月末）のものですが、新型コロナウイルス感染症の拡大防止対策による変更等は反映していません。
また、入試情報は毎年見直されますので、必ず各大学のウェブサイトや募集要項等で最新情報を確認してください。

2021年度 学習院大学 文学部（共通）【日本語】 60分

志望学部	文学部	志望学科		受験番号		氏名	カナ	
							漢字	
試験科目	日　本　語	備考	問題解答用紙	採点欄				

I　次の文章を読んで、後の問題に答えなさい。

２０２０年の２月から５月にかけて、立て続けに４カ国ほど取材で回ろうと思って準備していたのだが、予定がすべて［ ア ］紙になった。パンデミックの影響である。海外取材をする友人ジャーナリストたちも、①軒並みスケジールが空っぽになった。そのことで、紛争地域や難民の状況を伝えることが、より一層、難しくなった。

難民に限らず、社会問題の当事者すべてが、メディアを活用したり、他言語でアピールできたりするわけではない。だからこそ、NPOやジャーナリストのように、「積極的に訪ねて行く」役割の人が必要となる。その機能が、今、脆弱《ぜいじゃく》になっている。国内でも、NPO活動への打撃がある。僕も関わっている教育系分野では、学校が休講中であったり、接触を避けるため、出張授業ができない。ワークショップをしようにも、感染リスクがあるため、人を集められない。

他の分野のNPOもそう。講演会や勉強会などが開催できず、支援者の経済状況も悪化することで、収入や寄付金額がさらに激減したところも多い。震災や水害と違い、被災地と支援地という区別がない感染症災害で、「人を支える側」の体力も、一気に削がれている。

取材に行く動き、支援する動きが②ドンカするだけではない。多くの人たちの関心は、今、感染症に向けられている。住んでいる地域での新規感染者数はどうか。外出は以前のようにできるのか。仕事はどうなるのか。行政の支援はマシなものになるのか。こうした話題が連日、テレビなどをにぎわせるなか、関心の優先順位が下がるニュースもある。

感染症は、人と人とのつながりを③襲う。その影響は、決して平等ではない。経済格差によって感染リスクが異なることもそうだが、元の「X関心格差」を拡大する一面もある。従前から困っていた人は、経済、教育、つながりなどから排除されてきた。ここにさらなる［ A ］として、「社会的関心からの排除」を味わう。新聞の紙面も、テレビやラジオの放送時間も有限だ。ウェブ記事にはそれなりに長く書けるが、そもそも人々の閲覧時間も、関心の持続も有限なのだ。

それでも、「パンデミックの影響」という観点なら、社会的弱者への共感を得られるのではないか。そう［ イ ］向きに捉える人もいるだろう。そして実際に、そうした「語り口」は増えるだろう。でも、実際はどうか。「アフターパンデミックの予測屋」みたいな人が言うような、人類史に残る大④ヘンカクが起きるのだろうか。

Y例えば、僕の子どもたちはもともと不登校で、「学校以外の教育オプションは、ほぼ自己責任＆自己負担」の状況であると⑤ツウカンしていた。一斉休校により、みんなが一時的に不登校状態となったのだが、そのことで、これからは学校以外の選択肢を拡充しよう、となるだろうか。

震災や水害で休校となった地域は、学校以外の教育制度が充実していく、というような話を、これまで聞いたことがない。でも、今回ばかりはそうした変化が起きるというのだろうか。

「パンデミックを乗り越えた日常」なるものは、いくつかの変化と共に、いくつもの惰性を発揮する。いくつかの場面では、変化を感じられるかもしれない。感染症対策や、リモート技術の活用などは、確かに変わりそうだ。人との距離のあり方も、これを［ウ］に見直そうとなる部分もあるだろう。それでも、少数の者が見えにくく、配慮され難い、という構造そのものはこれからも続く。それは、本当に、⑥キョウレツな惰性だ。

僕にとって、これは悲観論ではない。防災と同じく、これからも変わらず備えていこうという、心算の確認のようなものなのだ。問題を訴えていかなくては、世の中は勝手に変わってくれはしない。これまでも、これからも。

Z社会の惰性は、言葉の細部に現れる。

政治リーダーたちは、会見のたびに、「家族」という言葉を［エ］にする。家族を守ろう、家族との時間を大事に、大切な人を守ろう、ステイホーム、家に帰りましょう、家にいましょう——。言葉から、家がない人、家に⑦イバショがない人、家こそが危険な人、家族こそが害となる人、などの存在が抜け落ちる。「何がなんでも自分を守ろう」ではなく、「家族を守ろう」。集団感染への想像力を身につけるため、すなわち他人に感染させないようにという気持ちを植え付けるため、ひとまず「家族」という単位を利用しているだけ、ということではなさそうだ。

多くの感染は、家族間でなされる。それでも、「それぞれの部屋にこもろう」「ステイルーム」とは呼びかけられない。会食を⑧ヒカえてとは言われても、「家庭内での食事はバラバラで」とは言われない。リモート帰省しようと言っても、「自宅でも、会話はLINEなどのリモートで」とは言わない。「不要な同居は解消しましょう」とか「不急の同棲は延期しよう」とか、「これを［ウ］に⑨ソエンな実家への帰省はやめよう」とか、そうしたこともももちろん言わない。

家族とは多くの人にとって、思想上の優先対象なのだ。だからこそ、その否定ととられるようなことは避けられていく。

ステイホームの呼びかけは、家族内の感染は⑩ジュニンすべきリスクである、という認識を含んでいた。給付すら個人単位でなく、世帯単位で検討されるこの社会。自己責任という言葉は、家族責任という言葉に等しかった。

政治リーダーたちは、「戦争」のたとえもよく用いた。ウイルスとの戦い、これは長期戦だ、人類が勝利した際には、病院は戦場状態、野戦病院化してしまう、医療現場という前線を守るために——。「見えない敵」との戦いをあおる発言は、容易に排除・排斥へとつながる。「人類の勝利」を叫んでも、勝利の定義は⑪曖昧だ。地震に打ち勝つ、台風に勝利した、とは言わないのに、感染症への語り口だけが変わっている。

引き合いに出される戦争は、勝ち負けだけで終わるものではない。ウイルス相手には和平交渉や同盟もないし、一時休戦も、⑫ヨクシのための外交努力もほぼない。

感染症と戦争は同じではない。

戦争という言葉が、危機感を伝えるためだけの、便利な言葉になってしまっている。人が多く死に、弱者ほど困窮し、相互監視でギスギスする。戦争との⑬ルイジ点を、いくつもあげることは可能だが、あえて重ねる必要もないだろう。

そう。いつ、そのように語るか。そのことに、自覚的であることが、理性を保つことでもあると思う。テレビ番組の司会者などが、皆さんで協力していきましょう、とか、今は我慢の時です、などと、人々へのメッセージを［エ］にすることも増えた。今、現在進行形の出来事を前にしながら、いろいろな細部が切り落とされて、物語が⑭編まれていく。

生活上の困難は現在進行形にもかかわらず、政治的な結末だけが用意されている。いかに政治的な対応がまずかったとしても、「［B］となって乗り越えた」という語りが待っている。倒産や失業の影響はパンデミック後も続くが、「人類はパンデミックを乗り越えた」という語りが待っている。転売や詐欺などの狡知《こうち》が問題となったが、「⑮叡智を結集した」という語りが待っている。

こうした語り口を、僕は○反面教師にしたい。

大きな言葉にご注意ください。

（荻上チキ「惰性を自覚する」による）

［問題］

（一）　下線部①〜⑮について、片仮名を漢字に直し、漢字はその読みを平仮名の現代仮名遣いで、解答欄に記入しなさい。

①　み	②	③　う	④	⑤
⑥	⑦	⑧　えて	⑨	⑩
⑪	⑫	⑬	⑭　まれ	⑮

（二）　空欄ア〜エに入るもっとも適切な漢字一字を、解答欄に記入しなさい。ただし、同じ漢字は入りません。なお、ウとエは２か所あります。

ア	イ	ウ	エ

（三）　空欄Ａ・Ｂに入るもっとも適切な語を、１〜４の中からそれぞれ一つ選んで、その番号に○をしなさい。

Ａ　１　追い打ち　２　追い込み　３　追い立て　４　追い出し

Ｂ　１　一丸　２　弾丸　３　砲丸　４　本丸

（四）　下線部Ｘ「関心格差」とは、どのような意味で使われていますか。その説明としてもっとも適切なものを、次の１〜５の中から一つ選んで、その番号に○をしなさい。

１　人によって、関心を持つ対象に違いがあること

２　関心が向けられる集団とそうでない集団があること

３　何に関心を持つかによって、人々がグループ化されること

4　関心を持つ人が多いかどうかによって、政府の支援に差がつくこと

5　関心を示すエネルギーには限りがないので、優先順位をつけざるをえなくなること

（五）　下線部Y「例えば」は、何かを「例に挙げる」ことを示す語句です。この「例を挙げる」ことと同じ意味の語句を本文から９字で抜き出し、解答欄に記入しなさい。

（六）　下線部Zに「社会の惰性は、言葉の細部に現れる」とありますが、筆者は社会の惰性がどの言葉にどのように表れていると言っていますか。文中から二つ探し、それぞれについて簡単に説明しなさい。

①	言葉	説明
②	言葉	説明

（七）　下線部O「反面教師にしたい」について、次の二つの問いに答えなさい。

（１）「反面教師にする」とはどういう意味ですか。その説明としてもっとも適切なものを、次の１～５の中から一つ選んで、その番号に○をしなさい。

1　畏怖の気持ちを持って、遠ざけようとする

2　恐れる気持ちを持ちながら、近づこうとする

3　他の人の言動について、自分はしないように気を付ける

4　誰からも支持されない人であっても、敬意を払おうとする

5　どのような言葉にも、何かしら学ぶべき側面があると考える

（２）　筆者はどういったことについて「反面教師にしたい」と考えていますか。その説明としてもっとも適切なものを、次の１～５の中から一つ選んで、その番号に○をしなさい。

1　相互監視の社会状況を生み出しながら、自主性に任せているかのように報じられること

2　多様な問題点や細かい違いを見逃して、社会がまとまっているかのように言われること

3　パンデミックによって、さらなる貧困に陥った人たちに支援をしようと呼びかけること

4　全体で力を合わせるために、個人の自由を我慢したり権利を放棄したりするよう促すこと

5　みんなが同じように力を発揮し、団結して取り組めば、どんな困難も乗り越えられると考えること

（八） 本文の内容に合致するものを、次の１～８の中から二つ選んで、その番号に○をしなさい。ただし、三つ以上選んだ場合は０点とします。

1 感染症と戦争の間には共通する点もあるが、異なる点も多い。
2 家族内、家の中で起こったことは、その家族自体の責任である。
3 感染症の拡大下においては、支援する側と支援される側の境界線がない。
4 従来、不登校の子どもに対して、学校以外の選択肢が公平に設けられていた。
5 自然災害を乗り越えた場合に、私たちは「地震に打ち勝つ」といった表現をする。
6 ステイホームの呼びかけにより、多くの人は家族を持つことの意味を再確認した。
7 パンデミックを経験することにより、少数派に対する社会の対応は変化するだろう。
8 パンデミックを乗り越えたからといって、どうせ世の中は変わらないのだから、何を言っても無駄だ。

Ⅱ 次の文中の空欄ア～ソに、もっとも適切な文字をそれぞれ一字入れ、文章を完成させなさい。
[　　] には平仮名が、（　　）には漢字が入ります。答えは解答欄に記入しなさい。

ラジオ局[ア]も感染症対策のため、様々[イ]工夫が行われた。各所へのアルコール（ ウ ）毒液の設置。手指衛生の呼びかけ。入室人数や（ エ ）社人数の制限。スタッフへのマスク（ オ ）布。業務中のマスク着（ カ ）義務化。こま[キ]な換気。リモート業務への振り分け。専門（ ク ）の助言も受けながら、でき[ケ]限りの対応をしてきたと思う。

僕の番組でも、ゲストは[コ]べてリモート出演となった。スタジオ（ サ ）には、アシスタントとの間にアクリル板。扱う内容も、感染症関連のニュースが多くを（ シ ）めるようになった。それでも、ニュース番組のパーソナリティ[ス]して、やることが大きく変わったわけではない。もともと、電話などでのリモート生出演は、ラジオでは当たり（ セ ）だった。ただ、リモート通話の環境に[ソ]っては、コンマ数秒のラグが生まれたり、音声が潰れたりすることが増えた。その分、会話のテンポが遅れる場面もでてくる。

（荻上チキ「惰性を自覚する」による）

ア	イ	ウ	エ	オ	カ	キ	ク
ケ	コ	サ	シ	ス	セ	ソ	

➡解答＆解説 P. 171～

2021年度 学習院大学 文学部 日本語日本文学科【日本語による作文】 60分

志望学部	文学部	志望学科	日本語日本文学科	受験番号		氏名	カナ	
							漢字	
試験科目	日本語による作文	備考	問題解答用紙 （ 一 ）枚中（ 一 ）枚			採点欄		

日本人の疾病観（病気に関する考え方やイメージ）について、六〇〇字程度で具体的に述べなさい。

一五〇

三〇〇

四五〇

六〇〇

➡解答＆解説 P.174〜

解答例

Ⅰ

(一)　①　のきな(み)　②　鈍化　③　おそ(う)　④　変革　⑤　痛感　⑥　強烈
⑦　居場所　⑧　控(えて)　⑨　疎遠　⑩受忍　⑪　あいまい　⑫　抑止
⑬　類似　⑭　あ(まれ)　⑮　えいち

(二)　ア＝白　イ＝前　ウ＝機　エ＝口

(三)　A＝1　B＝1

(四)　2

(五)　引き合いに出される

(六)　①家族　家族こそ危険であるという側面があるにも関わらず、家族は否定できないものであり、優先されて当たり前だと語るところに惰性が表れている。
②戦争　敵との戦いを意味する言葉は誰かの排除や排斥につながるにも関わらず、危機感を伝えるのに便利という理由で戦争という言葉を使っているところに惰性が表れている。

(七)　(1)　3　(2)　2

(八)　1、3

Ⅱ

ア＝で　イ＝な　ウ＝消　エ＝出　オ＝配　カ＝用　キ＝め　ク＝家
ケ＝る　コ＝す　サ＝内　シ＝占　ス＝と　セ＝前　ソ＝よ

課題文解説

大意

感染症が広がりその問題が注目される中で、**弱者が社会的関心から排除**される状況が広がっている。感染症によって弱者への理解が広がるのではないかという指摘もあるが、**社会の中には強い惰性**があり、少数の者が配慮されにくいという構造は変わらない。少数派の人々が抱える問題を訴えていく必要がある。

読み解き

感染症

関心格差（社会的関心から排除される弱者とそうでないものの格差）を拡大

被災地（支援される側）と支援地（支援する側）の区別がなくなる⇒支援者の疲弊

▼▼

逆に、感染症の拡大がきっかけとなり弱者への共感や理解が広がることはないのか？

▼▼

社会の中には強烈な惰性があり、少数の弱者が見えにくく、配慮され難いという構造は変わらない

▼

問題を訴えていかなくては社会は変わらない。

強烈な惰性（意識せずに続けてきた人々の習慣）

惰性は言葉の細部に現れる

①家族＝「否定できないもの、優先されるべきもの」と考える惰性

⇒しかし、家は「人によっては危険な場」「感染を広げる可能性のある場」でもある

②戦争＝「危機感を伝えるための便利な言葉」として使う惰性

⇒しかし、戦争は排除や排斥へとつながる言葉

解答解説

I

（一）　⑧ここでの「控える」は、「何かのために自分の行動をおさえたり、制限したりする」という意味。

（二）　ア　白紙になる＝進んでいた計画がなくなる、元に戻る　　イ　前向きに捉える＝肯定的に捉える　　ウ　これを機に＝これをきっかけとして　　エ　口にする＝言う

（三）　A　追い打ち＝弱っているものに、さらなる攻撃を加えること　　B　一丸となる＝複数の人が結集し、力を合わせる

（四）　下線部Xの直後に、「**従前から困っていた人は、経済、教育、つながりなどから排除されてきた**」とあり、その次の文で、「さらなる……『社会的関心からの排除』を味わう」と続く。ここから、以前から様々なものから排除されてきた人々が、パンデミック下で、**社会的関心からも排除されるようになった**ことがわかる。下線部X「関心格差」とは、こうした社会的な関心からも排除されるようになった人々（関心を向けられない集団）とそうでない人々（関心を向けられる集団）との格差である。

（五）　最後から七段落目に「引き合いに出される戦争」とある。「引き合いに出す」とは「例として挙げる」という意味である。

（六）　**「惰性」とはこれまで続いてきた習慣や癖のこと**。変えるべきなのに続いているというニュアンスがあるので、変えるべき理由とあわせて説明するとよい。下線部Z「社会の惰性は、言葉の細部に現れる」の次の段落以降で、「家族」という言葉と「戦争」という言葉が「」で強調され、説明されている。これらが社会の惰性が現れている言葉である。

> 家族（本文二頁目中盤の内容）
> 　惰性：「思想上の優先対象」「否定ととられるようなことは避けられていく」
> 　変えるべき理由：「家がない人……家族こそ害となる人」「多くの感染は、家族間でなされる」
> 戦争（本文二頁目後半の内容）
> 　惰性：「危機感を伝えるためだけの、便利な言葉」
> 　変えるべき理由：「戦いをあおる発言は、容易に排除・排斥へとつながる」

（七）　（1）**「反面教師」とは悪い見本となる物事や人**のこと。　（2）「こうした語り口を、僕は反面教師にしたい」とあるので、下線部の前の段落で説明されている「語り口」が反面教師にすべきものである。その「語り口」とは、倒産や失業が続いていても「パンデミックを乗り越えた」とか、詐欺などの問題があっても「叡智を結集した」とか、人々の困難が続いているのに、その部分を切り落として、何かを達成したかのように語るやり方である。

（八）　1＝本文二頁目後半に「感染症と戦争は同じではない」とあり、その次の段落に「ルイジ点を、いくつもあげることは可能」とある。　2＝「家族内、家の中で起こったこと」が誤り。3＝第三段落に「被災地と支援地という区別がない感染症災害で」とある。　4＝「公平に設けられていた」が誤り。　5＝本文二頁目後半に「地震に打ち勝つ……とは言わないのに」とある。6＝「家族を持つことの意味を再確認」が誤り。　7＝「変化するだろう」が誤り。　8＝「何を言っても無駄だ」が誤り。

II

エ　「出社」は社員が会社に出勤すること。なお、「入社」は、会社に採用されて社員になること。

解答例

日本人の疾病観の中にはケガレの概念が含まれている。こうした疾病観は改めるべきであると私は考える。

ケガレとは不浄な状態であることを指す日本に古くからある概念だ。現在のような近代的な医療が広がる前は、日本では、このケガレの概念に基づいて、伝染病にかかった人に対する隔離などが行われていた。医療が発展する以前の日本社会において、ケガレの概念に基づく疾病観は、感染拡大を防ぐうえで一定の役割を果たしていたと思われる。

だが、この疾病観が現在でも残っていることには問題がある。というのは、ケガレの概念は差別の原因にもなるからだ。近代化以前の日本社会で、ケガレがあるということで隔離された人は、単に隔離されるだけでなく、差別の対象となり、村八分という形で共同体から排除されることもあった。現在の日本においても、コロナ禍で、医療従事者や感染者に対する差別が問題になった。誹謗中傷の対象になったり、感染リスクが他の人と変わらなくても、施設への立ち入りが禁止されたりするといった行為が行われたのである。このような行為は、昔の村社会における排斥行為に近い。こうした行為の背景にあるのは、疾病に対する科学的な理解ではなく、前時代的なケガレの概念ではないだろうか。

日本は今こそ、ケガレの概念を含む疾病観を考え直す時期に来ていると私は考える。差別の原因となりうる考えを、いつまでも持ち続ける必要はない。

（587字）

問題解説

「日本人の疾病観について」、600字程度の作文を書く問題。具体的に述べよとあるので、日本人の考え方や日本の文化に関連させて内容を展開させる。

攻略法

文学部日本語日本文学科の作文は、**文化に関する問題が出題される傾向**がある。日本の文化や自国の文化について、両者の違いも含め、事前に情報を調べて整理しておくとよい。なお、他学科の答案用紙が横書きであるのに対し、**日本語日本文学科だけは縦書き**である。縦書きで文章を書いた経験があまりない人は、縦書き原稿用紙の使い方を確認し、実際に書く練習をしておこう。

解答解説

日本の疾病観

日本における疾病観（病気に関する考え方やイメージ）に関しては、いくつかの切り口が考えられる。例えば、日本人は、古来より病に対して「ケガレ」を感じてきた。ケガレの概念は、現代の科学的根拠を持つ疾病観とは異なり、迷信や感覚に基づいている。また、差別と結びついてきた側面もあるので、現代社会にはそぐわない部分もある。解答例のように、この**「ケガレ」の概念から日本人の疾病観を論じる**のも一つの手である。

他に、**日本の医療制度と関連づけて述べる**切り口もある。例えば、日本はアメリカなどに比べ、保険制度が充実していて個人の医療負担が軽い。そのため、すこし体調を崩しただけでも、病院で診てもらおうとすることが多い。しかし、その考えは必ずしも世界共通のものではないといった内容が考えられる。

あるいは、**病気に関する日本語の表現に着目して、日本人の考え方を探る**という方法もある。例えば、「病は気から」という言葉を手がかりにして、「日本人は病気に関して身体と精神を切り離せないものとして捉えている」といった内容を書くこともできる。

ケガレの概念を切り口にした場合	日本の医療制度を切り口にした場合
日本の疾病観は古来よりケガレの概念と結びついてきた。ケガレとは不浄な状態を表す言葉だ。日本では、病気になった人はケガレた存在であるとみなされ、隔離の対象になることもあった。このようなケガレの概念は今の日本の疾病観にも見られる。……	日本人は体の調子が悪いと、すぐに病院に行って診てもらおうとする人が多い。これは、必ずしも当たり前の考え方ではない。私の国の場合、命にかかわるような病気でない限りは、医者に頼らずに治そうとするのが一般的だ。というのも私の国の医療費は非常に高いからだ。……

東京大学

出願 12月上旬

試験 2月下旬（小論文）

テーマに関する幅広い知識と集中力が試される150分の試験

主な筆記試験の種類

種類	科目	問題形式	時間	備考	難易度	タイプ
文科	小論文 （文科一類）	全２問 ・意見論述（各問解答用紙１枚ずつ）	150分	法学や政治学に関連するテーマが多い	★★	
	小論文 （文科二類）	全２問 ・意見論述（各問解答用紙１枚ずつ）	150分	経済学に関連するテーマが多い	★★	
	小論文 （文科三類）	全２問 ・意見論述（各問解答用紙１枚ずつ）	150分	人文科学（言語、思想、教育、歴史など）に関連するテーマが多い	★★	
理科	小論文 （理科一類）	全２問 ・意見論述（各問解答用紙１枚ずつ）	150分	自然科学一般及び数学や物理に関連するテーマが多い	★★	
	小論文 （理科二類）	全２問 ・意見論述（各問解答用紙１枚ずつ）	150分	自然科学一般及び生物や化学に関連するテーマが多い	★★	
	小論文 （理科三類）	全２問 ・意見論述（各問解答用紙１枚ずつ）	150分	自然科学一般及び医学に関連するテーマが多い	★★	

特徴

第１次選考では、日本留学試験（EJU）の成績、TOEFLまたはIELTSの成績、志望理由書、修了教育機関（高校など）の成績、母国の統一試験の成績などの提出書類から総合的に審査される。第２次選考では、小論文と面接が文理を問わず全ての科類に課される。また、小論文は２月下旬、面接は３月上旬で、筆記試験と面接の日が異なることに注意。

出題傾向分析

【試験科目】 全科類で同じ形式の小論文試験が課される。課題文のない小論文問題２問で、それぞれ解答用紙1枚分の量を書く。

【出題テーマ】 文科の場合、一類は法学や政治学、二類は経済学、三類は人文科学（言語、思想、教育、歴史など）の領域が出題される。年度によっては時事問題、格差問題、情報化などが出題されることもある。理科の場合、一類は数学や物理、二類は生物や化学、三類は医学の領域が出題される。年度によっては自然科学の意義や役割を問う問題が出ることもある。

【求められる力】 構成力、論理的思考力、語彙力、表現力など、総合的な力の他に、専門分野に対する幅広い知識が必要。試験時間が150分と長いので集中力も求められる。

【ポイント】 国立大学は出願の締め切りが遅く、１月以降の大学も多い中、東京大学の出願締め切りは12月上旬と早めだ。しかも、様々な書類を用意しなければならないので、計画的に出願準備を進めよう。なお、12月の上旬だと、まだ11月の日本留学試験（EJU）の成績が発表されていないため、11月の成績で出願するのは不安な受験生もいるだろう。だが、東京大学は出願の際に当年11月のEJUの受験票とそれ以前の回の受験票の両方を提出しておけば、期間内なら後でどの回の成績を審査に使用するか選択することができる。

試験対策

各問でおおむね1000字ずつ、合計で約2000字の文章を書くことになるので、長い文章を書く練習をしておこう。東京大学のように課題文のない問題で1000字程度の文章を書くには、そのテーマに関する基礎知識も必要だ。過去の問題から出題傾向を見て、テーマに関する基本的な情報を集めて整理しておこう。

	文科一類	文科二類	文科三類
2019年度	市民の裁判への参加、政府への信頼	国際的イベントの誘致、グローバル競争	謙虚さは美徳という価値観、人間の多様性
2020年度	幸福のための政治・法制度設計、ソーシャルメディアと民主主義	経済的格差問題、地球温暖化と国家間の公平性	文化と教育の関係、「ことば」とはどういうものか

ワンポイントアドバイス

提出は任意だが、母国の統一試験の成績も審査対象にしてもらえるので、成績が良かった人は有利だ。東京大学を目指すなら、高校での勉強にもしっかり取り組んでおこう。

本書の情報は編集時点（2022年９月末）のものですが、新型コロナウイルス感染症の拡大防止対策による変更等は反映していません。また、入試情報は毎年見直されますので、必ず各大学のウェブサイトや募集要項等で最新情報を確認してください。

2021年度 東京大学 文科一類【小論文】 150分

2021年度外国学校卒業学生特別選考小論文問題（第１種）

科　類	文科一類

受験番号	G					

（注意）解答は、A・Bそれぞれ解答用紙１枚で解答すること。

※上欄に、受験番号を記入しなさい。

A（日本語で解答する問題）

「悪法も法」という法格言がある。あなたが暮らしたことがある日本以外の国での体験や観察も踏まえ、具体例を挙げ、あなたの考えを反対論も考慮しつつ述べなさい。

B（日本語で解答する問題）

A国では、X党が総選挙で議会の３分の２以上の議席を獲得し、政権を奪取することに成功した。同政権は、政府に対する抵抗勢力の牙城たる憲法裁判所に対する攻勢を強め、憲法裁判所の裁判官の定年を立法により引き下げることにより、「人事の刷新」を図った。

この立法は、「司法権の独立」に対する侵害であるとして国際的な非難を浴びたが、A国は、政権の民主的正統性を強調するとともに、そもそも西欧的な「司法権の独立」なる原理は、司法権に対する国民の信頼が低い自国の「国情」に合わないと反論している。A国政権の主張に対するあなたの賛否をまず明らかにして、この主張を論評しなさい。

2021年度 東京大学 文科二類【小論文】 150分

2021年度外国学校卒業学生特別選考小論文問題（第1種）

科　類	文科二類

受験番号	G					

（注意）解答は、A・Bそれぞれ解答用紙1枚で解答すること。

※上欄に、受験番号を記入しなさい。

A（日本語で解答する問題）

新型コロナウイルス感染症（COVID-19）に対する経済対策として、主要先進国をはじめ多くの国において、企業に対し補助金の支給や融資条件の緩和が行われている。このような企業支援政策のメリットとデメリットを論じたうえで、あなたの考えを述べなさい。

➡解答＆解説P. 180～

B（日本語で解答する問題）

人工知能（AI）、ロボットの進歩、普及によって、企業活動や労働環境が大きく変化しつつある。こうした動向について、具体的な例を挙げながら、あなたの考えを述べなさい。また、関連する政府の役割について論じなさい。

➡解答＆解説P. 181～

2021年度 東京大学 文科三類【小論文】 150分

2021年度外国学校卒業学生特別選考小論文問題（第１種）

科　類	文科三類	受験番号	G					

（注意）解答は、A・Bそれぞれ解答用紙１枚で解答すること。

※上欄に、受験番号を記入しなさい。

A（日本語で解答する問題）

研究の意義を議論する際、役に立つか否かが論点になる場合がある。「役に立つ」とはどういうことか。あなたの考えを述べなさい。

B（日本語で解答する問題）

近年、STEM（Science, Technology, Engineering, and Mathematics）教育にArtsが加わるようになってきたが、その意味について述べなさい。

解答例

A

世界各国で、企業に対する補助金の給付や融資条件の緩和が行われた。このような政策の最大のメリットは、失業率の上昇を抑えられることだ。コロナパンデミックの中で、人々の行動は制限され、それにより消費活動も抑制された。そうした中で、観光や飲食関連の企業は収益が大きく落ちた。経営不振が広がる中、政府が企業を支援しない場合に起こるのは、大規模な倒産の連鎖だ。倒産の連鎖が起これば、それに伴い失業率は急増する。そして、一度失われた雇用は簡単には元に戻らない。また、失業率が高い状態が続くと、貧困率も上昇する。貧困率が上昇すれば、社会の安定性は大きく損なわれることになる。企業支援政策には、そうした状況を未然に防ぐ効果があったと言える。

一方で、融資条件緩和のデメリットとして考えられるのは、企業の過剰債務の拡大だ。コロナパンデミックで収益が落ちた企業が、緩和された融資条件に飛びついて、過剰な債務を抱えるようになったケースは少なくない。当然だが、返済時期が来れば、借金は返さなくてはならない。パンデミック時の融資は無利子のものもあったが、借入金が企業の収益に対して過剰であれば、無利子の債務でも返済に苦しむことになる。

また、補助金支給に関していえば、給付を行う政府側にも懸念がある。コロナ禍で多くの国が大量の国債を発行することにより、企業支援策を講じるための資金を集めた。これもいつかは返済する必要があり、そのためには増税などの国民にとって痛みを伴う政策を実施せざるをえなくなるだろう。

私は、人々の雇用の安定化を図るうえで、企業支援策は必要な措置であったと考える。だが、ここで肝に銘じなければならないのは、コロナパンデミックの際の企業支援政策のデメリットが顕在化するのは、これからだということだ。各国は、景気に悪影響があるとしても、財政再建に向けた政策を進める必要がある。だが一方で、企業の過剰債務による悪影響が広がらないようにするための政策も実施しなくてはならない。具体的には、コロナ禍で大きな打撃を受けた観光業や飲食業が業績を回復できるように、行動制限や水際対策などの緩和を迅速に進めつつ、事業再生のための制度の充実を図るべきであろう。

企業支援策はやむを得ない措置であった。だが、この政策を実施したことで、財政再建の道を探りながらコロナ禍で打撃を受けた業界を盛り上げるという困難なかじ取りが、これから各国政府に求められることになるだろう。

（1014字）

check!

類似した問題もCHECKしよう!

青山学院大学総合文化政策学部、経営学部

他の大学のコロナに関する問題と解説も確認しておこう。

B

AI・ロボット技術は近年飛躍的に向上している。これにより、企業活動は大きな変化を迎えつつある。企業は、AIやロボットを導入することで、より低いコストで、より効率的に生産活動を行えるようになってきている。また、単純労働や重労働をAIやロボットに任せることで、労働者が創造的な業務に専念できる機会も増えてきている。しかし、一方で、労働市場においてAIやロボットが労働者の競争相手になるという状況も広がっている。AI・ロボットによって代替可能な仕事をしている労働者は、コストや生産性でAI・ロボットと競争し、ときには失業を余儀なくされるようにもなっている。

もうすでに、アメリカでは掃除ロボットの普及により、10%の清掃業の雇用が消失したという調査がある。また、今から15年以内には50%ほどの仕事がAIによって代替可能になるという予測もある。人間の労働者とAIの競争はますます激しくなるだろう。

ここで政府に求められる役割の一つは、AIやロボットが普及した社会で活躍できる人材の育成だ。創造性が必要とされる仕事や高度なコミュニケーションが求められる仕事は、AI・ロボットでは代替できないと言われている。創造性とコミュニケーション能力を兼ね備えた人材であれば、これからも多くの企業で求められ続けるだろう。むしろ、雑務をAIやロボットに任せられる分、その力を最大限に発揮できる時代がやってくる。政府はAI・ロボットに代替できない能力を高める教育に力を入れ、新たな時代に活躍できる人材を増やすべきだ。とはいえ、AI・ロボットがもたらす社会変化に適応できない人も少なからず出てくると考えられる。そこで、政府に求められるもう一つの役割は、社会保障だ。公的扶助の捕捉率を高めるなどして、情報化の進展によって職を失っても、人間らしい生活が営める環境を整えるべきだ。

その一方で、デジタル化の指針を示し、AIやロボットのさらなる普及によって、業務改善や生産性の向上を促進するのも政府の役割である。例えば、日本政府はデジタルトランスフォーメーションを推進するためのガイドラインを公表しているが、こうした指針をさらに充実させていくべきであろう。

昨今は技術革新のスピードが速く、企業活動や労働環境も大きく変化している。その変化に対応するための政策が政府には求められる。労働者を配慮しつつも、AIとロボットの利点を最大限に生かせるよう手を尽くすべきだ。

（1009字）

check!

類似した問題もCHECKしよう!

慶應義塾大学法学部、中央大学商学部

AIがテーマになっている他の大学の問題と解説もチェックしよう。

問題解説

「解答は、A・Bそれぞれ解答用紙１枚で解答すること」とあり、制限時間が150分なので、各問1000字程度を目安として書けばよいだろう。

文科二類は、様々な出来事について経済学的な視点から論じさせる問題が多い。Aのように時事的なテーマが出題されることもあるので、文科二類を志望する人は、報じられているニュースが経済とどのように関わっているのか普段から意識するようにしよう。

解答解説

A

新型コロナウイルス感染症に対する企業支援政策

日本での事例を挙げると次のようなものがある。

・補助金支給の例 ― 事業再構築補助金
対象―コロナの影響で10％以上売上高が減少している企業
補助額―100万～１億5000万円

・融資条件の緩和の例 ― 危機対応融資
対象―コロナの影響で売上高が20％減少した中小企業、または５％以上減少した個人事業主
融資条件、融資額―利子補給制度の併用で当初３年間実質無利子、最大３億円の融資

企業支援政策のメリットとデメリット

・補助金支給　メリット：コロナによる収益減の補填　など
デメリット：不正受給のリスク　など

・融資条件の緩和　メリット：コロナによって不足した設備資金及び運転資金の補填　など
デメリット：過剰債務のリスク　など

・両方に共通　メリット：企業倒産を防止　失業率･貧困率の上昇を抑制　経済の活性化　など
デメリット：ゾンビ企業の延命　通貨供給量増加によるインフレーション　など

あなたの考え

自分の意見の述べ方としては、大きく分けて三つ考えられる。一つは、メリットとデメリットを比較し、企業支援政策に対する評価を下す方向性だ。もう一つは、デメリットに対する対処法について論じる方向性だ。最後は、この政策の今後の影響を予想する方向性だ。もちろん、これらを組み合わせてもかまわない。

B

AIやロボットの進歩・普及による企業活動及び労働環境の変化

AIやロボットの普及による企業活動等の変化については、例えば、下記のようなものがある。また、AIの進歩と労働問題に関しては、慶應義塾大学法学部小論文の解説（P.67〜）も参考にするとよい。

- **AIやロボットの普及による企業活動等の変化**
  ロボットによる商品の製造　AI技術を使った無人レジの導入
  AIやロボットによる無人警備　ロボットによる清掃　ビッグデータの活用　など
- **労働環境の変化**
  AI・ロボットによる人間の仕事の代替　労働市場で人間がAI・ロボットと競争　AI・ロボットとの協業　AIを活用した新たな仕事の出現　人手不足の解消　人間が人間にしかできない仕事に専念できる　など

あなたの考え

AI・ロボットの普及に関して、メリットとデメリットの両面を十分に検討した上で、自分の意見を述べる。そして、それを「政府の役割」と関連づけて議論を展開しよう。

メリット：コストを削減できる、生産性を向上できる、AI・ロボットに雑務を任せることで創造的な仕事に専念できる、AI・ロボットと協業することでより大きな価値が生み出せる　など
➡政府の役割：AI・ロボットの導入に向けた指針（例：DX推進ガイドライン）を示すこと、AI・ロボット時代に活躍できる人材の育成
デメリット：AI・ロボットに代替可能な仕事の雇用が失われる　など
➡政府の役割：失業者の生活を保障する、再チャレンジのための機会を与える　など

AIに関する問題は様々な学部・学科で頻出する関連知識を整理しておこう

DX（デジタルトランスフォーメーション）　ビッグデータ
IoT（モノのインターネット）　ディープラーニング　シンギュラリティ（技術的特異点）・2045年問題

一橋大学

出願 12月中旬～下旬
試験 1月下旬

公開されている配点と合格点を参考にして目標を定めよう！

主な筆記試験の種類

種類	科目	問題形式	時間	備考	難易度	タイプ
共通試験	日本語	全13問（課題文２つ） ・読解（７問、内容説明など） ・日本語力（６問、漢字・語彙、空所補充など）	120分	商学部、経済学部、法学部、社会学部で共通の試験	★★★	あ

※2020～2022年度はコロナ禍で日本留学試験（EJU）を受けられない受験生がいる可能性があったため、二次試験で「日本語」に加え、日本留学試験相当の「総合科目」と「数学コースⅠ」の試験が課された。だが、2023年度は、「日本語」の試験のみが課された。

特徴

筆記試験は全学部共通の「日本語」のみである。一橋大学の選抜では、この「日本語」と日本留学試験（EJU）、TOEFL（iBT）が総合的に評価される。各試験の点数は右の表のように換算され、英語と筆記試験が重視される傾向にある。日本留学試験の総合科目の配点が高いのも特徴だ。

区分	科目	満点	換算後の点数
日本留学試験（EJU）	日本語	400	300
	総合科目	200	400
	数学（コース１）	200	300
英語	TOEFL（iBT）	120	420
筆記試験	日本語	116	580
合計			2000

※令和5（2023）年度一橋大学私費外国人留学生選抜募集要項を参考に作成

出題傾向分析

【試験科目】試験科目は全学部共通の「日本語」のみである。課題文は２つまたは３つ。漢字や語彙、慣用句など日本語の知識を問う問題と、課題文の文意を問う読解問題から成る。

【出題テーマ】人文科学や社会科学分野の様々なテーマ（経済、政治、社会、教育、思想など）が出題される。特に、経済と政治のテーマがよく出題される傾向がある。

【求められる力】論理的な文章を理解する読解力が必要となる。また、文脈における意味を読み取って文章で答える問題が多いので、ポイントを的確にまとめる力が必要だ。その他、漢字、語彙、慣用句に関する基本的な知識も求められる。

【ポイント】読解では、文中で鍵となる部分の意味や、理由を述べる問題が出題される。日本語力を問う問題では、漢字や単語の知識だけでなく、慣用句（「奥が深い」など）の知識が必要となる問題が多い。

試験対策

日本語で書かれた経済と政治分野の本を読んでおこう。また、一橋大学の「日本語」と同様に記述式の問題が多い立教大学異文化コミュニケーション学部の問題を解くなどして、記述式の対策をしておこう。

さらに、日本語能力試験（JLPT）のN3～N1の「語彙」「漢字」の問題集や単語帳などで、語彙力や漢字力を鍛えておくと万全だ。

check!

ワンポイントアドバイス

一橋大学は、合格者の最高点と最低点を公表している。直近のデータは下記の通りなので、これを参考にして日本留学試験とTOEFL（iBT）の目標点数を定めよう。

	日本留学試験		TOEFL(iBT)	
	最高点	最低点	最高点	最低点
商学部	759	711	112	64
経済学部	740	729	103	84
法学部	740	706	非公開	非公開
社会学部	758	683	110	67

※令和5（2023）年度一橋大学私費外国人留学生選抜募集要項を参考に作成

2022年度 一橋大学【日本語】 120分

Ⅰ 以下の文章を読んで，後の問に答えなさい。

血管を縛ればその先に血が流れる量が減るという現象は，言われてみれば小学生にだってわかる当たり前のことである。そこに誤差は存在しない。ニュートンは別に落下するリンゴを見て万有引力の法則に関する［ a ］を得たわけではないらしいが，空中でリンゴを手放せば加速しながら地表に落下する，というのも 100 回試みれば 100 回そうなるだろう。

生物はどうだろうか？生物に関しても観察をすることができる。というか，中学生ぐらいまでに習う生物学のほとんどは，さまざまな生物を観察し，その特徴を理解し，分類するといった博物学的なものである。おそらく生物学において最も (1) カクメイ的なアイディアはチャールズ・ダーウィンの進化論だろうが，彼にしてもその研究方法はこうした博物学的な生物学の域を出るわけではない。

だが，こうした科学の方法論の特徴を理解したうえで，「どうすれば小麦の収穫量が上がるか」といったテーマに科学的に取り組もうとすれば，どうすればよいのだろうか？

生物学者に頼るまでもなく，小麦の特徴や種類については世界中で農作業に (2) タズサわる人々のほうがよく知っていただろう。それに彼らはこれまでの経験上「水はけが悪いと育たない」とか，「冬場に晴れの日が続くと豊作」といったことも知っていたはずだ。より収穫量を上げるために，いつ，どれだけ，どういう種類の肥料をあげればよいのか，という点についても経験や勘を持っていただろう。

だが，こうした知見はフィッシャー以前には科学ではなかった。なぜならリンゴを落とせば加速しながら落下する，という現象ほど毎回同じようにうまくいくわけではないからだ。細心の注意を払って肥料の配合を (3) クフウした場合と，面倒くさがって肥料をあげなかった年を比較しても，たまたま後者の方が天候に恵まれたために豊作になることもある。また同じ年，同じように肥料をあげた畑の中でも，生育のよい麦とそれほど良くない麦の個体差は現れる。このようなものを「実験で正しい真実を確認する」といった科学の方法論で扱えるとは，フィッシャー以前の時代にはあまり考えられていなかったのだ。

100 回やって 100 回必ずそうなるわけではない，という現象を科学的に扱おうとしたときに考えられるアプローチは 3 つある。

1 つは，実際のデータをまったく扱わず，ただ仮説やこういう事例がありましたという話だけをもとにして理論モデルを組み立てる，というやり方。統計学が取り入れられるまで，経済学などの社会科学はしばしこうしたアプローチをとっていた。

そして 2 つ目は，見かけ上「100 回やって 100 回そうなる」という状態を示すために，うまくいった事例のみを結果として報告するやり方である。

たとえば生物の教科書にも載っているメンデルが，エンドウ豆を使って遺伝の法則を調べようとした実験の報告をしたとき，彼は初期の報告では「結果を 10 個ずつ例示する」と言って，自説である彼の唱えた遺伝の法則にぴったりとはまるエンドウ豆のデータのみを示した。もちろんメンデルはこの 1 回以外にも何度か実験を重ね，「例示」以上のデータを示すこともあったが，後にフィッシャーはそうした報告をまとめて検証し，「実際よりも明らかに誤差が少ない」と疑義を(4)テイしている。つまり，メンデル自身のせいなのか，彼の助手のせいなのか，自説に都合のいい(i)「キレイな結果」だけを選んで報告しやがったのではないか，ということである。ただし，フィッシャーが主張するように，メンデルたちが何らかの不正なデータ処理を行なったか否かについては，(ii)近年の科学史研究においても議論の分かれるところであるそうだ。

そして最後の3つ目が，フィッシャーの提示した，ランダム化を用いて因果関係を確率的に表現しようとするものである。

先ほどわざわざ小麦の例を出したのは，それがフィッシャーがランダム化比較実験をミルクティー(注1)以外で最初に適用した事例だからだ。天才的な(5)ズノウを持ちながら偏屈で人付き合いの下手だったフィッシャーは，大学での人間関係に疲れ，20代の終わりから40代前半までの期間をイギリスの片田舎にあるロザムステッド農業試験場の統計家として過ごした。

権力争いに敗れた失意の日々ともとられかねないこの期間に，彼はたった1人で歴史を動かす大発見をいくつもしていたのだから，人生何があるかわからないものだ。フィッシャーのような天才が大発見をするにあたり必要なのは，立派なオフィスでも肩書きでも，優秀な共同研究者でも潤沢な研究費でもなく，ただ自由に使える時間とデータがありさえすればいい，ということなのかもしれない。

肥料A/肥料Bと小麦の収穫量の関連性を科学的に分析しようとしたとき，確かに水はけや土地の肥沃さ，日当たりといったものによって[b]かもしれない。だが，農地を細かい単位に分割し，ランダムに肥料をまき分ければ，肥料Aをまいた土地と，肥料Bをまいた土地のグループの間で，平均的な条件はほぼ一致するのだ。

ランダム化とランダムサンプリングは混同しやすい用語として区別しなければならないが，(iii)ランダムにすることで推定結果の誤差が制御できる，というのは両者に共通した特徴である。仮に全農地を40に分割し，20地区ずつランダムに肥料A，Bそれぞれをまいたとして，片方に日当たりのよい側が集中する確率はどれほどあるだろう？

もし各地区ごとに五分五分の確率で日当たりの良し悪しが決まるとすれば，ランダムに選んだ肥料Aの地区ばかりに日当たりのよい土地が集中する確率は2分の1の20乗，すなわち約100万分の1という奇跡のような確率でしか起こらない。一方で，両グループ間で日当たりのよい地区の数がまったく同じになる確率は18%もある（なお日当たりのよい地区の数の差を±1まで『ほぼ同様』と許容すればこの確率は50%，±2までなら74%にもなる）。これは水はけだろうが土地の肥沃さだろうがまったく同じ話である。

ランダム化してしまえば比較したい両グループの諸条件が平均的にほぼ揃う。そして揃っていない最後の条件は実験で制御しようとした肥料だけであり，その状態で両グループの収穫量に「誤差とは考え難い差」が生じたのであれば，それはすなわち「肥料が原因で収穫量に差が出る結果になった」という因果関係がほぼ実証できたと言えるだろう。

ロザムステッドで得た研究成果をまとめて彼が著した『実験計画法』は，その後さまざまな分野の研究者にとって研究のためになくてはならない本となり，一時期は世界中の科学論文の中で最も引用されていた本だったそうだ。

小麦でさえその効果のバラツキのせいで科学的に取り扱えないのであれば，まして人間や，その集団となる社会など，フィッシャー以前の科学観においては完全に想定外だろう。だがフィッシャーの作り出した実験計画法によって，心理学にせよ，教育学や政策学，そしてあなたの仕事に直接関わる経営学など，複雑で誤差だらけの人間を対象とする科学は20世紀に大きく開花した。

注1　フィッシャーは「紅茶を先にいれたミルクティー」と「ミルクを先にいれたミルクティー」を分別できるかについて実験を行ったことがある。

（西内啓『統計学が最強の学問である』より）

問1　下線部(1)～(5)を漢字で書きなさい。

(1)　カクメイ　(2)　タズサわる　(3)　クフウ

(4)　テイしている　(5)　ズノウ

問2　空欄［ a ］，［ b ］に入る言葉を選び，記号で答えなさい。

a：ア　想像　イ　予想　ウ　着想　エ　妄想

b：ア　上下する　イ　右往左往する

ウ　前後する　エ　左右される

問3　下線部(ⅰ)「キレイな結果」とはどのような意味か。本文にそくして40字以内で述べなさい。

問4　下線部(ⅱ)について，「議論の分かれるところである」というのはどういうことか。本文にそくして60字以内で述べなさい。

問5　下線部(ⅲ)「ランダムにすることで推定結果の誤差が制御できる」のはなぜか。本文にそくして60字以内で述べなさい。

問6　二重下線部「こうした知見はフィッシャー以前には科学ではなかった」とあるが，フィッシャー前後の変化をふまえて，フィッシャーが科学に与えた影響を180字以内で述べなさい。

Ⅱ　以下の文章を読んで，後の問に答えなさい。

社会問題が政治争点となることは，何を変えるのか。争点の重要性を理解するには，(i)投票の仕組みを知っておく必要がある。その仕組みは，単純に見えて，①奥が深い。[a]，多数決という，誰もが知っている仕組みは，次のような問題を抱えている。

[投票のパラドックス]

仮にA・B・Cの３人が，財政政策をめぐって投票を行うとする。選択肢は，財政赤字を許容する「財政赤字」，増税によって財政再建を目指す「増税」，支出の削減によって財政再建を目指す「支出削減」の３つである。３人の個人的な優先順位は，以下の通りとする。

	１位	２位	３位
A	財政赤字	増税	支出削減
B	支出削減	財政赤字	増税
C	増税	支出削減	財政赤字

全体の優先順位を決めるため，選択肢を２つずつ選び，それぞれのペアに関して多数決を行う。まず，増税と財政赤字のどちらを選ぶかについて多数決を行うと，AとBの賛成多数で財政赤字が選ばれる。次に，財政赤字と支出削減のどちらを選ぶかについて多数決を行うと，BとCの賛成多数で支出削減が選ばれる。最後に，支出削減と増税のどちらを選ぶかについて多数決を行うと，AとCの賛成多数で増税が選ばれる。このように，ある選択肢のペアに関する多数決の結果は，常に別のペアに関する多数決の結果によって覆される。つまり，それぞれの[b]にとっての優先順位が決まっていても，[c]としての優先順位は決めることができない。

この問題は，18 世紀フランスの数学者の名前を取って「コンドルセのパラドックス」とも呼ばれる。知的なパズルとして面白いだけでなく，政治学の問題としても興味深い。なぜなら，それは社会の多数派が確たる形では存在しないということを示すことを通じて，多数決に根本的な問題を突き付けているからである。争点が何であるかによって，従来の敵味方の構図は②がらりと変わる以上，どのような意思決定も，常に覆され続ける。そして何を多数決の争点とするかを多数決で決めようとすれば，同じ問題が生じる。

標準的な政治学の教科書では，政治制度や組織の機能を説明する際，このような投票のパラドックスを防ぐ側面が強調されてきた。例えば，議会における委員会制度のように，本会議で多数決の対象とする議題をコントロールする制度は，［ d ］争点の範囲を(1)絞り込み，投票のパラドックスが生じるのを防ぐ。あるいは，政党のような組織は，党の所属議員に対して党議拘束をかけることで，議員が一致協力して投票できるようにしている。こうして，政治に(2)秩序が生まれると考えるのである。

しかし，このような解説は，現状の政治秩序に対して肯定的な立場からの発想である点に注意しておきたい。本来，投票のパラドックスという考え方には，一見すると多数派の支配が行われている社会で，何らかの「独裁者」が争点を操作していることを示唆する意味もあった。フェミニズム運動のように，男性支配に対する異議申し立てを行い，現状を覆すことを目的にする立場から見れば，争点の範囲を限定する政治制度は，男性支配を維持する役割を果たしているのである。

それでは，ジェンダーが争点化されると，何が変わるのか。この問題について考える上で，「③公私二元論」と呼ばれている問題に簡単に触れておきたい。

公私二元論とは，人間の活動の場を「公的領域」と「私的領域」に分ける考え方を指す。この考え方に従えば，公的領域における活動は，政治的な意思決定を通じた権力(3)行使の対象となるのに対して，私的領域における活動は，政治的な介入の対象から除外される。自由主義を中心とする近代の政治思想は，この両者を分けることで，国家権力の(4)介入できない領域を確保し，個人の自由を守ることを目指したとされる。

だがフェミニズムは，この公私区分が女性の抑圧を生んできたと批判する。なぜなら，この公私区分は，実際には男性と女性の性別役割分業と対応していたからである。すなわち，男性は公的領域において政治活動と経済活動を(5)担い，女性は私的領域である家庭に閉じ込められる。女性が男性による家庭内暴力にさらされても，それは政治の争点にはならない。ケア労働を担う女性は，自律した主体とはみなされず，二級市民として扱われる。その意味において，公私二元論が守っているのは，男性の自由にすぎないのではないか。このような疑問に基づく異議申し立ては，「個人的なことは政治的である」という有名なスローガンに要約されている。女性が自らの私的な悩みだと考えているものは，実は本来，政治共同体で取り組むべき問題なのである。

これまで，この公私二元論批判は，政治学の教科書では主として規範的な政治理論に関する問題として扱われてきた。だが，現実の政治においても，公私二元論批判は大規模な政治変動を生み出している。1960年代以前，先進諸国の女性は，右派政党を重視する傾向が強かった。この傾向は，女性が男性よりも労働参加率が低かったために左派政党の重視する労働問題への関心が低く，むしろ右派政党の重視する伝統的価値観を尊敬する傾向が強かったことに由来する。これに対して，1980年代以降，女性はむしろ左派政党に投票するようになる。その原因は，女性の労働参加とフェミニズム運動の影響で，雇用の機会均等，リプロダクティブ・ヘルス/ライツ，福祉政策といった争点の重要性が浮上したことにある。

この現象をピッパ・ノリスとロナルド・イングルハートは，ジェンダーの再編成 (gender realignment) と呼んでいる。従来は私的領域とされてきた家庭に関わる問題が争点化されたことで，選挙という，最も大規模な形で行われる(ii)多数決の結果が変化したのである。

（前田健太郎『女性のいない民主主義』より）

問１　下線部(1)～(5)の漢字の読み方をひらがなで書きなさい。

(1)　絞り込み　　(2)　秩序　　(3)　行使

(4)　介入　　(5)　担い

問２　下線部①，②の意味を，本文にそくしてそれぞれ20字以内で説明しなさい。

①　奥が深い　　②　がらりと変わる

問３　空欄[a]，[d]に入れるのに最も適切なものを選び，記号で答えなさい。

a：ア　一方　　イ　とりわけ　　ウ　同じく　　エ　それほど

d：ア　さかのぼって　　イ　同時に　　ウ　もともと　　エ　あらかじめ

問４　空欄[b]，[c]に入れるのに適切な表現を考え，書きなさい。

問５　下線部③について，本文中の意味に対応する「公」と「私」の訓読みをそれぞれ書きなさい。

問６　下線部(ｉ)について，「投票の仕組み」が持つ問題とは何か。100字以内で述べなさい。

問７　下線部(ii)について，「多数決の結果が変化した」のはなぜか。「公私二元論」と「ジェンダーの再編成」の観点から，本文の内容をふまえて250字程度で述べなさい。

➡解答＆解説P. 191～

解答例

Ⅰ

問１　（１）　革命　（２）　携（わる）　（３）　工夫　（４）　呈（している）　（５）　頭脳

問２　a：ウ　b：エ

問３　メンデルが自説として主張した遺伝の法則にぴったり合う実験データのこと（34字）

問４　メンデルらがデータを不正に処理し都合のよい結果だけを示したと考える者もいれば、そうでない者もおり、意見が一致していない。（60字）

問５　ランダム化で比較したい複数の対象の平均的な条件をほぼ一致させれば、因果関係を実証するための状況を整えることができるから（59字）

問６　フィッシャー以前は、100回中100回同じ結果となるもの以外は、科学の対象ではなかった。だが、フィッシャーが考えたランダム化によって、条件の異なる様々な対象に対して比較実験を行えるようになった。その結果、農業のように毎回同じ結果にならないものも科学の対象となり、さらには、心理学、教育学、政策学、経営学などの複雑で誤差だらけの人間を対象とする科学も発展した。（179字）

Ⅱ

問１　（１）　しぼ（り）こ（み）　（２）　ちつじょ　（３）　こうし
（４）　かいにゅう　（５）　にな（い）

問２　①　複雑な意味があり、理解するのが難しい（18字）
②　すっかり異なるものになる（12字）

問３　a：イ　d：エ

問４　b：個人　c：全体

問５　公：おおやけ　私：わたくし

問６　多数決は確たる形で存在するわけではなく、多数決の仕組みに問題がある。争点が何であるかによって敵味方が大きく異なり、意思決定は何度でも覆される。その争点も、多数決で決めるなら同様の問題が起こる。（96字）

問７　公私二元論において、公私は性別役割分業に対応していた。女性が活動する場とされる家庭は私的領域に分類され、この領域に関わる問題は政治的な争点とされていなかった。1960年代まで、女性は伝統的な価値観を重視する右派政党に投票する傾向があったが、1980年代以降は左派政党に投票する傾向が見られるようになった。この背景には、ジェンダーの再編成と呼ばれる現象がある。女性の労働参加とフェミニズム運動の影響で、私的領域とされてきた家庭に関わる問題が争点として重要になり、女性の投票行動に変化が起こったのだ。（248字）

課題文解説

I

大意

フィッシャー以前は、100回試みて100回とも**同様の結果にならない現象は、科学とはみなされていなかった**。だが、フィッシャーは、**ランダム化によって**、そうした現象を**科学の対象として取り扱える**ようにした。その結果、複雑な人間を対象とする科学が20世紀に開花した。

読み解き

100回やって100回そうなるわけではない現象
（小麦の収穫量など）
＝科学の対象ではなかった

⇔

100回試みれば100回そうなる現象
（万有引力の法則など）
＝科学の対象

↓

【科学で扱うための3つのアプローチ】

〈アプローチ1〉
実際のデータを使わずに、仮説などで理論モデルを組み立てる

〈アプローチ2〉
うまくいった事例のみを結果として報告する
例）メンデルの実験におけるエンドウ豆のデータ
・キレイな結果（自説にぴったりとはまるデータ）だけを報告？
・メンデルが不正なデータ処理を行ったか否かについては議論が分かれる

〈アプローチ3〉（フィッシャー）
ランダム化することによって比較したい対象の条件が平均的に揃うようにする
↓
因果関係を実証することが可能
↓
複雑で誤差だらけの人間を対象とする科学が20世紀に開花

解答解説

I

問１　（２）「携わる」は、ある物事（特に仕事など）に関わるという意味。「携える」だと、手に持つという意味になる。「携」は、読みも書きも問題によく出るので覚えておこう。

問２　a：**「着想を得る」**とはアイデアが思い浮かぶという意味。　b：**「左右される」**とは、影響を受けるということ。なお、**「右往左往する」**は突然の出来事にあわててあちこち動き回るという意味。

> **出題傾向**
> 一橋大学では、「想像」「予想」「着想」「妄想」のように、同じ漢字が含まれる２字熟語の中から適切な表現を選ばせる問題や、「右往左往」のような慣用表現に関する問題がよく出題される。

問３　「キレイな結果」とは、「自説に都合のいい」結果のことで、具体的な内容は前の２文に述べられている。「自説である彼（メンデル）の唱えた遺伝の法則にぴったりとはまるエンドウ豆のデータ」とあるので、この部分をまとめる。

問４　**「議論が分かれる」とは、人々の間で意見が一致していない**という意味である。メンデルたちが行った「不正なデータ処理」とは、自説に都合のいい結果だけを発表したことである。

問５　「ランダムにすることで推定結果の誤差が制御できる」ことについては、肥料Ａと肥料Ｂの例で説明されている。実験対象を無作為に選ぶことで、条件の違いによる実験結果の差を小さくできる。多数のデータを無作為に選ぶと、比較する二つのグループの条件が平均としてほぼ同じになるからである。

問６　本文１頁目前半にあるように、フィッシャー以前は、**100回中100回そうなるような現象だけが科学の対象**とされていた。小麦の収穫量といった実験の条件を同一にできず、毎回同じ結果にならない現象は、科学の対象にならなかったわけだ。だが、２頁目にあるように、フィッシャーは**ランダム化という考えを実験に取り入れる**ことで、そうした現象も科学で取り扱えるようにした。その結果「複雑で誤差だらけの人間を対象とする科学」が20世紀に大きく発展したのである。

課題文解説

Ⅱ

大意

公的領域と私的領域を区分する**公私二元論**では、女性は私的領域である家庭に閉じ込められ、**家庭に関わる問題は政治的な争点の対象とはされていなかった**。だが、**女性の労働参加やフェミニズム運動の影響**により、1980年以降、**家庭に関わる問題が政治の中で争点化**されるようになった。

読み解き

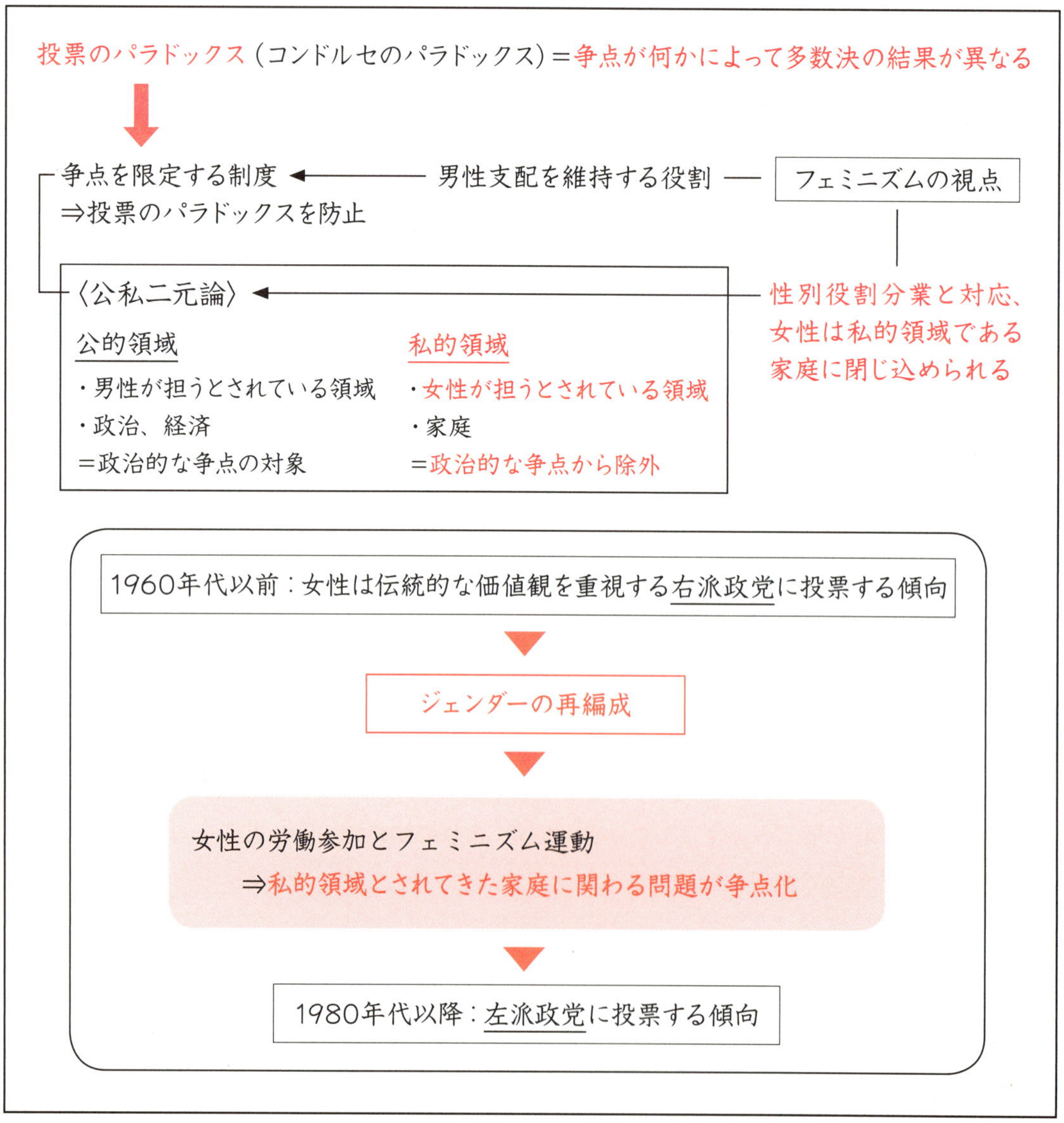

解答解説

Ⅱ

問１　（５）「担《にな》う」は、自分の役割として引き受けるという意味。

問２　①**「奥深い」**ともいう。「奥」が含まれる慣用表現は他に、**「奥の手」**（＝最後の手段）、**「奥歯にものが挟まったよう」**（＝思っていることをはっきり言わない様）などがある。

問３　a：空所の前の文に、「投票の仕組み……。その仕組みは……」とあり、直後の文で「多数決という，誰もが知っている仕組み」と続いているので、投票の仕組みの中でも多数決の仕組みを特に取り上げていることがわかる。多くのものの中から特別に何かを取り上げることを意味するのは、**「とりわけ」**である。

d：文の前半に「委員会制度のように，本会議で多数決の対象とする議題をコントロールする制度」とあり、委員会制度が例として挙げられている。委員会制度とは、本会議の前に専門家が集まって本会議での議案について話し合う制度だ。したがって、空所には争点の絞り込みが本会議よりも前であることがわかる言葉が入る。それに該当するのは、**前もってなにかを行うことを示す「あらかじめ」**である。

問４　直前の「それぞれの」という言葉から、空所 b に入るのは「個人」など個別のものであることがわかる。これに対比されているのが空所 c であるから、ここには「全体」といった言葉が入る。

問５　「訓読み」を書きなさいとあることに注意。本文中で「公」は政治や経済といった公的領域を示している。**「公」を「おおやけ」**と読むと、公的領域を表す言葉になる。一方、「私」は本文中で家庭などの私的領域を示しており、**「私」を「わたくし」**と読むと、私的領域を表す言葉になる。

問６　「投票の仕組み」が持つ問題については、【投票のパラドックス】とそれに続く段落で説明されている。争点によって多数派が変わってしまうので、常に意思決定が覆され、争点を多数決で決めようとしても同様の問題が生じることを指している。

問７　下線部を含む文前半に「従来は私的領域とされてきた家庭に関わる問題が争点化された」とあり、これによって「選挙」の結果が変わったのである。直前の段落に、**1960年代以前は女性が右派政党を重視する傾向**にあったが、**1980年代以降は左派政党に投票する女性が多くなった**とあり、こうした変化は「ジェンダーの再編成」によるものである。それ以前は、**公私二元論が性別役割分業と対応**していたことで女性が抑圧されていた。

> **公私二元論**：人間の活動の場を公的領域（政治活動や経済活動などを行う領域）と私的領域（家庭など）の二つに分け、後者を政治的な介入の対象から除外する考え
>
> **ジェンダーの再編成**：女性の労働参加やフェミニズム運動の影響で、従来は私的な領域とされてきた家庭に関わる問題が選挙で重要な争点となり、女性が左派政党に投票するようになった現象

横浜国立大学

出願　11月上旬～1月下旬（渡日入試）
試験　2月下旬

経営・ビジネスや経済分野の知識がカギとなる小論文試験

主な筆記試験の種類

種類	科目	問題形式	時間	備考	難易度	タイプ
渡日入試	小論文 （経営学部）	全４問（課題文２つ） ・要約（２問） ・意見論述（２問）	120分		★★★	

※例年、経営学部で筆記試験（小論文）が課されてきたが、新型コロナウイルス感染症拡大の影響で、2022年度の経営学部の筆記試験は中止になった。

特徴

横浜国立大学には大きく分けて、「渡日入試」と「渡日前入試」がある。「渡日入試」は、日本で筆記試験や面接を受ける試験である。一方、「渡日前入試」は、海外在住者が来日せずに自国で受験する試験である。例年、筆記試験が課されるのは経営学部（小論文）と理工学部（数学）の「渡日入試」のみである。なお、面接は、「渡日入試」のすべての学部で課される。また、「渡日前入試」では、面接が課されないことが多いが、年度によってはオンライン面接が実施される学部もある。

出題傾向分析

【試験科目】例年、経営学部の「小論文」は、課題文が２つで、1つの課題文につき要約1問（200～300字程度）、意見論述1問（400～500字程度）、計４問が課される。

【出題テーマ】経営学部の「小論文」の課題文のテーマは、経営・ビジネスや経済に関するものが多い。

【求められる力】経営学部の「小論文」では、主に論理的な文章を読み解く力と、自分の意見を筋道立てて述べる文章力が必要である。また、経営・ビジネスや経済に関する知識が求められる。試験時間は120分と長く、書く文字数も多いので、高い集中力も必要だ。

【ポイント】課題文では、「顧客価値」「ものづくり」「データサイエンス」など、ビジネス関連の用語が頻出する。また、設問で、ビジネス関連の事例が求められることも多々ある。高得点を得るには、ビジネス関連の知識を十分に備えておく必要がある。経済分野の課題文も多いため、経済学の知識も必要だ。

試験対策

要約と論述という形式は、早稲田大学の小論文B、中央大学商学部と似ている。これらの大学の試験問題にも目を通すなどして、要約と論述の練習をしておくとよい。ビジネス関連の知識に関しては、他大学の経営学部の問題をチェックして、そこで得た知識を整理しておくとよいだろう。

また、普段からビジネス関連の記事を読んでおこう。オンライン上で、様々なビジネス関連の記事を読むことができるので、うまく活用しよう。さらに、経済に関する知識を身につけるために、経済関連の本も読んでおこう。

check!

ワンポイントアドバイス

横浜国立大学では、私費外国人留学生の受け入れ拡充のため「横浜グローバル教育プログラム(YOKOHAMA Global Education Program)」（通称：YGEP）を設けている。このYGEPでは日本語のレベルによって、２種類のプログラムが用意されている。

> 「YGEP-N1」＝日本人学生と同じカリキュラムを履修して４年間で卒業する。日本語能力試験N1相当を対象とした日本語教育プログラム。
> 「YGEP-N2」＝日本語で大学の講義を受けるには不安があるという日本語能力試験N2相当を対象とした日本語教育プログラム。入学後１年間は日本語や日本事情を中心に勉強し、２年次からは日本人学生と一緒に専門科目を履修して４年間で卒業する。

「YGEP-N2」を利用すれば、日本語能力に多少不安があっても横浜国立大学で学ぶチャンスがあるというわけだ。ちなみに現時点で「YGEP-N2」を選択できるのは、都市科学部の都市基盤学科と環境リスク共生学科の渡日前入試の合格者で、その他の入試では「YGEP-N1」を選択することになる。

本書の情報は編集時点（2022年９月末）のものですが、新型コロナウイルス感染症の拡大防止対策による変更等は反映していません。また、入試情報は毎年見直されますので、必ず各大学のウェブサイトや募集要項等で最新情報を確認してください。

2021年度 横浜国立大学 経営学部【小論文】 120分

問題１

以下の課題文を読み、２つの設問に日本語で答えなさい。

⑴ 課題文を200字以内で要約しなさい。

⑵ 企業が「不確実性」に「賭けた」と想定される事例を一つ取り上げ、その内容を簡単に説明したうえで、企業がそのような行動をとった目的と成果について、あなたの考えを400字以内で述べなさい。

市場競争には「スポーツ」や「ゲーム」と似た側面がある。そこにはつねに勝ち抜いた者と敗退した者が生まれるからだ。経済活動の自由が基本的に保証されている社会では、「ゲーム」の参加者はさまざまな情報をかき集めて合理的な経済計算をしつつ将来を予想し、自らの創意と工夫に慎重かつ大胆に「賭ける」のだ。もちろん、ルールに従って自由に選び取ったアイディアが、善きもの、美しいものを常に生み出し、善と美が勝利を収めるとは限らない。ルールは守りつつ、市場が欲するものを提供した者が成功を収めるという鉄則があるだけだ。こうした競争が経済的豊かさをもたらすこともまた確かなのだ。

慎重かつ大胆に冒険をした者だけが勝利の美酒を味わえるという原則はいつの時代でも変わりは無かった。フランク・ナイト『リスク、不確実性および利潤』はこの原理に経済学的な定式化を与えた傑作と言えよう。

経済活動は、予期せぬ事態に日々適切に対応していくという側面が大きい。ナイトはこの予期せぬ事態には２種類あると考えた。「リスク」と「不確実性」だ。「リスク」は、人間の知識・情報の不完全性に起因しているが、その事象が生起する客観的な確率分布がわかっている場合に適用する概念である。サイコロのひとつの目の出る確率や人間の男女の年齢ごとの平均余命のように「確率計算ができる事象」をさす。客観的確率分布（相対的な頻度）が既知であれば、そうしたリスクには保険システムで対応できる。例えば、「生命表」によって個人の特性（性、年齢）ごとの保険料と保険金をデザインするのはその例である。こうした合理的計算によって生命保険会社の経営は成り立っているのだ。

それに対して「不確実性」は、前例や経験の蓄積がないために客観的な確率分布を知りえない事象にまつわるものだ。企業がある新技術を体化した機械設備を導入（投資）する場合、その新機械が生み出す製品がいかなる将来収益をもたらすかは、その製品の将来の市場需要に依存するから、その収益の確率分布の計算は難しい。

競争が「完全であれば」、多くの企業がその市場に参入し利潤は低下し、やがてはゼロに落ち着くと考えられる。にもかかわらず、競争的な自由主義企業体制の下で、なぜ利潤が存在するのか。ナイトは、企業活動には不確実性が付随していることに注目し、たとえば投資環境の不確実性に果敢に「賭ける」からこそ、利潤は持続的に存在しうる、と論じたのである。利潤は「不確実性」にうまく対応した企業家への報酬であると言うのだ。

実はこの考えは、教会法が利子の授受を禁じていた中世においても、スコラ学者の議論の中にすでに表れていた。確かに消費貸借においては利子の授受は禁じられていたが、敢えてリスクを引き受けたことに対する報酬としての利子（配当）については寛容な学説がすでに示されているのだ。

トマス・アクィナスは『神学大全』でウズラ（高利）論を展開しているが、そこで注目すべきことは、彼がウズラの概念を精緻化して、理論と実際の分裂に一つの解決を与えたことである。それは、貸し手が貸与によって「発生した損害」を償うように借り手に請求することを是とすること、貸与の好意に対する自発的な答礼としての贈与は認めていることであり、人間の勤労が加わればそこで発生する利益に対して請求権を持つことを自然だと見なしているのだ。

ここに中世社会ではすでに経済的膨張が始まり、経済活動の隅々にまで利子の授受が浸透していたことを読み取ることができる。大事なことは、トマスが利子と利潤を概念上区別して、商人や職人に自分の貨幣を「合意の形で」手渡す場合、所有権を移転しているのではないから、商人の取引や職人の事業がまだ出資者のリスクのもとにあると考え、したがってその事業から生まれた利潤の一部を出資者は請求できると論じた点である。経済の成長を可能にしたのは、利潤を求めて「不確実性に賭ける者」が数多く現れ始めたからなのだ。

（出典：猪木武徳『自由の思想史—市場とデモクラシーは擁護できるか—』新潮社、2016年、一部変更）

問題２

以下の文章を読み、２つの設問に日本語で答えなさい。

⑴　以下の文章における筆者の主張を300字以内で要約しなさい。

⑵　以下の文章を踏まえて、今後の日本企業が目指すべき姿とそこにたどり着くための方法について、あなたの考えを400字以内で述べなさい。

1990年代以降、優れたものづくりの基準が変わったことを一因として、日本企業の国際競争力が低下した。特に、競争力の高い一部の電子部品は例外として、デジタル、ソフトウェア、ネットワークなどの技術が中心となった電子機器やIT関連の業界では存在感が薄い。技術や機能を超えた経験価値が求められている時代について行けていない点が、問題の一つである。

（中略）

デジタル化などの変化が起こるなかで、同時に、進行してきたのが、顧客価値の暗黙化である。技術的な仕様や商品の機能など文章や数字で表される価値を超えた、使いやすさやデザインなど、暗黙的な価値が成否の鍵を握るようになった。客観的な基準で決まる機能的価値ではなく、ユーザーが主観的に意味付ける意味的価値である。

（中略）

ユーザーが満足する基本機能が備わった商品であれば、誰もが開発・製造できるようになったので、差別化の源泉としては、必然的に、意味的価値や経験価値が重要になった。このように、技術の変化と同時に、求められる顧客価値に関しても大きな変化が起きてきたのだ。

新たな顧客価値を先導したのがアップルであった。特に、近年における最大の成功商品であるiPhoneが象徴的である。カタログスペックでは、Androidなど他のOSを使ったスマートフォンに対して明確な差別性を維持できたわけではない。デザイン、洗練された品質感、圧倒的な使いやすさなどの意味的価値が、成功要因だった。

結果的に、調査会社IDCのデータでは、ピーク時の何年かにわたり平均すると競合機種の２倍以上の価格でも、多くの熱狂的なファンがiPhoneを購入した。販売台数では、アンドロイド機器が優勢な地域も多いが、利益の総和で比較すると、常にiPhoneの方が圧倒的に大きかった。

このような意味的価値の創出のためには、ユーザーの五感に訴えなくてはならない。人の気持ちに入り込み、感性や情緒に触れることによって初めて生まれる繊細な価値である。そのため、デジタル技術や標準部品だけでは実現が難しい。iPhoneの美しさや快適な使い心地には、後述するように、繊細なアナログ的な価値創造が求められる。

つまり、デジタル化が進展する一方で、模倣されない高度な顧客価値としては、こだわり抜いたアナログの技術が必要なのである。このような、技術のデジタル化と顧客価値におけるアナログ化の両面性が、日本企業に混乱を招いてきたという側面がある。

（中略）

技術と市場の変化によって、その強みが簡単には評価されなくなった今、避けるべきは、日本のものづくり哲学自体を捨て去ることだ。完璧さを追求する姿勢は、近年、過剰品質だと非難されてきた。技術分野としても、アナログやハードウェアの技術は時代遅れで、そのような技術分野で引き続き頑張っても無駄だという論調があった。

しかし、アップルの事例で見てきたように、高度なものづくりがユーザーの琴線に触れる意味的価値と持続的な競争力に結びつく可能性が再度高まってきた。今こそ、高い志を持って理想を追求する日本のものづくり哲学を再度、世界に発信すべきだと考える。

長い歴史につちかわれたものづくり哲学によって、世界を牽引した経験のある日本企業は、存在意義をもう一度問い直すべきである。各々の企業が発信すべき信念や価値観は何か、それをどのような形で発信していくべきなのかを考え抜く良い機会である。

（出典：延岡健太郎『アート思考のものづくり』日本経済新聞出版、2021年、一部変更）

➡解答＆解説P. 200～

解答例

問題1

（1）

「不確実性」は、客観的に確率を予想できない事象に関する概念だ。競争的な体制でも利潤が発生しているのは企業が「不確実性」に賭けているからだ。利潤とは不確実性にうまく対応した報酬であると考えられる。利子の授受が禁止されていた中世においても、リスクの報酬としての利子には寛容な学説が見られ、この時代から経済が拡大し、利子の授受が浸透していたことがうかがえる。不確実性に賭けることが経済発展を可能にしたのだ。

（200字）

（2）

企業が不確実性に賭けた事例の一つとして、任天堂のゲーム機市場への参入がある。任天堂はゲーム機市場に賭けたからこそ現在の成功があると考える。任天堂はもともと花札などを製造する企業であった。だが、1970年代に入ると、ゲーム機市場へ参入し始めた。当時は現在のように大きなゲーム機市場が確立されていたわけではなかったため、開発費を投じて新たに参入するのは、大きな賭けであったはずだ。にもかかわらず、任天堂がその賭けに踏み切ったのは、何より企業を存続させるためであったと私は考える。もし、任天堂があのまま花札やトランプだけを製造し続けたら、商品の需要減や国内外の企業との価格競争によって、もはや存在しない企業になっていた可能性が高い。そのリスクを予見していたから、任天堂は不確実性が高くても、ゲーム機市場に賭けたのだと考える。その賭けの成果が、ゲーム企業として大きく発展した現在の任天堂の姿である。

（395字）

問題2

（1）

　経験的価値が求められる時代について行けないことが一因となり、日本企業の国際競争力は低下した。技術の変化と同時に、求められる顧客価値が変化し、客観的な基準では測れない、使いやすさやデザインなどの暗黙的な価値が成功の鍵を握るようになった。ユーザーが主観的に意味づける意味的価値が重要になったのだ。意味的価値の創出のためにはユーザーの五感に訴えなくてはならないが、デジタル技術と標準的な部品だけではそれは実現できない。こだわり抜いたアナログの技術が必要だ。高度なものづくりとユーザーが求める意味的価値が結びつくようになった今こそ、理想を追求する日本のものづくり哲学を再度世界に発信すべきである。

（294字）

（2）

　今後の日本企業が目指すべきは、高度なものづくりによって、顧客の意味的価値を実現することだ。だが、高度なものづくりの技術はあっても、それを顧客の意味的価値に結び付けられていない日本企業が多いように思う。そこで、今、日本企業に必要なのは、マーケティングを重視することだと私は考える。iPhoneが発売された当時、日本でもインターネットを利用できる携帯電話はすでに発売されていた。日本企業が、iPhoneのような製品をアップルに先駆けて販売することは不可能ではなかったはずだ。にもかかわらず、それができなかったのは、顧客を理解した上で、顧客のために新しい価値を作り出すという創造性が欠けていたからだ。この欠けていた部分こそ、マーケティングが担う部分だ。五感に訴える意味的価値の創出のため、徹底した顧客マーケティングを行い、高い技術力を生かす方向性を探ることこそ、日本企業が目指すべき姿だと私は考える。

（397字）

課題文解説

問題１

大意

不確実性は、**客観的な確率分布を知りえない事象**に適用する概念である。企業が**不確実性に賭けるから**競争市場の中でも**利潤が存在**する。**利潤は不確実性にうまく対応したことへの報酬**だと言える。このような考えは中世においても見られる。

読み解き

市場競争≒スポーツやゲーム

▼

自らの創意と工夫に慎重かつ大胆に「賭ける」

⇒市場が欲するものを提供した者が成功を収める

▼

こうした競争が経済的な豊かさをもたらす

●競争市場でも利潤が存在する理由

⇒不確実性に「賭ける」から（利潤＝不確実性にうまく対応したことに対する報酬）

不確実性

不確実性＝前例や経験の蓄積がないために客観的な確率分布を知りえない事象にまつわるもの

例：新技術で作られた機械が生み出す将来の収益

↕

リスク

確率計算ができる

例：サイコロのひとつの目の出る確率、男女の年齢ごとの平均余命

この考えは中世においても見られた

中世社会（スコラ学派のトマスの議論）

○リスクを引き受けたことに対する報酬としての利子（配当）

×消費貸借における利子の授受

解答解説

問題１

（1）課題文は企業が不確実性に賭けることの意義に関する内容なので、不確実性に関する記述をまとめる。

■要約のポイント

・不確実性＝客観的な確率分布を知りえない事象にまつわるもの
・自由主義企業体制で利潤が存在する理由＝不確実性に果敢に「賭ける」から
・利潤＝不確実性にうまく対応した報酬➡この考えは中世においても見られる
・利潤を求めて「不確実性に賭ける者」の出現➡経済成長

（2）**不確実性に賭けた事例について**

不確実性に賭けたというのは、前例がないようなものに挑戦したということである。したがって、ここでは、**前例がほとんどないようなビジネスを始めた企業を挙げる**とよい。例えば、下記のような例が考えられる。

不確実性に賭けた企業の例

アップル（スマートフォン）、Tesla（電気自動車）、YouTube（オンライン動画配信サービス）、トヨタ自動車(ハイブリッドカー、燃料電池自動車)、任天堂（家庭用ゲーム機）など

企業が不確実性に賭けた目的と成果について

目的に関しては、企業が特別な目的（「環境問題の改善」「新たな時代の創造」など）で新たなビジネスを始めた背景を知っている場合は、それを書く。知らない場合は、本文中の**「『賭ける』からこそ、利潤は持続的に存在しうる」という記述に着目**し、利潤を維持し企業を存続させるために不確実性に賭けたという内容にするとよいだろう。

成果に関しては、取り上げた企業が、新たなビジネスに参入した後、どれほど発展したかについて述べる。

課題文解説

問題2

大意

技術の変化とともに、求められる顧客価値が変化し、**意味的価値が重要**となった。意味的価値の創出のためには**ユーザーの五感**に訴えなくてはならないが、そこで**必要となるのがこだわり抜いたアナログの技術**だ。今こそ理想を追求する**日本のものづくり哲学を世界に発信**すべきである。

読み解き

優れたものづくりの基準が変化（意味的価値≒経験価値が求められる時代）
➡日本企業の国際競争力が低下

求められる顧客価値の変化

・基本機能が備わった商品なら誰でも開発・製造できる
・顧客価値の暗黙化＝使いやすさやデザインなど暗黙的な価値（ユーザーが意味付ける意味的価値）が成否を握る
・意味的価値≒経験価値が重要

例：アップル
デザイン、品質感、使いやすさなどの意味的価値が成功要因

⟷ 客観的な基準で決まる機能的価値（カタログスペックなど）

▼

意味的価値の創出に必要なもの

・意味的価値の創出 ➡ ユーザーの五感に訴えなくてはならない
・繊細なアナログ的な価値創造が求められる
・こだわり抜いたアナログの技術が必要
・高い志を持って理想を追求する日本のものづくり哲学を再度世界に発信すべき

解答解説

問題２

（１）顧客価値の変化と日本のものづくりに関する記述に着目してまとめる。

■要約のポイント

- **経験価値が求められる時代**になったことが一因となり、日本企業の国際競争力が低下
- 使いやすさやデザインといった**ユーザーが主観的に意味づける**、**意味的価値が重要**になった
- 意味的価値の創出のためにはこだわり抜いたアナログの技術が必要
- 高度なものづくり、日本のものづくり哲学が再度重要になってきている

POINT!!

意味的価値に関する内容は、小論文でよく出題される。日本企業は、機能的価値（スペックなどの客観的に計測できる価値）の創出では世界に先駆けてきたが、意味的価値（デザインなどの個人が意味づける価値）の創出では出遅れたと言われている。

（２）**今後の日本企業が目指すべき姿に関して**

筆者が考える今後日本企業が目指すべき姿は、本文から読み取ることができる。

日本企業が目指すべき姿に関して本文から読み取れること

- 意味的価値≒経験価値が重要
- 高度なものづくりが必要、ものづくり哲学を世界に発信すべき

「以下の文章を踏まえて」とあるので、上記の内容に沿う形で日本企業の目指すべき姿を考える。

目指すべき姿にたどり着くための方法について

高度なものづくりの技術を持っている日本企業の国際競争力が下がっている理由としてよく挙げられるのが、情報化の遅れとマーケティングの軽視である。これらのいずれかの問題点を克服する方法が考えられる。

また、人の感性や情緒に触れる繊細なアナログ的な価値創造が求められているという本文の内容に着目し、そうしたアナログの技術を高めるという方法もある。

攻略法

経済か経営に関するテーマが出題される可能性が非常に高いので、新聞の経済記事や経済・経営に関する書籍などを読み、知識を十分に蓄えておこう。今回の問題１（２）のように、企業に関する事例が求められることもあるので、新聞記事やニュースで具体例を集めておくと役に立つ。

第3部

試験対策

第2部で志望大学の過去問題に挑戦したり、解答＆解説を読んだりした人は、受験に向けてどんな準備をすればよいかが見えてきたはずだ。そこで第3部では、さらに一歩進んで、みなさん一人ひとりに役に立つ試験対策を伝授する。まずは、自分の志望する学問分野でよく出題されるテーマを確認し、事前知識を身につけよう。さらに、その事前知識を自分のものとして文章化する勉強法も紹介するので、ぜひ実践してほしい。

これで試験対策はバッチリ！
合格に向かってゴー！

試験勉強でぜひ準備しておきたい分野別よく出るテーマ一覧

日本語、日本文化

日本語の特徴／日本文化の特徴／ステレオタイプ／日本と母国の文化の違い

西洋と東洋の違い／言葉の乱れ・若者言葉／日本の文学と母国の文学の違い／ポライトネス／ハイコンテクスト

教育

日本と母国の教育の違い／大学教育の意義／学力低下／日本の英語教育

教育格差・学力格差／いじめ問題／STEAM教育／教師不足／アクティブラーニング／生涯学習／ゆとり教育と詰め込み教育

社会

少子高齢化／男女不平等／近年の若者の特徴／格差社会／コロナパンデミック

ひきこもり問題／テレワーク／選択的夫婦別姓／NPO・NGOの役割／パワハラ・セクハラ問題

環境

地球温暖化／SDGs／再生可能エネルギー

原子力発電／レジ袋有料化／エコカー（電気自動車・水素自動車）／生物の多様性／環境にやさしい建築／ゴミ問題

情報・科学技術

フェイクニュース／情報リテラシー／SNSの利点と問題点／AI・ロボット／技術的特異点

ネット依存症・スマホ依存症／IoT（モノのインターネット）

国際

移民・難民の受け入れ／グローバル化の影響／日本人の英語力／異文化コミュニケーション

多文化主義／文化相対主義／人種差別

小論文や作文の試験では、問われた内容に関して基本的な知識があるかないかで、答案の出来に大きな差が出る。つまり、合格できる答案を書くには、どんなことを問われても何かしらの意見が述べられるよう、事前に準備しておく必要があるわけだ。

そこで、ここ数年の難関大学の試験を徹底分析し、分野別によく出るテーマをまとめてみた。これを参考にして、志望する学問分野のよく出るテーマについて勉強しておこう。

文学・思想

文学を学ぶ意義／哲学を学ぶ意義／史学を学ぶ意義

経済・経営

日本と母国の経済の違い／経済格差／貧困問題／経済のグローバル化／日本と母国のビジネスの違い

経済連携協定／年功序列・終身雇用／日本的経営／日本の国債残高／観光立国／シェアリングエコノミー／BtoB・CtoC／理想のリーダーについて

政治・法学

プライバシー権／表現の自由／基本的人権の保障／民主主義の危機

マイノリティの権利／裁判員制度／死刑制度／成人年齢の引き下げ／法律の役割／悪法も法か

心理学

興味のある心理学の分野

心理学の実験・理論／社会の出来事について心理学的な視点からの考察

調査・統計

適切な社会調査の方法／統計の見方について（相関関係と因果関係の違いなど）

志望理由

大学で学びたいこと／学科を志望した理由／日本に留学したい理由／卒業後の目標／好きな作品（文学など）／好きな日本語

あなたがこれまで取り組んできたこと／日本での思い出

攻略法

志望学部の試験と関連するテーマをピックアップしたら、こんなふうに勉強してみよう。

①テーマの内容を理解する
- 知らないテーマはインターネットで検索して概要をつかむ。
- さらに詳しく知りたいときは本を読んでみる。

②具体例を調べる
- テーマに関する具体的な出来事や事例を調べる。
- 関連する記事をノートに切り貼りしたり、メモを取ったりする。

具体例を挙げて述べなさいっていう試験もあるからね。

③自分の意見を書く
- 自分なりに気づいたことを箇条書きにしてみる。
- どんな解決策があるかを考えてみる。
- 短くてよいので自分の考えをまとめてみる。

「整理ノート」を使って試験で書く内容を準備しよう

分野別テーマ

大学での学びに直結する分野別のテーマについては、必ず事前準備をしておこう。前ページの「分野別よく出るテーマ一覧」を始め、過去問題や解答＆解説で気になったテーマがあったら、背景知識を整理しておこう。

テーマ	内容	具体例・実例	意見
学力格差	両親の年収などの家庭環境の差によって子どもの学力に大きな差が出る	東京大学の学生の親の半数以上が年収950万円以上	家庭環境によって子どもの能力に差が出るのは不公平である。公教育の充実などによってこの不公平を是正すべきだ

よく出るテーマについて情報収集したら、それらを頭の中で整理して、自分の知識にする必要がある。そこで役立ててほしいのが、「整理ノート」だ。ここで紹介したようなノートを作り、さまざまなテーマに関して、自分の言葉で説明したり、意見を述べたりできるようにしておこう。

下記のように、試験でねらわれやすいタイプ別にテーマを分類するとよい。自分なりの整理ノートを作れば、勉強したテーマの数だけ実力もアップして、自信をもって試験に臨めるはずだ。

課題解決型テーマ

日本や世界で注目されている問題に関しては、原因、影響について整理しておこう。それに加えて、課題解決のための対策や、その対策に関する問題点までまとめておくと、難易度の高い試験にも対処できる。

テーマ	原因	影響	対策	対策の問題点
地球温暖化	化石燃料の使用によるCO_2の増加	・異常気象 ・海面上昇	京都議定書やパリ協定のような国際協定	CO_2の削減目標が義務化されていない

日本と母国に関するテーマ

日本と母国の違いに関するテーマも入試問題に頻出するので、基本的な内容を整理しておくとよい。中でも、自分の志望学部の学びに関連する項目は詳しくまとめておこう。

項目	日本	母国
言語・コミュニケーション	・敬語（相対敬語）がある	
文化		
経済・経営		
教育		
政治		
人間関係（家族、地域など）		
社会問題		

賛否両論のテーマ

賛否両論のあるテーマは、どちらの立場で出題されるかわからないので、賛成と反対の意見をそれぞれ整理しておくとよい。また、実例や反論も一緒に調べておくと、説得力のある内容が書ける。

テーマ	賛成	反対
外国人を積極的に受け入れる	・労働者不足を解消できる 実例：戦後、西ドイツでは周辺国から外国人労働者を受け入れた	・外国人に国民の雇用が奪われる 反論：外国人労働者の増加よりも情報技術の進歩が失業率を上げている可能性が高い

作文対策

作文型の試験でよく問われる志望動機と自分に関することをまとめておこう。これらの項目について自分の考えを明確にしておくと、面接でも役に立つので何かと便利だ。

項目	あなたの考え
なぜ日本へ留学しようと思ったか	
なぜこの大学を選んだか	
なぜこの学部学科を選んだか	
この大学、学部学科で勉強したいことは何か、また、それを勉強したい理由は何か	
勉強以外で、大学に入学後、取り組んでみたいことは何か	
大学卒業後の計画はどのようなものか	
自分のこと ・長所と短所 ・好きな作品（本、映画、絵画、音楽など） ・好きな言葉 ・高校時代にがんばったこと ・人生で大切なもの ・日本での経験 ・尊敬する人物・影響を受けた人物 ・趣味や特技	